I0042477

MÜLKİYETİ GERİ ALMAK?

Koç Üniversitesi Yayınları: 98 Sanat | Kültürel Çalışmalar

Mülkiyeti Geri Almak?
Derleyenler: Marysia Lewandowska, Laurel Ptak

İngilizceden çeviren: Süreyyya Evren
Yayına Hazırlayan: Ümran Küçükislamoğlu
Düzelti: Nihal Boztekin
Kitap tasarımı: Gökçen Ergüven
Kapak tasarımı: Darren Wall

Undoing Property?

1. Baskı: İstanbul, Ağustos 2016

Baskı: 12.matbaa Sertifika no: 33094
Nato Caddesi 14/1 Seyrantepe Kâğıthane/İstanbul +90 212 281 2580

Koç Üniversitesi Yayınları Sertifika no: 18318
İstiklal Caddesi No:181 Merkez Han Beyoğlu/İstanbul +90 212 393 6000
kup@ku.edu.tr • www.kocuniversitypress.com • www.kocuniversitesiyayinlari.com

Koç University Suna Kıraç Library Cataloging-in-Publication Data

Mülkiyeti geri almak / Marysia Lewandowska ve Laurel Ptak; İngilizceden çeviren Süreyyya Evren; yayına hazırlayan Ümran Küçükislamoğlu.-- İstanbul : Koç Üniversitesi, 2016.
280pages ; 13,5 x 20 cm.-- Koç Üniversitesi Yayınları ; 98.
Includes bibliographical references and index.
ISBN 978-605-9389-08-2
1. Art and society. 2. Right of property. 3. Art-- Social aspects. I. Lewandowska, Marysia. II. Ptak, Laurel. III. Evren, Süreyyya. IV. Title.
N72.S6 U5320 2016

Mülkiyeti Geri Almak?

DERLEYENLER:
MARYSIA LEWANDOWSKA, LAUREL PTAK

İngilizceden çeviren: Süreyyya Evren

KÜY

İçindekiler

Önsöz

Günümüzde tüm dünyada insanlar yerelliğin, toplulukların ve müştereklerin sınırlarını keşfetmeye çalışmakla meşgul. Ramallah'tan Holon'a, Caracas'tan New York'a kısmen unutulmuş bu kavramlar hem yeniden değerlendiriliyor hem de yeniden kazanılıyor. Bu canlanma, krize girmiş kapitalizmin etkisi altındaki varoluşla baş etmenin güncel yollarını bulmak için duyulan acil ihtiyacın bir işareti. *Mülkiyeti Geri Almak?* bu yaygın dürtünün bir parçasını oluşturuyor. Bilhassa, genelde dokunulmaz veya sarsılmaz görülen mülkiyete ve mülksüzleştirmeye ve bunun nasıl mümkün olabileceğine odaklanarak söz konusu dürtüyü daha fazla besliyor. Burada, mülksüzleştirmek bir tavır haline dönüşüyor. Bu tavır, eleştiri yapmakla veya sorunların üstüne gitmekle ilgili değil, çatlakların arasından su yüzüne çıkan, küçük fakat yine de çoklu olasılıkları arayan ve bunları birbirine bağlayan bir öncelikle ilgilidir.

Denemelerin, sanat projelerinin ve sohbetlerin özgün biçimde ve tam zamanında bir araya getirilmesinden oluşan *Mülkiyeti Geri Almak?*, sanatçı Marysia Lewandowska ile küratör Laurel Ptak tarafından dört yılı aşan bir sürede kavramsallaştırılmış ve ortaya konmuştur. Proje, amaçlanan şekilde, sohbetlere, esnekliğe ve dikkatli müzakerelere alan açarak yavaş yavaş evrildi. Bunlar, Lewandowska'nın yapıtında örneklenerek ve Ptak'ın güncel sanatın uçlarında seyreden kültürel pratiklere yönelik küratoryal dikkatinin rehberliğinden faydalanarak sanatsal bir pratiğin kurucu öğeleri haline geldi. Ortaya çıkan yayın, kültür, ekonomi politik, maddi olmayan üretim ve kamusal alan arasındaki çekişmeli ilişkilere dair yakın dönemdeki tartışmaların çok sayıda kilit aktörünü içeriyor. Kitap çokyüzlü bir perspektife sahip olmakla birlikte zeminini sanat, kültürel üretim ve aktivizm sahalarında buldu. Bir araya geldiklerinde, kitaptaki –hayal gücü kuvvetli ve vizyoner katkılardan soyut ve somut katkılara uzanan– katkılar, her şeyin nasıl farklı olabileceği ve buna göre nasıl davranmak gerektiği hakkında düşünce tarzı önerileri meydana getirdiler. Bu kitapta toplanınca, kolektif eserlere duydukları yakınlığı paylaşan pozisyonlar yaratarak (mülkiyet formları olarak) yazarlığın sözde şöhrete dayanan ekonomilerini aştılar.

Mülkiyeti Geri Almak?, sanatçıların ve örgütlenmelerin kendi yerel bağlamlarına derinlemesine yatırım yapabilecekleri ve aynı zamanda uluslararası arenada da yakın diyaloglar kurabilecekleri anlamlı yolları araştıran ve yıllara yayılmış bir proje olan COHAB'ın (2012–14) da bir parçası. Dahil olan üç kurumun da –Sanat, Tasarım ve Teori Ofisi, yani Utrecht'teki Casco, Stockholm'deki Tensta konsthall ve Londra'daki Showroom– "tayin edilmiş" çalışma biçimleri gibi komünallik sahalarında hareket eden COHAB, birlikte yaşama hakkında bir araştırma için çerçeve sunar. Bu kitabın kendisi de bizzat birlikte yaşama formlarına ışık tutar ve böylesi formları hayata geçirir. Bu durum, editörlerin 2012 baharında olağanüstü bir dikkat ve özenle tasarlayıp gerçekleştirdikleri ve yayın için bir sıçrama tahtası rolü oynayan "Süregiden Yayımlama: Sorgulanan İyelik" adlı dört seminerlik bir dizi de içeren kitabın üretimi sürecinde bariz olarak görülmüştür. Karşılığında, yayın da kendini Casco, Showroom ve belki başka yerlerde düzenlenecek çeşitli faaliyetler formunda bir başka kopuş noktası olarak sunar.

Bu kurumların yöneticileri olarak, söz konusu meselelere yoğun katılımları ve bunları herkesle paylaşabilmek adına ortaya koydukları büyük emek dolayısıyla editörlere en içten teşekkürlerimizi ve hayranlıklarımızı sunmak isteriz. Ayrıca tereddütsüz desteği için Caroline Schneider ve yayına biçimini kazandıran tasarımcılar Konst & Teknik'e de şükranlarımızı sunmak isteriz. Marysia Lewandowska'nın ve Laurel Ptak'ın sunulanın ötesine geçecek bir gelecek tartışmasının merkezinde mülkiyet koşulları meselesinin yattığına dair ısrarları çok yönlü bağlamlarımız dahilinde esin verici olmayı sürdürüyor. Kitap bizi müştereklerimizi keşfetmeye, sorunsallaştırmaya ve genişletmeye yönlendiriyor ve bunları çalışmalarımıza yedirmek konusunda bize meydan okuyor.

Binna Choi, Maria Lind, Emily Pethick

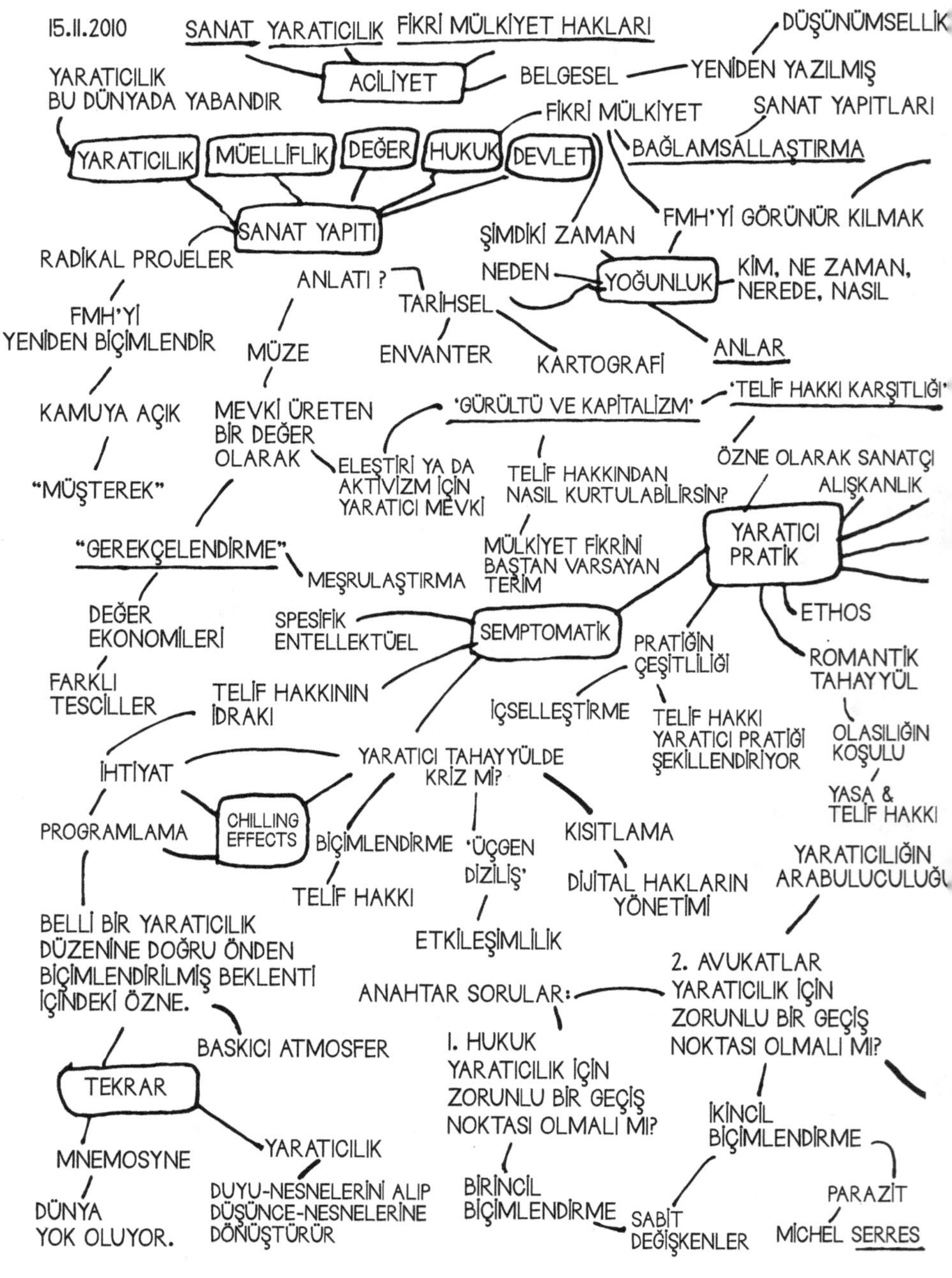
15.11.2010
SANAT
YARATICILIK
FİKRİ MÜLKİYET HAKLARI
ACİLİYET
BELGESEL
YENİDEN YAZILMIŞ
DÜŞÜNÜMSELLİK
SANAT YAPITLARI
YARATICILIK BU DÜNYADA YABANDIR
YARATICILIK
MÜELLİFLİK
DEĞER
HUKUK
DEVLET
FİKRİ MÜLKİYET
BAĞLAMSALLAŞTIRMA
SANAT YAPITI
FMH'Yİ GÖRÜNÜR KILMAK
ŞİMDİKİ ZAMAN
NEDEN
YOĞUNLUK
KİM, NE ZAMAN, NEREDE, NASIL
ANLAR
RADİKAL PROJELER
FMH'Yİ YENİDEN BİÇİMLENDİR
KAMUYA AÇIK
"MÜŞTEREK"
ANLATI ?
TARİHSEL
MÜZE
ENVANTER
KARTOGRAFİ
MEVKİ ÜRETEN BİR DEĞER OLARAK
ELEŞTİRİ YA DA AKTİVİZM İÇİN YARATICI MEVKİ
'GÜRÜLTÜ VE KAPİTALİZM'
'TELİF HAKKI KARŞITLIĞI'
TELİF HAKKINDAN NASIL KURTULABİLİRSİN?
ÖZNE OLARAK SANATÇI
ALIŞKANLIK
YARATICI PRATİK
MÜLKİYET FİKRİNİ BAŞTAN VARSAYAN TERİM
"GEREKÇELENDİRME"
MEŞRULAŞTIRMA
DEĞER EKONOMİLERİ
FARKLI TESCİLLER
SPESİFİK ENTELLEKTÜEL
SEMPTOMATİK
ETHOS
PRATİĞİN ÇEŞİTLİLİĞİ
ROMANTİK TAHAYYÜL
OLASILIĞIN KOŞULU
YASA & TELİF HAKKI
TELİF HAKKININ İDRAKI
İÇSELLEŞTİRME
TELİF HAKKI YARATICI PRATİĞİ ŞEKİLLENDİRİYOR
İHTİYAT
YARATICI TAHAYYÜLDE KRİZ Mİ?
PROGRAMLAMA
CHILLING EFFECTS
BİÇİMLENDİRME
'ÜÇGEN DİZİLİŞ'
KISITLAMA
DİJİTAL HAKLARIN YÖNETİMİ
YARATICILIĞIN ARABULUCULUĞU
TELİF HAKKI
ETKİLEŞİMLİLİK
BELLİ BİR YARATICILIK DÜZENİNE DOĞRU ÖNDEN BİÇİMLENDİRİLMİŞ BEKLENTİ İÇİNDEKİ ÖZNE.
ANAHTAR SORULAR:
2. AVUKATLAR YARATICILIK İÇİN ZORUNLU BİR GEÇİŞ NOKTASI OLMALI MI?
BASKICI ATMOSFER
1. HUKUK YARATICILIK İÇİN ZORUNLU BİR GEÇİŞ NOKTASI OLMALI MI?
TEKRAR
İKİNCİL BİÇİMLENDİRME
MNEMOSYNE
YARATICILIK
DUYU-NESNELERİNİ ALIP DÜŞÜNCE-NESNELERİNE DÖNÜŞTÜRÜR
BİRİNCİL BİÇİMLENDİRME
SABİT DEĞİŞKENLER
PARAZİT
MICHEL SERRES
DÜNYA YOK OLUYOR.

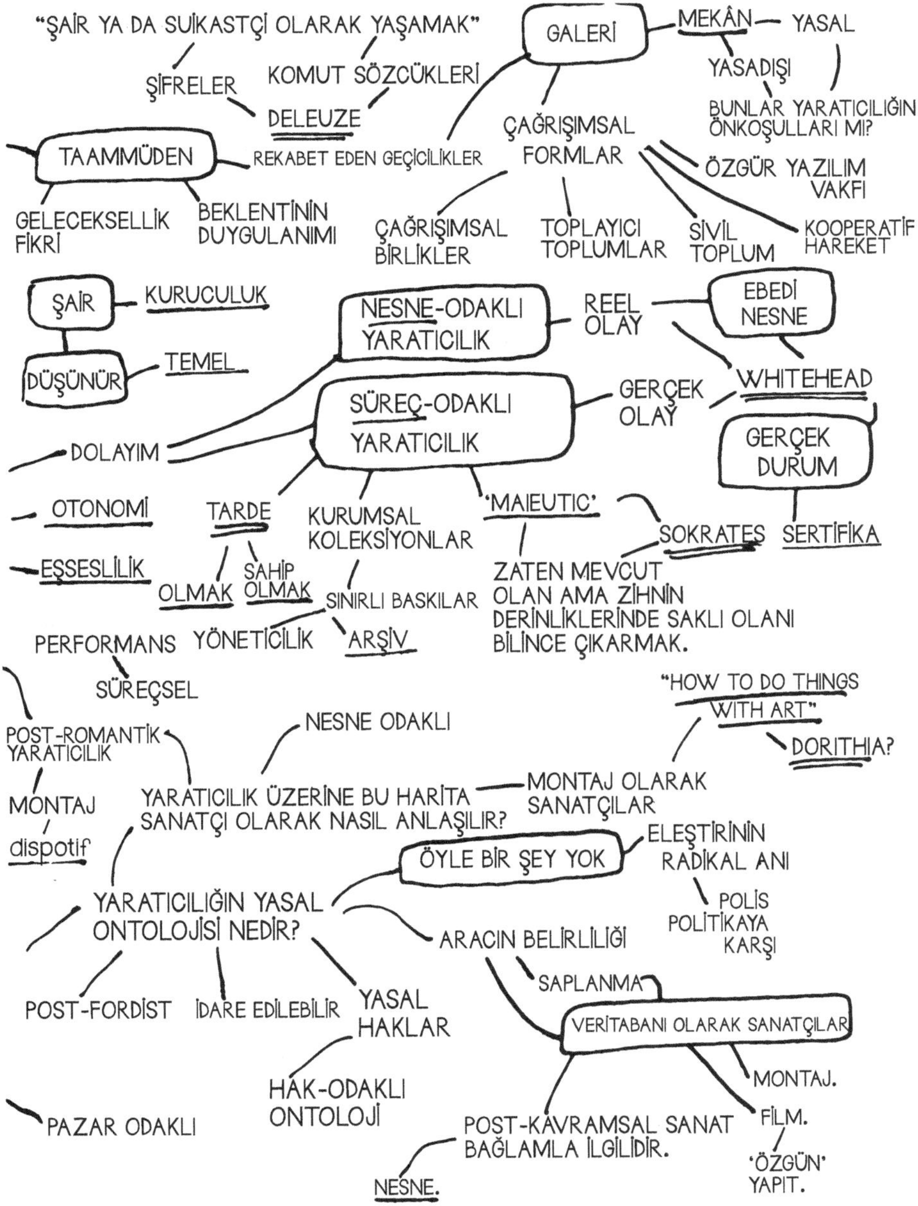
"ŞAİR YA DA SUİKASTÇİ OLARAK YAŞAMAK"
ŞİFRELER
KOMUT SÖZCÜKLERİ
DELEUZE
GALERİ
MEKÂN
YASAL
YASADIŞI
BUNLAR YARATICILIĞIN ÖNKOŞULLARI MI?
TAAMMÜDEN
REKABET EDEN GEÇİCİLİKLER
ÇAĞRIŞIMSAL FORMLAR
ÖZGÜR YAZILIM VAKFI
GELECEKSELLİK FİKRİ
BEKLENTİNİN DUYGULANIMI
ÇAĞRIŞIMSAL BİRLİKLER
TOPLAYICI TOPLUMLAR
SİVİL TOPLUM
KOOPERATİF HAREKET
ŞAİR
KURUCULUK
DÜŞÜNÜR
TEMEL
NESNE-ODAKLI YARATICILIK
REEL OLAY
EBEDİ NESNE
WHITEHEAD
SÜREÇ-ODAKLI YARATICILIK
GERÇEK OLAY
GERÇEK DURUM
DOLAYIM
OTONOMİ
TARDE
KURUMSAL KOLEKSİYONLAR
'MAIEUTIC'
SOKRATES
SERTİFİKA
EŞSESLİLİK
OLMAK
SAHİP OLMAK
SINIRLI BASKILAR
ZATEN MEVCUT OLAN AMA ZİHNİN DERİNLİKLERİNDE SAKLI OLANI BİLİNCE ÇIKARMAK.
PERFORMANS
YÖNETİCİLİK
ARŞİV
SÜREÇSEL
"HOW TO DO THINGS WITH ART"
DORITHIA?
POST-ROMANTİK YARATICILIK
NESNE ODAKLI
MONTAJ
dispotif
YARATICILIK ÜZERİNE BU HARİTA SANATÇI OLARAK NASIL ANLAŞILIR?
MONTAJ OLARAK SANATÇILAR
ELEŞTİRİNİN RADİKAL ANI
ÖYLE BİR ŞEY YOK
YARATICILIĞIN YASAL ONTOLOJİSİ NEDİR?
POLİS POLİTİKAYA KARŞI
ARACIN BELİRLİLİĞİ
SAPLANMA
VERİTABANI OLARAK SANATÇILAR
POST-FORDİST
İDARE EDİLEBİLİR
YASAL HAKLAR
MONTAJ.
HAK-ODAKLI ONTOLOJİ
FİLM.
PAZAR ODAKLI
POST-KAVRAMSAL SANAT BAĞLAMLA İLGİLİDİR.
'ÖZGÜN' YAPIT.
NESNE.

Giriş

Marysia Lewandowska,
Laurel Ptak

SÜREGİDEN YAYIMLAMA

Louvre Müzesi, Fransız Devrimi'nin tam ortasında –özel bir sarayı kamusal bir müzeye dönüştürerek– 1793'te kapılarını açtı. Hükümetin monarşiden demokrasiye doğru hareketini cisimleştirebilmek için sanat da harekete geçmişti. Önceden özel mülkiyet statüsünde olan bir sanat koleksiyonu artık halka açıktı. Devlet ile müze ziyaretçileri arasındaki yurttaşlık ilişkileri, finansal ilişkiler (vergilendirme üzerinden) ve toplumsal ilişkiler bir ortak faillik, sorumluluk ve kolektivite duygusunu devreye soktu. Çarpıcı bir zıtlıkla, bugün pek çok hükümetin –sanattan barınmaya, sağlık hizmetlerinden eğitime– hayatımızın neredeyse bütün yönlerinde özel çıkarları kollamaya dönük bir eğilimde olduğunu görüyoruz. Bugün karşı karşıya olduğumuz, ortaklaşa sahip olunan kültürden uzaklaşma, Louvre hareketi tersine yaşanıyormuş gibi bir his veriyor.

Aradan iki yüz yıldan uzun bir süre geçtikten sonra, 2009'da, bir kitap yapmak üzerine düşünmeye başladık. Sanatçı ve küratör olarak geçmişlerimizi ve pratiklerimizi arkamıza alarak kendimize şunları sormaya koyulduk: Kültürün, enformasyonun ve bilginin sahibi kimdir ve günümüzde bunların üretiminin ve dolaşımının koşulları, siyaseti ve ekonomisi nelerdir? Çağdaş kapitalizm içindeki mülkiyet kavramlarını sorunsallaştıran ve sayıları giderek artan sanat eserlerine, metinlere ve girişimlere dikkat çekmek istedik. Ayrıca dijital teknolojilerin olanaklarının ve ağ bağlantılı dağıtımın bu meseleleri nasıl etkilediğini merak ediyorduk. İlaveten, sanatın halihazırda geçerli mevcut iyelik, kolektivite, kamusallık ve değer modellerini araştırmaya koyulduk. Bunlar salt teorik dertler değildi: Sanatın kendi bağlamının eleştiri veya eylem için verimli bir alana dönüşüp dönüşemeyeceğini de sınamak istedik.

İşbirliğine dayalı çalıştık, bir kitabın yapımının altında yatan pek çok kolektif toplumsal süreci tanıma yoluna gittik. Dört yıla yayılan bu araştırma pek çok katılımcı ve sayısız formu birbirine bağladı. Örneğin, bir takım hakların dahil edilmemesini içeren cömert bir sözleşme için yayıncımızla pazarlık yaptık ve geleneksel basılı formun yanı sıra yayının dijital bir versiyonunun da ücretsiz olarak dolaşımda tutulmasını sağladık. Kitabın yapımını tartışmak amacıyla çorbada herkesin tuzu olsun diye Stockholm'deki Tensta konsthall'da halka açık bir dizi seminer düzenledik. "Süregiden Yayımlama: Sorgulanan İyelik" adıyla bilinen, Antonia Hirsch, Florian Schneider, Matthew Stadler ve Marina Vishmidt'in yönettiği sunumlar bu kitabın gelişimini besledi ve birlikte bizim için üretimin, mülkiyetin, değiştokuşun ve iyeliğin ne anlamlara geldiğini dikkatle inceledik.

Bununla birlikte, yolda, kartlar değişti. 2011'e gelindiğinde, neyin özel mülkiyet olduğu ve neyin kamusal olarak paylaşıldığı sorusunun kendisi dünyanın çeşitli noktalarında beliren yoğun siyasi mücadeleler ve toplumsal hareketlere can verdi. Şu kadarı hayati gözüktü: Kapitalizm yıllardır mülkiyeti adlandırmakta, ayırmakta ve dayatmakta o denli ısrarcı olmuştu ki özel, sahipli ve tekelleşmiş olanın tersine neyin kolektif, ortak ve herkesin eşit biçimde erişebileceği gibi olacağına dair nosyonlarımızı istikrarsızlaştırmış ve bulandırmıştı.

Sanat bağlamı içinde de mülkiyeti düşünüş biçimimizin kendine has özellikleri mevcuttu. Sanatçılar iyelik ve eser sahipliği ifadeleriyle ilgili sayısız deney gerçekleştirmişti. Çoğu sanatçı bir nesnenin değerinin salt onu üreten yabancılaşmış emeğe eşit olması gerektiği nosyonunu reddediyordu. Sanat eserlerinin ortak biçimde desteklenmesi, korunması ve deneyimlenmesi için çoktandır devam eden yapıtlar mevcuttu. Kısacası sanat, sıklıkla dolaysız değer yaratma ve mülklendirme süreçlerinin ötesinde bir şeyler önermeye girişiyordu. Fakat belki de bir zamanlar statükoyu idealist bir biçimde aksatmış bu hareketlerin, günümüzde kapitalizmin kendi hegemonik formlarına giderek daha yakın görülebileceğini de inkâr edemiyorduk. Birkaçını sayacak olursak, finans, sosyal medya ve emlak, sanatın bir zamanlar muhalif olan deneyimlerinin ruhunu çıkarıp alarak büyük kişisel servetlerin elde edildiği başlıca güncel örneklerdi.

İşte *Mülkiyeti Geri Almak?* bütün bunların karmaşık gölgesi altında gelişti. Kitap, kültür, ekonomi politik, maddi olmayan üretim ve kamusal alan arasındaki çekişmeli ilişkilere dair dikkatli bir inceleme. Sayfalarında sanatçılar ve teorisyenler programlama, küratörlük, ekonomi, ekoloji, imgeler, müzik, yayıncılık, korsanlık ve çok daha fazlasını çeşitli yönlerden ele alıyorlar. Kitaptaki denemeler ve sanat yapıtları, bedenden mahkeme salonuna, sunucuya, müzeye kadar geniş bir alanı tarıyor; geçtiğimiz on yıllar içerisinde mülklendirmenin kendisinin önemli biçimlerde nasıl değiştiğinin inceliklerini ortaya çıkarıyor.

SORGULANAN İYELİK

Mülkiyet tüm toplumsal ilişkileri biçimlendirir. Görünmez çizgileri, ayrımları mecbur kılar ve aslında kolektif üretilmiş değerin eşitsiz dağıtımı aracılığıyla hissedilen güç ilişkileri yaratır. Kent, bu tip ilişkilerin başlıca mekânıdır; fiziki olarak karşı karşıya kaldıklarımızın yasal iyeliklere nasıl dönüştürüldüğünü çözemeyiz. Günümüzün kent yaşamı, bizim kendi yaşamlarımız gibi, eşi benzeri görülmemiş bir finansal spekülasyon tehdidi altındadır. Böylesi bir spekülasyon kamusal hayatın pek çok yönünü keser, yerlerine daha kişisel arzular geçirir. Bu kaygıları gündeme getiren yazar Matteo Pasquinelli 1977'nin *punk* kültürünün ve siyasi hareketlerinin bilişsel kapitalizmi önceleyip öncelemediğini ve eğer önceledilerse nasıl bugün kendimizi günümüzdeki krizin ötesine yansıttığımızı sorar. Bilgi toplumunun ve finansal kapitalizmin ardında bıraktığı "enkaz"ı tartarken ve sanayi sonrası büyük şehirlerin dağılmış topoğrafyasını ve borçtan dolayı uğradığı yıkımı incelerken, Pasquinelli sanat ve seçkinleştirme, sanat ve üretim tarzları, ayrıca sanat ve finansal krizler arasındaki etkileşimleri birbirine bağlar.

Bu önermelerin bir kısmı, 2011'de Varşova'da düzenlenen "Çokluğun Emeği mi? Toplumsal Yaratıcılığın Ekonomi Politiği" başlıklı konferansta, sosyolog ve küratör Kuba Szreder'in ifade ettiği kimi fikirleri çağrıştırır. Metninde, Szreder, şöhret ekonomilerini yayıncılıkta eser sahipliğine atfedilenleri ve sanat dünyasında "proje yapımı" dediği şeyi inceleyerek ele alır. Yaratıcı ekonomide mevcut olan emek çeşitlerini dikkatle inceleyip yapısal tutarsızlıklarını belirler ve gelecek için kimi beklentilerini sıralar. Odak noktasını yazarın yapıtından kaydırarak ürünlerin üretimini, dağıtımını ve iyeliğini mümkün kılan bir mevki olarak vasıtaları dikkate alır. Böyle yaparak, mal etme konusunda temel bir probleme –dolaşıma giren bir "tozlaşma emeği"nin tanınmamasına ve ödüllendirilmemesine– dikkat çeker. Bu görünürlük eksikliği mahrumiyetle sonuçlanır. Durumu nasıl kurtarabilir ve eser sahibinin belirtilmesinin ötesine geçen kolektif yatırımları nasıl açıklayabiliriz?

İcracı ile seyirci arasındaki iletişimin sıklıkla bulanık olduğu performans, müzik ve canlı etkinliklere daha yakından bakacak olursak işbirliğine dayalı eser sahipliğinin örnekleriyle karşılaşırız. Paylaşılan bir anda sahip olunan, saklı kalan ve harekete geçirilen şey nedir? Bu soru, cazdan, sitüasyonistlerden, Théorie Communiste'ten ve Tiqqun/The Invisible Committee'den canlı örnekler üzerinde durarak doğaçlama ile komünalleştirme arasında bağlar kuran sanatçı ve müzisyen Mattin tarafından araştırılıyor. Mattin, kendi yapıtından örneklerin yanı sıra Tony Conrad'ın *Outside the Dream Syndicate*'inden, Bruce Russell'ın *Improvised Sound Work*'ünden, Cornelius Cardew'ün yazılarından, Jarrod Fowler'ın İskoçya'daki Arika festivalindeki etkinliklerinden örnekleri ele alarak "olumsuz doğaçlama"nın kapitalizmin yayılmacılığına karşı çalışmak için bir yöntem sunduğunu öne sürüyor. Mattin'in denemesi, derinlere nüfuz etmiş mülkiyet rejimlerinden olası bir kaçış yolu olarak istikrarsızlığı araştırıyor. "İleriye giden yol," diyor Mattin, "eser sahipliği katılımcı bir topluluk aracılığıyla yaygınlaştırıldığında belirecek."

İnternetteki yaygınlaştırılmış eser sahipliğiyle artan temas, 2001'in başlarından bugüne İsveç'in internet kültürünün tarihini resmeden tarihçi ve gazeteci Rasmus Fleischer'ın ifade ettiği bir değişimi ortaya koyar. Fleischer siyaset ve aktivizm ile dijital iletişimin bir araya gelerek yeni protesto ve sivil itaatsizlik formlarına giden yolu açtıkları, sonuçta da Piratbyrân gibi grupların ve ardından da meşhur dosya paylaşımı web sitesi Pirate Bay'in doğduğu zamanları anar. Ayrıca, her zaman dönüştürücü bir şey olarak kopyalama lehine kültürün üretimi ve tüketimi arasındaki ayrımlara işaret eden serbest "kopimi" felsefesini hatırlatır. Fleischer'ın da içinde yer aldıkları gibisinden, kamusal alanını geliştirme kaygısı taşıyan inisiyatifler ve hareketler, sıklıkla marjinalize edilmenin sıkıntısını yaşar. Ana akım kültürde doğru düzgün anlaşılamazlar ve genellikle aktivizm ile sanat arasında bir gerilim olarak görülüp dışlanırlar.

Sanatçılar kendi sembolik güçlerini büyümekte olan toplumsal hareketlerle uyumlu hale getirdiklerinde alternatif bir sanatsal değerlendirme sistemi nasıl filiz verebilir? Sanatçı Claire Pentecost bizi bu soruya, tarıma ve tarımın varoluşumuz için acil olan çıkarımları içeren kuşatma biçimlerine dair bir tartışma ile taşır. Tohumu belirli bir tipte bilginin sembolü olarak alan Pentecost gıda üretimi ile ilgili özelleştirme formları hakkında yazar. Monsanto'nunkiler gibi yıkıcı pratikleri inceler ve onları topluluk temelli inisiyatiflerin bilginin yaygınlaştırılması ve korunması konusunda farklı bir mantık izleme arayışlarının karşısında konumlandırır. Sonunda da bu örnekleri güncel sanata bağlayan Pentecost, sorar: Özerk bir pratik olarak sanatın inandırıcılığı nedir? Nasıl hayatta kalacak ve uyum sağlayacaktır?

Günümüzde mülkiyetin hakiki bir reddi veya bir müşterekler pratiği neye benzeyebilir? Metinlerinde sıklıkla sanat, emek ve değer formları gibi konuları araştıran Marina Vishmidt, üretim, iyelik ve değiştokuş kavramlarımızdaki değişimleri tartışır. Alternatif para birimi formlarından sosyal medyaya, toplumsal pratiğe dayalı sanata dek hemen her şeye değinen Vishmidt, dijital, finansal ve aynı zamanda da sanatsal olanla ilişkisi çerçevesinde deneyimimizin soyut koşullarını inceler.

Yayımlama edimi, içsel karşılıklılık kapasitesiyle, şeyleri kamuya açık tutmanın önemini bize anımsatır. Kurucularına göre yazmak, kitap yapmak, akşam yemekleri ve tartışmalar gibi edimler aracılığıyla "bir kamuyu var olmaya çağıran" ve kitap yayıncılığında bir deney olan Publication Studio, merak uyandıran bir yayıncılık modeli ortaya koyar. Kurucularından biri, yazar ve yayıncı Matthew Stadler, bizi edebiyatın girift, karşılıklı müzakerelere dayanan dünyasına, o "kendine özgü siyasi mekân"a taşır. Edebiyatın bir müşterekler bakışıyla okunması bizim mülkiyet ve halka açık kaynaklar nosyonlarımıza neler katabilir? Stadler'ın metni sanatın ve edebiyatın sürdürülebilirliğini nasıl garanti altına alabileceğimizi sorar. Hepimizin düşünsel hayatı idame ettirdiğimiz ortak havuz kaynaklarına okurlar olarak bizim katkılarımızın neler olduğunu sorar. Stadler farklı bir perspektif önerir ve –davetkâr bir kavramsal dahil oluş mekânı yaratarak– iyelikten aidiyete bir paradigma değişimini savunur.

Kaleme aldığı denemeyle sanatçı Sean Dockray, internette yayınlanan, dijital meydanlarda yitip giden ve kodla sarılarak kilit altına alınan dosyaların hayatlarına yönelir. Beliren yeni mülkiyet ilişkilerinin kimi en meydan okuyucu ve karmaşık olanları sözde maddi olmayan üretimle ilişkilidir. Dockray'in denemesi mülkiyet, emek ve serbest zamanı emen müphem bir mekân olarak tanımladığı "bulut"un hikâyesini anlatır, bu boş üstyapıların aslında neye tekabül ettiğini sorar. Dockray'in katkısı kendi çağımızda "erişim mantığından kaçınabilecek açıklıklar"a dikkat etmemiz için bizi uyararak son derece işbirlikçi olan zihinlerimize keskin bir yarık açar. Amazon'dan ürünler satın almaktan Facebook ve Google gibi arayüzler kullanmaya bilgisayar faaliyetlerimizi ve dijital pratiklerimizi dikkatle inceler. Bunlar yirmi birinci yüzyılın mamulleri midir? Böylesine uçucu bir fabrikada nasıl ayaklanırız ve yaratıcı zaman yatırımlarımızı kimden geri isteyeceğiz?

Fakat belki de ayaklanmaya başlamak için dahi mülkiyet ilişkilerine dair normatif kavramları tümden terk etmemiz gerekiyordur öncelikle. Bu noktada, sanatçı ve sinemacı Florian Schneider özel fikrinin kendisinin diyalektiğini atlayarak "hayali mülkiyet"in yeni bir sözlüğünü önerir.

Ağ bağlantılı dijital teknolojiler içinde, algoritmik ve şiirsel çalışmayı birleştiren yeni melez emek işbölümlerini, disipline edilmiş ve disipline edilmemiş faaliyetleri, belirlenimci ve güvencesiz durumları ve ücretli ve ücretsiz emeği sorunsallaştırır.

Schneider, tartışmanın yönünü her şeyden önce spekülatif olduğunu savunduğu üretim ilişkilerine kaydırır. Mülkiyet nosyonu artık benliğin ayna imgesi değil, bir hortlak olarak dolaşıma sokulan hayali bir mülkiyet karakteri, her şeydeki her şeyi yansıtıyormuş gibi gözüken bir kuvvettir.

Peki, mülkiyet ilişkileri yaşamın yeniden üretilmesi sürecine nasıl katılmış olabilir? Antropolog Marilyn Strathern, mülkiyet sorunlarını bedenin ve cinsiyetin tartışmalı alanlarına doğru genişletir. Biyoetik ticari güdümlü çıkarlara maruz kaldığında ve DNA dizileri özel mülkiyet haline geldiğinde neyi riske atmaktayız? İyelik, aidiyet ve insan yapımı ürünlere dair tanımlarımızın sonuçları nelerdir? Araştırma alanını takip eden Strathern üretim teknolojileri bağlamında mülkiyet kaygılarıyla yüzleşir.

Beden konusundan uzaklaştığımızda, Antonia Hirsh'in katkısı bizi yıldızlar katına çıkartır ve Güneş ile sermaye mantığı arasında merak uyandıran paralellikler kurar. Dünya için en önemli yıldız olan Güneş, aynı paranın yaptığı gibi, varoluşumuzu gece ile gündüze böler. Hirsh, Nicolaus Copernicus'un yazılarından faydalanarak sirkülasyonu sorgular ve temsilin kendisinin değerin yerini nasıl aldığı üzerine düşünür. Mali bir ekonomi ile bir fikirler ekonomisi arasında paralelikler kurar. Paranın veya fikirlerin paylaşımı ve aktarımı sırasında gerçekliklerinin yaratıldığını, bizzat kültürün mümkün hale geldiğini öne sürer.

Bu metinlerin yanı sıra –tümü mülkiyet sorunlarını araştıran ve mülkiyetin sınırlarını başka açılardan sınayan– sanatçı projeleri de kitapta yer alıyor. David Horvitz'in *Public Access*'i [Halka Açık] bizi kolektif olarak üretilmiş bilgiler içeren ve herkesin yayına hazırlanmasında rol alabileceği meşhur online ansiklopedi Wikipedia'yı, hâkim mülkiyet ilişkilerine radikal bir biçimde meydan okuyan, bununla birlikte, yine de aynı ilişkileri yeniden üreten dijital bir mekân olarak yeniden düşünmeye davet ediyor. Arabasıyla iki hafta sürecek bir yolculuğa çıkan sanatçı, California sahilindeki, hepsi halkın erişimini garantileyebilmek için yasal olarak korunan plajlarda durup kendi fotoğrafını çekiyor. Horvitz ardından bu fotoğrafları, ziyaret ettiği her bir plaj için açılmış Wikipedia maddelerine yüklüyor ve onları kamusal alana sunuyor. Bu cömertlik edimi Wikipedia'dan şaşırtıcı bir tepki görüyor, çünkü Wikipedia üyeleri Horvitz'in kimliğini ve fotoğrafların amacını ortaya çıkarabilmek için bir cadı avı başlatıyor; temelsiz bir kuşkuyla hareket ederek fotoğrafları eleştiriyor, düzenliyor ve siliyorlar. Özellikle bu kitabın sayfalarında kullanılmak üzere Horvitz bu egzersizi yineliyor ve Amerika'nın doğu kıyısı boyunca özelleştirilmiş plajları fotoğrafladığı *Private Access* [Özel Erişim] ile bir dizi yeni kaygı ortaya koyuyor. Her iki projenin erişim hakkı, bilgi ve iyelik hakkı üzerinde yoğunlaşması bu yapıların kırılganlığını da bize gösteriyor.

Yasal bir gözlem noktasından, Agency'nin *Thing 001895 (playing cards)*'ı [Şey 001895 (iskambil kâğıtları)] kopyalama ve iyelik konularını ele alıyor. Sanatçı Kobe Matthys tarafından 1992'de başlatılmış, telif haklarıyla ilgili yasal anlaşmazlık örneklerinin toplandığı daha büyük bir projenin içindeki bir "şey" olan bu vaka, tekelleştirmenin uzun bir tarihini canlandırıyor. 1463'te, Kral IV. Edward iskambil kâğıtlarının İngiltere'ye ithalatını yerel üretimi teşvik etmek amacıyla yasaklamıştı. 1576'da I. Elizabeth tek bir kişiye iskambil kâğıdının üretim, satış ve lisans haklarını verdi. 1602'de, bu tekele meydan okuyan bir dava yaşandı. Bu yapıt, söz konusu davanın çarpıcı ve yorucu yasal karmaşıklığını –mülkiyete dair günümüzdeki çatışmaların derin tarihsel ve kültürel kökenlerini ortaya çıkararak– ayrıntılandırır.

Londralı sanatçılar Eileen Simpson ile Ben White'ın ortak çalışması olan Open Music Archive'in [Açık Müzik Arşivi] katkısı ise bize kamusal alanın güvenli bir bölge olmadığını, kamusal alanın siyasi müdahale için uygun bir mevki olarak potansiyelinin ve sınırlarının sürekli sınanması gerektiğini anımsatır. Projeleri *The Edges of Public Domain* [Kamu Malının Sınırları] fikri mülkiyet kanununu göz önüne alır ve mevcut yasal gerçeklikte bir boşluk tespit edip yasamada gerçekleştirilecek değişikliklerle özelleştirilmeden önce sesle ilgili kimi malzemeleri kısa süreliğine halka açar. Süregiden projeleri telif hakkı süresi dolmuş müzik eserlerini toplayıp serbestçe dağıtmaya ve tartışılmaları ve yayılmaları için platformlar yaratmaya adanmıştır. Özel bir ilişki kurma ve dağıtım mevkisi olarak gördükleri *Mülkiyeti Geri Almak?*'ın bağlamını dikkate alarak bu yayın çerçevesinde erişilebilir kılınmış on sekiz yeni kayıttan oluşan bir koleksiyon sunuyorlar. Her bir parça kendi QR koduyla yaratıldı ve bir akıllı telefonla tarandığında mp3 dosyasının *online* olarak çalmasını sağlıyor, böylece kitap bir müzik kutusuna dönüşüyor.

Amerika Birleşik Devletleri Patent Ofisi'ne sunulmuş bir çizim, pek çokları için yaşamla ölüm arasındaki fark anlamına gelen cömertlik edimini özetliyor. Otomobil şirketi Volvo için çalışan tasarımcı ve mühendis Nils Bohlin üç noktalı emniyet kemeri buluşunu 1962 yılında açık bir şekilde yayınlamıştı. Patentini elinde bulundurmasına karşın emniyet kemeri tasarımını tüm diğer otomobil imalatçılarının serbestçe kullanımına açması potansiyel bir kârdan vazgeçip halkın iyiliğini gözetmenin güçlü bir örneğidir.

Nasıl ve neden sanatın kurumsal yapıları nihayetinde mülkiyet ilişkilerini yeniden üretiyor? Van Abbemuseum'un halka açık arşivinde araştırma yaparken sanatçı Michael Asher ile müze arasında 1975'ten 1986'ya dek sürmüş yazışmaların mektuplarına ulaşmak mümkün. Üçüncü şahıs ağzından okur, Asher'ın etkileyici, gerçekleşmemiş iki projesinden haberdar oluyor. Müzeye yapılan ilk öneri, sanatçı ile kurum arasında bir ev sahibi-kiracı ilişkisi başlatmak istiyor ve Permanent Collection'da [Kalıcı Koleksiyon] cisimleşen kalıcılık nosyonunu sınıyordu. İkinci öneri ise, müzenin koleksiyonu için sanat alımlarını denetleyecek finansal ve kültürel alışverişleri tanıtacak ve karmaşıklaştıracak bir The Michael Asher Trust Fund [Michael Asher Vakfı Fonu] kurmayı gündeme getiriyordu. Asher, sabırla ve zekice –ve sanat dünyasının iç mekanizmalarına ve mevcut koşullarına dair yüksek farkındalığı sayesinde– müze tarafından bir yapıtın nasıl seçildiğini ve yapıta nasıl değer biçildiğini gösterir. Bununla birlikte, adanmışlığı ve vakur ısrarı herhangi bir dönüş sağlamaz, çünkü müzenin direktörü ve küratörleri istekli ve ilgili olmalarına karşın, nihayetinde her iki projenin de meyve vermesini sağlayamazlar. Son bir sürprizle, müze tarafından kaleme alınmış tüm yazışmalar halka açıkken ve bu kitabın sayfalarında da rahatça yayımlanabilirken Asher'ın kaleme aldığı mektupların basımına mirasçılarınca izin verilmedi.

Kitap, sayfalarında araştırılan temalarla paslaşan sanatçı projeleri, kent inisiyatifleri, medya arşivleri, kitaplar ve web sitelerinden oluşan ve katılımcıların birlikte sağladığı, müşterek kaynakların bir havuzuyla bitiyor. Bu, sadece kitabı bir fikirler, metinler, sanat eserleri ve görüntüler deposu olarak işaretlemekle kalmıyor, aynı zamanda bunları daha da çoğaltmayı öneriyor. *Mülkiyeti Geri Almak?* boyunca toplumsal pratiklerin içine gömülmüş bir sanatı savunduk, bu sanatın dış dünyayla arasındaki pek çok bağlantı noktasını açığa çıkardık. Bugün hangi noktada olduğumuza gerçekçi bir şekilde bakınca ve hâlâ değişmesi gereken çok şey olduğunu kabul ederek söyleyecek olursak, gelişmiş bir kamusal alanı ve müşterekleri olan, bir kolektif kültür üretmenin teşvik edildiği, ödüllendirildiği ve savunulduğu daha adil bir sistem arzuluyoruz. *Mülkiyeti Geri Almak?*'taki mülkiyeti geri almak, başka bir şeyin mümkün olduğunun tanınmasıyla başlıyor.

Borç Sabotajı

Matteo Pasquinelli

> *Punk*'ın altın çağına geldiğimizde, bir şeylerin –belki modernizmin, Amerikan rüyasının, endüstriyel ekonominin, belki belirli tipte bir şehirciliğin– son günlerini yaşadığımız kesindi. Kanıtlar dört bir yanımızdaki şehir yıkıntılarında mevcuttu. [...] Kent yıkıntıları bu dönemi temsil eden simgeler gibiydi, *punk*'a estetiğini kısmen veren yerlerdi bunlar ve pek çok estetikte olduğu gibi bu da etik, nasıl eylemek, nasıl yaşamak gerektiğine dair talimatların dahil olduğu bir dünya görüşü içeriyordu.
>
> Bir kent bilinç sahibi bir zihni, hesap yapabilen, yönetebilen, imal edebilen bir şebekeyi andıracak şekilde inşa edilir. Yıkıntılarsa bir kentin bilinçdışına dönüşür; anıları, bilinmeyeni, karanlığı, kayıp toprakları ve tam da bu noktadan kente gerçekten can verir. [...] Kentsel bir yıkıntı alanı kentin ekonomik yaşamının dışına düşmüş bir yerdir ve burası bir şekilde kentin sıradan üretim ve tüketiminin dışına düşen sanat için de ideal bir yuvadır.
>
> —Rebecca Solnit,
> *A Field Guide to Getting Lost*

BİR BİLGİ TOPLUMUNUN YIKINTILARINI İÇTENLİKLE KARŞILAMAK

Rebecca Solnit'in sözleri günümüzden bakınca başka bir zamana ait hoş bir matem gibi geliyor en fazla kulağa ama bunun tek nedeni *punk*'ın bütün hatıra plaklarıyla ve getto enkazlarıyla tümüyle ortadan kalkmış olması değil, hayır! *Punk* ve daha genel olarak sanat günümüzde epey canlı, ancak küçük burjuva karikatürlerinde de olsa, günümüzün üretim tarzlarına dönmüş durumdalar. "Şehrin ekonomik hayatının dışında" bir mekâna dönük dürtülerle *punk*'ı ve yeraltı sanatını romantize etmenin zamanı değil. Tam tersine: Fordist rejimin yıkıntılarının üzerinde büyümekle günümüz ekonomisinin harikulade, biyopolitik, bilişsel dönüşümünü içerden öngörmüşlerdi. *Punk,* bilişsel kapitalizm eğilimini iskemik bir spazm gibi ivmelendirdi.

Gerçekten de müziğin diğer bütün sanat formlarından hızlı bir biçimde, teknolojinin bilinçdışını ve hâkim üretim araçlarını ve özellikle de krizlerini, paradigmadan paradigmaya geçişlerini somutlaştırdığı söylenir. Deneysel müziğin tarihini tekrar etmek faydalı bir ekonomi politik egzersizidir. Oysaki örneğin fütürizm, kitlelere dönük makineler çağını benimserken, *punk* ve sanayi sonrası müzik ise tersine, Fordizmin parçalanmasına övgüler düzdü. Birleşik Krallık *punk* gruplarının en deneysel ve en aşırılarından Throbbing Gristle, yüzeydeki endüstri fetişlerinin altından, 1976 gibi erken bir tarihte "enformasyon savaşı"[1] için duydukları arzuyu ifade etmişti. Bu arada Almanya'da bilgisayarda üretilmiş müzik, Kraftwerk (tam kelime anlamıyla elektrik santrali) sayesinde çoktan popüler olmaya başlamıştı. 80'lerin sonlarında, tekno müzik Detroit'te ortaya çıktı: Motor City'nin orijinal ses kaydı gelmekte olan dijital makinelerin sentetik önsezisini cisimleştirmeye başladı. "Tekno" terimi aslında Juan Atkins'in Alvin Toffler'ın ilk "teknoasiler"in enformasyon çağının öncüleri olarak tanımlandığı *Üçüncü Dalga* adlı kitabını okuyuşundan esinlenmişti.[2] Bu, az sayıda örnek sanat avangardlarının hiçbir şekilde dışarıda değil, tam da şimdinin ontolojisinin içinde büyüdükleri için nasıl *karşı* gibi gözüktüklerini ortaya koyar. *Punk* müziği tam da bilgi değere dönüşmeye başladığında bilgi çalmaya başladı. Paolo Virno, post-Fordizmin yükselişiyle özellikle "genellikle 1977 hareketi olarak hatırlanan toplumsal huzursuzluk"la ve Bologna'daki sözde yaratıcı özerkliğin yükselişi etrafında toplanmış İtalya'da çokluk konusunun yükselişini aynı döneme işaretler.[3]

Günümüzde kendimizi enformasyon çağı masalının en ucunda buluyoruz: Bilgi toplumuna dair politik paradigmanın doğumuna, kültür endüstrisi politikalarına ve "yaratıcı kentler"in kolay rüyalarına tanıklık ediyoruz. 2012'de, ekonomik kriz tüm kentleri vuran bir kasırgaya döndü ve sanat fonları da yıkımlardan nasibini aldı. Bunlar tam da sanat dünyasının üzerinde çalışmaya davet edildiği ve günümüzde bir *punk* dalgası olsa "işgal etmesi" beklenecek olan post-Fordizm enkazlarıydı. Burada eski siyasi koordinatlar ve sanatsal kavramlar artık işe yaramıyordu. Gerçekten de, nostaljik *yeraltı* nosyonu endüstri çağına –toplumun henüz güvencesiz işçiler ve serbest çalışanların çokluğuyla atomize olmadığı, hâlâ keskin sınıf ayrımlarına sahip olduğu zamanlara– ait bir nosyon.[4] Peki, öyleyse, günümüzün finansal kapitalizm çağına özgü direniş formu nedir?

Eğer *punk* ve 1977'nin siyasi hareketleri bilişsel kapitalizmi önceledilerse, tam da bilişsel kapitalizmin krizini kesen günümüzün hareketleri hangi noktadadır ve bunlar kendilerini ekonomik krizin ötesinde nasıl yansıtabilir? Ne gibi canlandırmalarla yeni sanatsal ve siyasi avangardlar işbaşında bulunabilir? Burada, bir bilgi toplumunun ve finansal kapitalizmin geride bıraktığı "enkazı" dillendireceğim. Enkazın –punk tarafından başlatılmış– ekonomisinin bilişsel kapitalizmin genel çarkları içinde bulunması ve genel bir spekülasyon süreci tarafından suiistimal edilmesi şaşırtıcı değildir.

SANAYİ SONRASI METROPOLÜN GÖRÜNMEZ UFUK ÇİZGİSİ

Sanat dünyasının kentsel mekânları sömürgeleştirmesiyle, bilgi toplumuna özgü üretim tarzı ve spekülatif kapitalizmin finansal oyunlarını birbirine bağlayan kırmızı bir hat bulunur. Bu metin şu üç etkileşimi deneysel bir biçimde bağlamayı deniyor: sanat ve metropol, sanat ve üretim tarzı, sanat ve finansal kriz.

Metropolün mekânlarıyla sanatsal ve kültürel üretim arasındaki ilişki günümüzde bariz bir ilişkidir. Avrupa dahilinde Berlin kenti en meşum örnek olarak ele alınabilir. Özellikle Doğu Berlin'de, Fordizmin kentsel ve endüstriyel harabelerinin sanat tarafından sömürgeleştirilmesi hâlâ sürmekte olan bir mesele; sadece önceki totaliter rejimlerden artakalanlar değil, ayrıca başarısızlığa uğramış şehircilik planlarının katmanları da kültürel dünyanın jeolojisini ve humusunu oluşturuyor. Bu katmanlaşma kültürel ve sembolik sermayenin, "yaratıcı kent" modasını ve malum nezihleştirme süreçlerini harekete geçiren soyut ve kalın bir katmanını da içeriyor. Birkaç yıl öncesine kadar Berlin'in sanat dünyası yeraltı altkültürleri tarafından bilinçsizce beslenen bir soyut mimari söz konusu. Günümüzde bu mekanizma politikacılar tarafından ve yerel medyada tartışılıyor ve yoğun nezihleştirmeye maruz kalan (Prenzlauer Berg, Kreuzberg ve Neukölln gibi) kimi bölgelerin sakinlerince açıktan biliniyor. 1970'lerin sonlarında New York borsasında ilk emeklilik fonlarıyla başlayan spekülatif kira kapitalizmi ancak Berlin'in kira fiyatlarına etki edince sanat dünyası içinde nihayet açıkça anlaşılıp tartışılabilir oldu. Hayatlarımız giderek daha genel bir biyopolitik üretim tarafından içerilirken (yani tüm sosyal yaşamımız değer üretmek için işletilirken) yeraltı sanatının eski güzel günlerinin emlak piyasasının temel motorlarından birine dönüştüğünü söylemek günümüzde sağduyunun bir gereğidir.

Yaratıcı ekonomi hakkındaki söylemlerin patladığı zamanlarda kültürel üretimle emlak spekülasyonu arasındaki ilişki daha az belirgindi. Devran döndü ve "yaratıcı kentler" akımını (Richard Florida'nın kaleminden çıkanlar gibi)[5] itekleyen veya bu kentlerin gizli neoliberal gündemlerini ve toplumsal maliyetlerini açık eden metinler çoğaldı. Genelde hem radikal eleştirmenler hem de "yaratıcı ekonomiler"in liberal partizanları, maddi ve gayri maddi alanların kendi özerklikleri içinde ve birbirlerine karşı hegemonyaları çerçevesinde savunulduğu simetrik bir paradigmayı devreye sokuyorlardı. Bu nedenle, metropol sırasıyla şehircilik veya sembolik sermaye terimleriyle, maddi ekonomi *veya* yaratıcılığın erdemli olduğu varsayılan ekonomisi terimleriyle tanımlandı. Buna karşın, maddi ve gayri maddi alanlar arasında yeni bir hat nezihleştirme süreçleri sırasında kendini gösterdi. Nezihleştirme süreçleri artık daha fazla endüstriyel ekonomi politiğin grameriyle – hatta yeni yaratıcı müştereklerin destekçilerinin ucuz ekonomi politiği ile bile– açıklanamayan yeni çatışma, kırılma ve değer asimetrisi formlarına işaret ediyor.

SANATSAL ÜRETİM TARZI VE RANTIN YENİ TOPOLOJİSİ

Fordizmden post-fordizme geçişteki paradigma değişikliği Carlo Vercellone tarafından kâr rejiminden ekonomik rant rejimine çıkan bir geçit olarak tanımlanmıştı. Vercellone'nin öne sürdüğü slogan "Bugünün kârı ranttır,"[6] oldu. Gerçekten de, emlak sektörü müşterek toprak ve kültürel sermaye kaynaklarını karşılığında hiçbir şey üretmeden sömürürken –bu bir rantiye sağlayanın tipik konumudur– ekonomik rant nezihleştirmenin arkasındaki değer biçme formunu açıklayan tek modeldir. Küresel petrol ve doğal kaynak oligarşilerinin yanı sıra, ekonomik rant, FSE (finans, sigortacılık, emlak) diye anılan ekonominin paradigmasıdır. Bununla birlikte, ekonomik rantın dinamik formları, hâkim bir konumu suiistimal ettiklerinden (Microsoft'un işletim sistemi, Google'ın verimerkezleri ve Facebook'un sosyal ağları dijital dünyadan örneklerdir) yazılım patentleri, iletişim protokolleri, şebeke altyapıları üzerindeki tekeller olarak da tanımlanabilir. Eğer endüstriyalizm altında kârlar ve ücretler kapitalist birikimin temel vektörleriyse, tekel rantı ve müştereklerin gaspı da bilişsel ekonomi çağına özgü iş modelleri olarak karşımıza çıkar.[7] Fakat bir kez daha, ancak daha yakın tarihli nezihleştirme fenomeni sayesinde spekülatif rant ile gayri maddi üretim arasındaki hat maddi olarak daha açık hale gelmiştir.

Neil Smith, yeni ufuklar açan kitabı *The New Urban Frontier*'da [Yeni Kent Sınırı] nezihleştirmeyi günümüz metropolündeki toplumsal sınıflar arasında yer alan yeni fay hattı olarak sundu.[8] Smith'in modelinde, New York City'nin nezihleştirilmesi "rant uçurumu" nosyonuyla tanımlanıyor: Belirli bir bölgede böylesi bir değer uçurumu yeterince kârlı olduğunda şehir boyunca arazi değerlerinin farklılaşmasının dağılımı nezihleştirmeyi tetikliyor.[9] David Harvey bu tür bir rant teorisini daha da ileriye götürerek, piyasanın kendi kentsel bölgeleri için yeni "ayrım işaretleri" bulmak üzere sömüreceği bir varlık olarak kültürün kolektif üretimini dahil etti. Barselona'nın nezihleştirilmesiyle ilgili denemesi "The Art of Rent"te [Rant Sanatı] Harvey "kolektif sembolik sermaye" nosyununu öne sürer: Emlak sektörü belirli bir kentte zamanla tortulaşan (toplumsallık, yaşam kalitesi, sanat üretimi, gastronomik gelenek vb.) eski ve yeni kültürel sermayeyi sömürerek çalışır.[10] Harvey'nin makalesi, çokça öne çıkarılan kültürel müşterekler içinde bulunabilecek siyasi asimetrileri açığa çıkarmak konusunda faydalı olabilecek az sayıda analizden biridir. Harvey maddi olmayan üretimi ve para birikimini fikri mülkiyet rejimi aracılığıyla değil, gayri maddi alanın maddi alan tarafından parazitvari sömürülmesi aracılığıyla birbiriyle ilişkilendirdi. Kolektif sembolik sermaye, müştereklere el koyulmasının bir başka adı –söz konusu durumlarda fikri mülkiyet rejimini ve ilgili mücadeleleri tümüyle pas geçen bir sömürü formu– idi sadece.

Kolektif sembolik sermaye nosyonu, kültürel üretimle daha az belirgin asalak ekonomiler arasındaki yakın bağı ortaya çıkarmak için idealdir. Kolektif sembolik sermaye farklı şekillerde biriktirilebilir: geleneksel yolla, Harvey'nin ele aldığı Barselona vakasında olduğu gibi, belirli bir yerin tarihsel ve toplumsal belleğini sömürerek; çağdaş bir yolla, Berlin örneğinde olduğu gibi yeni kentsel altyapıları ve sanat sahnesini sömürerek; veya yapay bir yolla, Amsterdam ve yeni markası *I-am-sterdam* [Ben-Amsterdamım] örneğinde olduğu gibi, bir şehir pazarlama kampanyası yöneterek. Rosayln Deutsche ile Cara Gendel Ryan, 1980'lerin başlarında, sanatsal gelişmelerin iş sektörlerini geliştirmek isteyenleri çekmekte temel rolü oynadığı Manhattan'ın Lower East Side bölgesinde görülen renovasyonları tarif ettikleri "The Fine Art of Gentrification" [Güzel Sanatların Bir Dalı Olarak Nezihleştirme] başlıklı denemelerinde, benzer kentsel yenileme tekniklerini açıklamışlardı.[11] Bu özgül sanatsal üretim tarzının adını koyan ve onu doğrudan finansal dünyaya bağlayan, 1982 yılında Sharon Zukin oldu: "Kent formlarının el çabukluğuyla manipülasyonu sonucunda, SÜT [Sanatsal Üretim Tarzı] kentsel mekânı endüstrinin 'eski' dünyasından alıp finansın 'yeni' dünyasına veya üretim ekonomisi âleminden alıp üretici olmayan ekonomik faaliyetin âlemine taşır."[12]

Günümüzde SÜT tüm Avrupa'da gelişmiş bir gayri maddi fabrikaya dönüşmüş durumda. Numara artık gayet iyi biliniyor ve emlak sektörü sanat dünyasıyla açık ittifaktan sapkın bir mekanizma doğurdu. Karşıkültürün onyıllardır kültür endüstrilerini taze fikirlerle beslemekte olduğu bilinirken şimdi ilk kez günümüz sanatçı kuşakları kendi sembolik emeklerinin veya biyopolitik üretimlerinin anında müphemleşmesi –yani kendi sosyal ilişkilerine değer biçilmesi– ile yüzleşmek zorunda kalıyor. Günümüz kültür ve sanat formlarının bu tür spekülasyon formlarına meylederek müphemleşmesi sessiz oportünizm yüzünden –bir de ayrca yeni bir politik gramerin eksikliği yüzünden– bir türlü gereğince tartışılamıyor.

SÜT kavramı daha da fazla dile getirilmeli, yaratıcı endüstriler ve yaratıcı kentler gibi neoliberal nosyonlara karşı ifade edilmelidir.[13] Bu anlamda "kültür fabrikası" terimi diğer modellerin yukarıdan baktığı bu tür husumet ve kriz formlarını içerecek şekilde yeniden kavramlaştırılmalıdır. Örneğin, eski altkültür fikri, Kültürel Çalışmalar'ın erken bir döneminde hâkim kültür paradigmasıyla çelişecek bir alternatif olarak geliştirilmişti. Daha sonraysa postmodernizm devreye girerek aydınların kültürüyle ayaktakımının kültürü arasındaki rahatlatıcı diyalektiği dümdüz etti, ancak yeni bir değer teorisi geliştirmek konusunda da başarısız oldu. Lawrence Lessig ve Yochai Benkler gibi havarilerin özgür kültür hareketinin en son dönem yorumlarının tersine, kültürün müşterekleri saf özgürlük, işbirliği ve özerkliğin bağımsız bir alanı haline gelemiyor ama sürekli kapitalizmin güç sahasına maruz kalıyorlar.[14]

BORÇ SABOTAJI

Finansal kapitalizm bilgi toplumunun enkazından doğdu, çünkü bilgi toplumunun iş modelleri birikim sınırına çok çabuk dayandı ve değer biçme süreci kaçınılmaz bir biçimde sona erdi. Amerika Birleşik Devletleri'ndeki *dot-com* [nokta.com] balonundan hemen sonra yatırımcılar umutsuzca emlak spekülasyonuna geri döndü ve *subprime mortgage*'lar [yüksek riskli ipotek kredisi] üzerinden "yapay olarak" yeni bir türev pazarı kuruldu. Takip eden *subprime* balonu büyük ulusal bankaları etkiledi ve bir özel kredi krizi bir kamu borçları felaketine dönüştü. Burada iki rastlantıyla karşılaşıyoruz. New York'ta finansal spekülasyon 1970'lerin sonlarında, ilk nezihleştirme vakalarının görüldüğü günlerde, New York borsasına emeklilik fonlarının dahil edilmesiyle başladı. Günümüzde ise Berlin, siyasi başkent olarak, Avrupa'nın yeni finansal yönetiminin ("sanal" ülkelerin ulusal kamu borçlarını sömürmesi temeline dayanan) de merkezi ve en sert nezihleştirme vakalarına ve tartışmalarına sahne oluyor.

Bütünüyle hayali bir değer imalatı hem finansal oyunların hem de nezihleştirme süreçlerinin kilit bileşenlerinden. Borsaların değer karakteristiklerinin "yaratıcı yıkımı" günümüzün politik meselesi haline geldiğinden beri kültürel müştereklerin politik olarak yeniden düzenlenmesi ve bu yönde bir sanatsal faillik gerekmekte. Bu değer biçme oyununa kentli halk yığını ve sanat dünyası girerse ve tümüyle içine çekildikleri değer üretimi zincirinin üzerinden müşterek bir gücü aşırabilirlerse ve bu tam da bu günlerde aynı değer üretim zincirinin içsel kırılganlığını açığa çıkarırsa ne olur? Üniversite borçlarını protesto eden Amerika Birleşik Devletleri'ndeki ve Kanada'daki öğrencilerden, Yunan parlamentosunun kemer sıkma önlemlerine muhalefet eden halk yığınına, borç yeni bir çatışma vektörüdür artık. Maurizio Lazzarato'nun dediği gibi: "Sınıf mücadelesi bugün Avrupa'da borç etrafında yoğunlaşıyor ve açılıyor."[15]

Değerin sabotajını herkese ilk öğreten borsalar oldu: Kentli aktivizmin, Harvey'nin tanımladığı o kolektif sembolik sermayenin gasp edilmesine karşı çıkarak, Berlin'de ve Avrupa'nın geri kalanında nezihleştirmeyi sembolik veya daha az sembolik saldırılarla hedef almasına şaşmamalı. Dijital ağların tekellerinden emlak tekellerine yeni ekonomik rant rejimi kutuplaşmış ve neofeodal bir topluma doğru itiyor herkesi. Finansal kapitalizm çağında yeraltındaki sanatın yeni koordinatları bu nedenle ancak önceki bilgi toplumunun "enkazı" üzerinde yükselen yeni borç vektöründe bulunabilir. Geç kapitalizmde çokluğun sanatının genel formu borç sabotajı ve borç sabotajına eşlik eden yeni politik formlardır.

Notlar

1. V. Vale ve Andrea Juno, haz. RE/Search 6-7, *Industrial Culture Handbook* (San Francisco: RE/Search, 1983), yay. y.
2. Alvin Toffler, *The Third Wave* (New York: Bantam Books, 1980). [*Üçüncü Dalga: Bir Fütürist Ekonomi Analizi Klasiği*, Çev. Selim Yeniçeri, İstanbul, Koridor, 2008] "Tekno-asiler, ister bunu kabul etsinler ister etmesinler, Üçüncü Dalga'nın failleridirler. Önümüzdeki yıllarda yok olmayacak, aksine çoğalacaklar."
3. Paolo Virno, *A Grammar of the Multitute*, çev. Isabella Bertoletti, James Cascaito ve Andrea Casson (Los Angeles: Semiotext[e], 2004), 98.
4. Bkz. Rosalind Williams, *Notes on the Underground: An Essay on Technology, Society, and Imagination* (Cambridge, MA: MIT Press, 1990).
5. Richard Florida, *The Rise of the Creative Class* (New York: Basic Books, 2002); ve *The Flight of the Creative Class* (New York: HarperCollins, 2005).
6. Bkz. Carlo Vercellone, "La nuova articolazione salario, rendita, profitto nel capitalismo cognitive", *Posse: Potere Precario* içinde, haz. Tarì M (Roma: Manifestolibri, 2006).
7. Bkz. Michael Hardt ve Antonio Negri, *Commonwealth* (Cambridge, MA: Belknap Press, 2009).
8. Neil Smith, *The New Urban Frontier: Gentrification and the Revanchist City* (Londra: Routledge, 1996).
9. Agy., s.67. "Rant uçurumu potansiyel arazi rant seviyesi ile mevcut toprak kullanımı çerçevesinde fiilen sermayeye dönüştürülen yer rantı arasındaki farkdır. [...] Bir kez rant uçurumu yeterince açılınca, verili bir mahallede arazi ve konut piyasasındaki farklı aktörlerden herhangi biri tarafından nezihleştirme başlatılabilir."
10. David Harvey, "The Art of Rent: Globabalization and the Commodification of Culture", *Spaces of Capital: Towards a Critical Geography* içinde (Londra: Routledge, 2001). ["Rant Sanatı: Küreselleşme ve Kültürün Metalaştırılması," *Sermayenin Mekanları, Eleştirel Bir Coğrafyaya Doğru* içinde, Çev. Başak Kıcır, Deniz Koç, Kıvanç Tanrıyar, Seda Yüksel, İstanbul, Sel, 2012].
11. Rosalyn Deutsche ve Cara Gendel Ryan, "The Fine Art of Gentrification," *Ekim* 31 (Kış 1984).
12. Sharon Zukin, *Loft Living: Culture and Capital in Urban Change* (Baltimore, MD: Johns Hopkins University Press, 1982), 178.
13. Bu iki nosyon farklı soykütüklere sahip: Yaratıcı endüstrilerin tanımı Birleşik Krallık Hükümeti Kültür, Medya ve Spor Departmanı tarafından fikri mülkiyete odaklanılarak tanımlandı; yaratıcı kentler ise Richard Florida tarafından kültürel sermayeye odaklanarak icat edildi.
14. Bkz. Lawrence Lessig, *Free Culture* (New York: Penguin Books, 2004); ve Yochai Benkler, *The Wealth of Networks: How Social Production Transforms Markets and Freedom* (New Haven, CT: Yale University Press, 2006).

15. Maurizio Lazzarato, *The Making of the Indebted Man*, çev. Joshua David Jordan (Los Angeles: Semiotext(e), 2012), 7. [*Borçlandırılmış İnsanın İmali*, Çev. Murat Erşen, İstanbul, Açılım Kitap, 2014].

Eser Sahipliğinin Gaddar Ekonomisi

Kuba Szreder

37

İtibara dayalı ekonomiler üzerine düşünme sürecine öğretici bir örnekle başlayalım. 2011'de, Varşova'daki Özgür/Yavaş Varşova Üniversitesi'nden (Ö/YVÜ)[1] beraber çalıştığımız katılımcılarla "Kalabalıkların Emeği mi? Toplumsal Yaratıcılığın Ekonomi Politiği" başlıklı bir konferans düzenlemiştim. Sonrasında Ö/YVÜ, konferans katılımcılarından çekirdek bir grubun birlikte yayıma hazırladığı bir konferans sonrası yayın yapmıştı.[2] Kitabın editörlerinin isimleri verilmiş ve listelenmiş, yayımlanan her bir sunumun eser sahibi açıkça belirtilmiş, tüm alıntıların kaynakları gösterilmiş ve doğan telifler ödenmişti. Tüm geleneksel yayıncılık yasalarına uyulmuş ve tüm editoryal kutucuklara gerekli tıklar atılmıştı. Gelgelelim kuşkular giderilemiyordu. Konferans sırasında "kalabalıkların emeği"ni –sanat sahnelerinde, entelektüel çevrelerde ve yaratıcı topluluklarda– topluma yayılan yaratıcılık olarak ele almıştık. Ama iş yayımlama noktasına gelince, tüm bu çokluklar içindekiler listesinden buhar olup silindi gitti. Geriye salt isimleri net bir şekilde tek tek belirtilmiş bireylerin bir listesi kalmıştı.

Yayımlanan kitapların, metinlerin veya sanat yazılarının büyük çoğunluğunun açıkça belirtilmiş eser sahipleri bulunur. Yayıncılığın günümüzde geldiği noktada eserin yazara atfedilmesi tartışma götürmeyecek aşikârlıkta bir durumdur. Bir şey yayımladığımızda yaptığımız budur: Eser sahibi atarız. İster eleştirel pratiklere sahip olalım, ister tanınmış akademisyenler olalım veya ticari eğilimleri öne çıkan sanatçılar, hiç fark etmez. Hepimiz benzer örüntüleri izleriz. Eser sahibi atamak, güncel sanat dünyasının tüm sektörlerine nüfuz etmiştir. Rekabetçi sanat piyasasının, kamu kurumlarının ve –fikri mülkiyete muhalif gibi durmalarına karşın– küçük, resmi olmayan, eleştirel sanat inisiyatiflerinin faaliyetlerine damga vurur.

Burada öne süreceğim gibi, eser sahibi atama –Hans Abbing'in çerçevesini kullanacak olursak– sanatların gaddar ekonomisinin altında yatan temel mekanizmalardan biridir.[3] Sorun, günümüz sembolik üretiminin sürmesini sağlayan itibara dayalı ekonomilerin yapısal adaletsizliğinde yatıyor. Bu ekonomiler çokluğun emeğinin görünmezliği üzerine kurulu.

Eleştirel kültür üreticileri olarak, çoğumuz yaygınlaşan yaratıcılık nosyonlarına sıklıkla gönderme yapıyor ve bel bağlıyoruz. Fakat bizim kendi yayımlama edimlerimiz, girdilerdeki fazlalığı, dar biçimde anlaşılan eser sahibi atamanın veya sanatsal eser sahipliğinin ötesine geçen bir anlayışla tanıma güçlüğünden mustarip. Fikri mülkiyete karşı duruşumuz sadece ikincil bir rol oynuyor. Yaratıcı müşterekleri veya başka bir kamu iznini kullanıp kullanmadığımız pek fark etmiyor. Esas farkı yaratan, temel bir edim olarak bireysel mülk edinme. İzin vermek ve telif haklarını sınırlandırmak, daha önce elde edilmiş ayrıcalıkları koruma altına almanın bir yolu olarak değerlendirilebilir ama illa ki böyle kullanılmaları da gerekmiyor. Ancak eser sahibi atfetmenin etkililiği kısmen yasal formülasyonlara dayanmaktan çok dünya görüşlerinde, alışkanlıklarda ve değerlerde yerleşik olmasından, işleri görmenin geleneksel bir yolu olarak genel kabul görmesinden kaynaklanıyor.

Yönteme dair küçük bir not düşmenin tam zamanı. Benim kültürel üretim anlayışım sanat aygıtının materyalist bir analizinin mirasına dayanıyor. Benim yöntemim diğer düşünürlerin yanı sıra en fazla Walter Benjamin'e bir şeyler borçlu. Benjamin, "Üretici Olarak Yazar" başlıklı önemli denemesinde, odak noktasını yazardan ve yapıtından kaydırıp sembolik üretim aygıtının toplumsal bütünlüğüne yöneltmişti. Benjamin'in izinden giderek, bu aygıtın doğal bir altyapı, sadece şeylerin üretimini, dağıtımını ve iyeliğini yürütmenin kurumsal bir formu olduğu nosyonunu reddediyorum. Tersine, kanaatimce, bu aygıtın ana işlevi sanat yapıtını, yazarı, kamuyu, alımlama edimini veya fikri mülkiyeti tanımlayan toplumsal kavramlaştırmaları üretmek ve yeniden üretmektir.

Bu perspektiften bakarak, karşımızdaki sorunlu yumağı çözmeye, yaratıcı ekonomiyi didiklemeye, yapısal tutarsızlıklarını belirlemeye ve geleceğe dair bazı öngörülerde bulunma riskini dahi üstlenmeye girişeceğim. Ancak, öncelikle, sanatlardaki itibara dayalı ekonomileri ilginç bir biçimde aydınlatabilmelerini de göz önünde bulundurarak, yaratıcı endüstrilerde son dönemde geliştirilen kimi yenilikçi iş modellerini ele alalım.

GEÇ KAPİTALİZMDE MÜLKİYET MODELLERİ

Kültür endüstrilerinde kâra geçmenin yaygın olarak tanınan biçimi sert bir şekilde telif haklarını yüklenmeye ve katı izinler aracılığıyla fikri mülkiyeti koruma altına almaya dayanıyor. Bu pratik, temel bir çelişki üzerine kurulu. Sembolik içeriklerin yenilikleri ve yaratımları fikirlerin engelsizce akışından doğar. Ama bir kâra dönüşmeleri söz konusu olduğunda fikirler, tanım gereği, nadir bulunan şeyler haline gelir ve telif hakları aracılığıyla metalara dönüşürler. Bununla birlikte, her simgenin bir sahibi olduğunda, yeni içerik yaratımı çok pahalı hale geliverir.[4] Bu nedenle, fikri mülkiyet sahipleri "müştereklerin trajedisi"ni[5] kendi lehlerine sömürür. Sembolik imgelemin telif hakkına bağlanmamış birikimini düşük meblağlar karşılığında kendilerine mal edip sömürmek durumundadırlar.[6]

Bir başka iş stratejisi de bilişim teknolojisi sektörlerindeki hizmet sağlayıcılar tarafından uyarlanmaktadır: Tiziana Terranova, fikri müşterekleri yenilemek ticari faaliyetlerini mümkün kıldığından uzmanlaşmış programlama girişimlerine gönderme yapar.[7] Müşterek bilgi havuzlarına erişimi güvence altına almak amacıyla açık kodlamalara katılırlar. Son derece gelişmiş programlama hizmetleri sunarak kâr elde etmektedirler. Bilgiyi havuza aktarmanın maliyetini açık kaynakları kodlayanlarla paylaşarak araştırma ve geliştirme harcamalarını düşürürler. Dahası, ortak çıkar için çalışarak, bu girişimler kendi itibarlarını sağlama alır, ki bu da daha sonra ticari müşteriler için bir cazibe oluşturur.

Geç kapitalizmi niteleyen diğer modeller Yann Moulier Boutang'ın tabiriyle "tozlaşma işi"ne[8] dayanır. Kavramı açıklamak için Boutang şu örneği verir: Çoğu insan arıların temel ekonomik işlevinin bal üretmek olduğuna inanır. Halbuki bu kanaat yanıltıcıdır, bir ekonomik döngüde arıların hakiki rolü orkideleri ve ekili alanları tozlaştırmaktır. Bal sadece ekonomik olarak çok çok daha önemli bir sürecin yan ürünüdür. Benzer bir şekilde, bilişsel kapitalizmde sembolik ürün ancak çokyönlü değiş tokuşun uzun ve talepkâr süreçleri sonucunda –toplumsal olarak yaygın bir "tozlaşma işi"nin bir sonucu olarak– ortaya çıkar. Fikirlerin ve sembollerin taşınması, değiş tokuş edilmesi, yeniden ele alınması, iptal edilmesi, tekrar yapılması, hakkında konuşulması ve tartışma konusu haline gelmesi gerekir. Web 2.0 için karakteristik diyebileceğimiz bu iş modelinde, bir ürüne sık sıkı yapışmak, "dolaşımdaki" toplumsal olarak üretilmiş değerleri kapmaktan çok daha az önemlidir. Esas fark yaratan, toplumsal değer biçme süreçleri ve yaygın sembolik üretim üzerindeki denetimdir. Ama kâr sağlama yolu kitle kaynaklı çalışmadır: Ücretsiz çalışan kullanıcı topluluklarını cezbetmek. Portalları, web sayfalarını, blogları ve arama motorlarını sahipleri ve yöneticileri tarafından biçilecek değerler yaratmak üzere tozlaştırırlar.

GÜNÜMÜZ KÜLTÜRÜNDE HÂKİM ÜRETİM TARZI OLARAK PROJE YAPIMI

Yukarıda altını çizdiğim modeller, geç kapitalizmdeki esnek birikimin mekanizmaları tarafından ortaya koyulan taleplere yanıt verir. Bu dönüşümler sanat dünyasındaki değişimlere ve daha genel olarak, kültürel üretimin son on yıllarda geçirdiği değişimlere yansır. Bunları anlayabilmek için proje yapımı aygıtını ve güncel sanat dünyasını daim kılan itibara dayalı ekonomiler üzerindeki etkisini dikkatle incelemek gerekir. Bu anlamda, Luc Boltanski'nin deyimiyle "projektif [izdüşümsel] kent"i[9] tanımlayan şeyler yapmanın mekanizmalarının, örüntülerinin ve yollarının izinden giderek sanat dünyasının nasıl yeniden şekillendirildiğine işaret eden Pascal Gielen'in sosyolojik analizlerini[10] takip ediyorum.

Projektif kentin teorik modeli Boltanski ve Éve Chiapello tarafından, yeni ufuklar açan *The New Spirit of Capitalism*'de[11] [Yeni Kapitalizm Ruhu] adlı çalışmalarında ortaya koyulmuştu. Tarihsel olarak söyleyecek olursak, değerin projektif düzeni Batı toplumlarındaki kaydadeğer değişimlerin bir sonucu olarak 1970'ler ile 1990'lar arasında yaşandı. Boltanski ile Chiapello'ya göre, neoliberalizmin yükselişine, küreselleşmenin yayılmasına, Fordizmin krizine ve ekonominin finansallaşmasına eşlik eden yeni yönetim söylemlerinden doğmuştu.[12]

Kültürel üretim koşullarının genel olarak projektif kentin özgül mantığına göre makas değiştirmesi çerçevesinde bu dönüşümlerin içerimleri tüm sanat dünyasında da hissedilmiştir. Sanat dünyasının sadece metropollerini değil, çeperlerinde yer alan büyük kurumları, bienalleri, sanat fuarlarını, bağımsız kültür inisiyatiflerini ve eleştirel üyelerini de aynı derecede etkilemiştir.

Belli ki, projektif değer rejiminin çekirdek öğesi bizzat projenin kendisidir.

Her proje geçici bir taahhüttür. Genel olarak söylersek, projeler belirir ve ortadan kaybolur. Yönetimsel formatlar olarak projeler tatmin edici bir verimlilik, hesap verebilirlik ve denetim seviyesini korurken aynı zamanda esneklik ve uyarlanabilirlik sağlarlar. Her bir proje bir projektif çabadır; kendisini geleceğe projekte eder. Kısa dönemli karakterlerine uygun olarak, projeler stratejilerden çok taktikleri, ilişkilerden çok kaçamakları, dostluklardan çok gevşek bağları, katı düzenlemelerden çok göçleri yeğler.

Projeler aktörleri, kurumları, şeyleri, mekânları, kaynak havuzlarını, dağıtım kanallarını ve izleyicileri birbirine bağlar. Bir proje kaynaklara yatırımı en yüksek sembolik veya ekonomik dönüş oranını vaat eden taahhütlere yoğunlaştırmanın verimli bir yoludur. Kaynaklar ve aktörler, proje tamamlandıktan sonra ayrılıp şebekedeki bir başka düğüme doğru hareket etmek üzere geçici bir temelde bir araya gelir.

Projeler, geçici işbirliği ortamları inşa etmeleri gerektiğinden, profesyonel hiyerarşileri kısmen eşitler. Herhangi bir proje temelli taahhütün başarısı katılımcılarının tam ve yaratıcı bir şekilde müdahil olmalarını gerektirir. Katılımcılar, uzmanlıklarının veya konumlarının önemli olmadığı bir kolektif beyin fırtınasına katkı yapmaya teşvik edilir. Yönetimsel bir alet olarak projeler şirket bürokrasilerini pas geçmek ve daha önce bölmelere ayrılmış bilginin akışını kışkırtmak için icat edilmişlerdir. Bir projenin amacı, aksi takdirde sektörler, disiplinler ve branşlar arasındaki katı ayrımlara sıkışıp kalacak potansiyelleri açığa çıkarmaktır.

Her bir proje sadece geçici istihdam sağlar, görev tamamlandıktan sonra yitip gider. Projeler her zaman kolektif taahhütlerdir, ama proje ekipleri sıklıkla projenin ardından dağılır. Her bir proje aktörü, önceki proje çoktan tamamlanmışken ama yeni bir proje henüz başlamamışken, yeni vaatkâr projeleri yürütme becerileri sınanan bir birey olarak projeler arasında hareket halindedir.[13]

Proje katılımcılarının çoğu serbest çalışanlardır ve sınırlı bir zaman aralığında böylesi projelere dahil olur ve bağlanırlar. İdeal senaryoda, kültür üreticileri bir projeden bir başka projeye göç eden küresel "neşeli biniciler" gibi davranır, yeni heyecan verici fırsatlar arayışıyla dünyayı kat ederler.[14]

Esnekliğin, serbest çalışmanın ve "bağımsızlık"ın arka yüzünde varoluşsal ve mesleki güvencesizlik yer alıyor. Proje üreticiler olarak kültür üreticileri bireysel riskler almakta serbestler, ama temel sorumlulukları iş alabilir kalmak. Her zaman yeni meydan okumalara hazır olmalılar, durmaksızın yeni fırsatların arayışında olmalılar.

Projektif kentte, bir şebekeye dahil olmak özel bir tipte esnek güvenlik sağlıyor. Projeler arasındaki boşluklar böyle doluyor. Şebekeler kurumları, aktörleri, kaynak havuzlarını ve izleyicileri birbirine bağlıyor. Bir iletişim limanı olarak yeni projelerin içinde doğabileceği koşulları güvence altına alıyor. Şebeke birikmiş fırsatlara ve depolanmış kaynaklara erişim sağlıyor. Seçilmiş kültür üreticilerine ham potansiyeller bahşediyor, hiçbir şeye "sahip bile olmadan" gerçekliği değiştirebilme gücü sunuyor. Her bir proje yaratıcısının kaynakları harekete geçirme, bir araya getirme ve yönetme gücü şebekedeki konumuna bağlıdır. Bu nedenle, projektif siyasada mülkiyet meseleleri ancak ikincil öneme sahiptir. Farkı doğuran, şebeke aracılığıyla fırsatlara erişimdir. Ancak erişim sınırlı olduğundan, şebeke çetin bir rekabete ve yoğun mücadelelere sahne olur.

ORTAKLAŞA REKABET

Geç kapitalizmdeki iş modellerini projektif kentin yapısal

eğilimleriyle karşılaştıracak olursak, günümüz kültür üreticilerinin fikri mülkiyet hakkı sahiplerinden çok yenilikçi bilişim hizmeti sağlayıcıları anımsattığı epey bariz hale gelecektir. Müşterek değerlerin kolektif üretimine aynı anda katılırlar ve kişisel kâr elde etmek için yaratıcı bir akışı yakalama gereksinimi duyarlar. Projektif aygıtın ana mekanizması, işbirliğine dayanan rekabet yani "ortaklaşa rekabet"tir. Projeler ancak bağıtlanmış bir kolektifin geniş işbirliği harekete geçirilebildiyse başarılı olur. Şebeke yoğun, çokyönlü ve işbirliğine dayanan değiş tokuş temelinde çalışır. Ama her proje üreticisinin başarısı bireysel zeminde değerlendirilir, bu da tarafları sert bir rekabete teşvik eder.

Proje ekonomisinin ana ilkesi bu paradokstan doğar: Kavramlar kolektif olarak yaratılır ama nihayetinde bireylere atfedilmeleri gerekir. Bireysel motivasyonu garanti etmenin, rekabetçi avantajlar yaratmanın, hiyerarşileri yeniden üretmenin, akışkanlığı ve şebekenin sürekliliğini güvenceye almanın ve yeni projelerin doğabilmesini mümkün kılmanın yolu budur.

Birbiriyle çelişiyormuş gibi gözüken işbirliği ve rekabet stratejilerini birbirine bağlama becerisi "kapitalizmin yeni ruhu" hâkimiyetindeki sanat alanında başarılı bir kariyer sahibi olmanın belkemiğini oluşturuyor. Kültür üreticileri, isteyerek veya istemeyerek, "iyi fikirleri"[15] yakalamak, yeniden formüle etmek ve kamulaştırmak durumundalar. "İyi fikirler" kültür üreticilerinin rol almaları gereken işbirliğine dayanan değiş tokuşlar ve yoğun iletişim yoluyla üretilir ve erişilir olur. İlaveten, kolektif eğitim sahalarında antrenman yaparak ve geniş sosyal işbirlikleri içinde yer alarak kişisel becerilerini geliştirirler.

İşbirliğine dayalı bağlantı noktalarına katılımlarına karşın kültür üreticileri eninde sonunda kendi itibarlarını inşa etmek mecburiyetindedir. Art arda bir projeden diğerine geçebilmek ve fırsatlara erişimi garanti altına alabilmek için ana yol bireysel olarak (becerileri veya "iyi fikirleri" sayesinde) tanınmaktır.

Bunu resmedebilmek için, Özgür/Yavaş Varşova Üniversitesi örneğine dönebiliriz. Ö/YVÜ bu işbirliğine dayanan ekonomide bir istisna oluşturmuyor. Ö/YVÜ'nün her bir projesi geniş işbirliğinin ve fikirlerin yoğun akışının bir sonucudur. Aynı zamanda, ekibimizdeki herkes bireysel kariyerini takip ediyor ve kişisel istikrarını güvence altına almak için çabalıyor. Kişisel mesleki yollarımız bağlamında özgül ve değişen kriterlere göre değerlendiriliriz. Akademisyenler için önemli olan kriterler başkadır (hakemli yayınlarda ölçülebilir başarılar), küratörler veya sanatçılar için önemli olan faktörler başka (daha az somut, itibar kazanmak adına daha az önemli olmayan başarılar). Hepimizi birleştiren nokta, kültür üreticilerinden biri olmaktan vazgeçmek istemiyorsak, ister beğenelim ister beğenmeyelim, tek tek bireysel olarak değerlendirileceğimizdir.

ESER SAHİBİ ATAMA VE "SAHNEDE GÖRÜNMEK"

Fırsatlara erişim kişinin itibara dayalı ekonomilerdeki konumuna bağlıdır. Her bir kültür üreticisi tanınmaya ihtiyaç duyar ve bireysel itibarına göre üstte veya altta sıralanır.[16] İstediği kadar üretimi kolektif kökenlere dayansın "iyi bir fikir"in bir tek bireye atfedilmesi gerekir. Bu şekilde, kültür üretici gelecekte ödüllendirilebilmeyi ve mesleki ilerlemeyi garantiler. İtibar inşa etmek için fikirlerin herkesin malı haline gelmesine izin vermemek gerektiğini not etmek önemlidir; fikirlerin telif hakkına bağlanmış olması da bir o kadar ehemmiyetsizdir. Bir eser sahipliği bağlantısının tüm ağ tarafından kabulü çok daha mühimdir.

Eser sahibi atama sürecinin kendisi yumuşak bir işlem değildir. Geniş işbirliği talebiyle erişime dönük bireyselleşmiş rekabet arasındaki yapısal tutarsızlıklara dayanır. Dahası, sembolik üretimin (tanınmayan) sömürülenleri ile (meşhur) sömürücüleri arasındaki sembolik bir şiddet üzerine kuruludur.

Ağ, eser sahibi atanmasını özgül bir görünürlük rejimine bağlayarak güvence altına alır. Gielen'in dediği gibi, bireysel telif hakları "sahnede görünür olmakla"[17] korunur. Sadece açık bir şekilde iletişim kurmak ve fikirleri herkese açık biçimde bir dinleyici kitlenin önünde dile getirmek tanınmayı garantiler. Bu şekilde, fikirler onları formel olarak *kim ifade ettiyse* öyle ya da böyle ona bağlanır ve onların itibarının artmasına katkıda bulunurlar. İfade ediş ne denli gür ise o denli insana ulaşır ve eser sahipliği atama ediminin kabul görme olasılığı da o denli artar.

Kimi proje üreticilerinin fikirlerini gereğince ifade edebilmek için daha az fırsatı olur. Merkezi konumları işgal edenler ve halihazırda eser sahibi olarak tanınmış bulunanlar "kendi" "iyi fikir"lerini tanıtmak konusunda çok daha mahir olabilir; dahası, yaygınlaşmalarının küresel ölçekte tanınmasını sağlayacak yayınlama kanallarına erişim sahibi olmanın da tadını çıkarırlar.

Bu sistemde, suyollarını tutanlar iletişim akışını düzenleyerek güçlerine güç katabilir. Küresel kurumlar, yayıncılar veya elektronik iletişim sağlayıcılar, fikirlerin herkese açık bir biçimde sahnelenmesini garanti eder, eser sahipliği iddialarını ve kişisel itibarları peş peşe onaylarlar. Bu nedenle, ya hizmetlerinin karşılığında doğrudan ödeme alabilir durumda ya da proje üreticilerini bedava çalıştırabilir konumdadırlar. Bu model ortaklaşa yaratılmış değerlerin ustaca ele geçirilmesine dayandığından Web 2.0 devlerinin stratejilerini hatırlatır, fakat bu benzerlik ayrı bir çalışma gerektirdiğinden burada etraflıca ele alamayacağım.

Kazanılanlar asla eşit olarak dağıtılmaz. Miktar doğrudan iş yüküne bağlı değildir, daha çok şebekedeki mesleki profile bağlıdır ve çift taraflı olarak erişim ve görünürlüğe dayanır. Projektif kentin bu yapısal eğilimi beleşçi sendromunu ve "müştereklerin trajedisi"nin yeniden vuku bulmasını tetikler. Bireyin bakış açısından, talepkâr bir işbirliğinin uzun sürecine dahil olmaktansa kendi kendini öne çıkarmaya ve kendi kendine daha çok başarı atfetmeye düşkün olmak yeğdir. Elbette, kazançların bu şekilde bireyselleştirilmesi sömürülecek işbirliğiyle inşa edilmiş bir kaynak bulunduğu sürece mümkündür, ki bu da çokluğun görünmeyen emeğine doğrudan ve sürekli bağımlıdır.

Eser sahibi figürüne tutunmak otomatik geri bildirimlerle sonuçlanır. Sözgelimi sanat sahnesinde birisine atfedilmemiş fikir bulmak neredeyse olanaksızdır, halbuki her bir kavram öncelikle işbirliğine dayanan koşullardan doğar. Bu mekanizmanın ne denli temel ve kaçınılmaz olduğunu resmetmek için bir kez daha Ö/YVÜ'nün yayını örneğine başvuracağım. Eser sahibi atfetme taleplerine ve geleneklerine yanıt olarak kitabımızı çok yazarlı olarak hazırladık. Bunun, bana göre, isabetli nedenleri vardı: Eğer kendimizi kolektif bir varlık olarak tanımlasaydık ve tek tek bireyler olarak anonim kalsaydık hiçbirimize hiçbir kredi yazılmayacaktı. Daha da önemlisi, eğer editörler ve katılımcılardan oluşan bir kolektif olarak hepimiz anonim kalsaydık da kredi bir şekilde dağıtılabilirdi; başımıza gelecek olan şey eser sahibi atanması süreci üzerindeki denetimimizi yitirmek olacaktı. Sembolik sermaye gayriresmi kanallardan dağılacaktı ve sonuçta karizmatik bir lidere, kolektifin bir "yüz"üne veya bizim grubumuzdan en fazla seyahat eden ya da en geniş şebeke erişimine sahip olan kimse ona atfedilecekti.

İLGİNİN ZALİM EKONOMİSİ

"Sahnede olmak" ilginin zalim ekonomisi tarafından daim kılınır. Bağlantıların ve görünürlüğün eşitsiz dağıtımı üzerine kurulu, kazanan her şeyi alır tarzı bir ekonomidir.[18] Küreselleşmiş "neşeli biniciler"in ufak azınlığı itibar kazançları çerçevesinde serpilirken, sanatçıların ve kültür üreticilerinin büyük çoğunluğu salt yoksullukla boğuşmayıp aynı zamanda görünmez de kalıyor. Abbing'e göre, sanatta yoksulluğun geldiği seviye olağanüstü; sanatçıların yaklaşık yüzde 40-60'ı yoksulluk sınırının altında yaşıyor.[19] Projektif kent, her zaman sanatçıları pençesine alagelmiş yoksulluk ile tanınamama arasındaki neden sonuç bağını da güçlendirir. Günümüzde, projektif aygıt "başarısız" (veya sadece tanınmamış) kültür üreticilerinin emeklerini bir azınlığın lehine ve aygıtın kendi toplumsal yeniden üretimi adına araçsallaştırır.

Bu zalim ilgi ekonomisi yüzünden kültür üreticilerinin çoğunluğu kendini radar menzilinin dışında, Gregory Sholette'in "sanat dünyasının karanlık maddesi" dediği yerde kapana kısılmış bulur. Bu karanlık maddeye "kimilerinin sanat dünyasının görünürlük taleplerini reddederek kültürel karanlık madde olmaya özendiği söylenen, ki çoğunluğunun zaten görünmez olmaktan başka şansı bulunmayan, formel sanat dünyasının gölgesinde üretilen ve dolaşıma sokulan tüm yapıtlar [...] dahildir."[20] Üstelik, bu karanlık madde "tam da gelişmemişlikleri normal sanat için hayati olan mesleki eğitimden geçmiş pek çok sanatçının yapısal görünmezliğine" dayanır. "Bu üstü kapalı 'kaybetmiş' sanatçılar kitlesi olmasa, başarılı sanatçıların oluşturduğu dar kadro bugünkü haliyle küresel sanat dünyasını ayakta tutmakta ya zorlanırdı ya da bunun tümden olanaksız olduğunu görürdü."[21] Dahası,

Sholette'in işaret ettiği gibi, "Astrofizikçiler karanlık maddenin ne olduğunu bilebilmeye can atarken, sanat dünyasının sakinleri aslında üzerinde yükseldikleri görünmez yaratıcılık birikimine büyük ölçüde kayıtsız kalırlar."[22]

Bana kalırsa, karanlık madde, proje temelli bir sanat dünyasının yeniden üretilebilmesi için vazgeçilmez olan dağınık tozlaşma emeğinin deposudur. Toplumsal yerçekimini, sembolik ekonomisini ve yaratıcı ekolojisini koruyarak sanat dünyasını bir arada tutar. Yine de, eser sahibinin atanmasının ve hakkının ödenmesinin oluşturduğu eşiğin altında kalır. Karanlık madde kendi yaratıcı uğraşının meyvelerini ondan çalan ekonominin sürekliliğini sağlar.

TOZLAŞMA EMEĞİ VE SEVGİ EMEĞİ

Genel olarak, çokyönlü, coşkun ve gayriresmi değiş tokuşlar kültürel faaliyetlerin veya düşünsel araştırmaların çekirdeğini oluşturur. Ö/YVÜ'de bir araya geliriz, bilgilerimizden bir havuz oluştururuz ve –kendi varoluşsal tatminimiz için, araştırmanın çıkarları ve mesleki ilerleme adına– kolektif artı değer yaratırız. Esas olan bunu kapalı bir ekip olarak yapmayışımız, daha dağınık şebekeler içinde gerçekleştirmemizdir. Bu tozlaşma emeği, formülleştirilebilecek ve belirli bireylerden oluşan bir gruba atfedilecek olanın ötesine taşar. Araştırma alanını tanımlamamıza ve anlamlı sorular sormamıza izin veren esinlerin akışı asla ıssız bir adada –bir dehanın zihninde veya son derece yetenekli yaratıcıların kolektifinde– gerçekleşmez. Bir dizi sürekli –formel ve enformel, eser sahibi belli olan veya anonim– değiş tokuşa, bağlantıya, bağa, ilişkiye, akışa, sohbete, okumalara, seminerlere, yaz kamplarına gereksinim duyarız. Ve yine de iş yayımlama aşamasına geldiğinde, kitabın başındaki giriş yazısında da ipuçlarını verdiğim gibi, bariz mesele kimin isminin geçeceğine ve kimin isminin geçmeyeceğine karar verilmesidir. Bir metin (ve çok daha ender olarak bir sanat yapıtı) iki, üç, hatta beş eser sahibine ait olabilir. Bir yapıtın atfedilebileceği insan sayısının her zaman sınırları vardır. Eğer yazar ve diğerleri ayrımını keskinleştirmekte başarısız olursa eser sahibi atama ana toplumsal işlevini yerine getiremez. İşbirliği yapanların oluşturduğu gevşek şebekeler ve onların tozlaşma emeklerine kuşkusuz yaslanılamaz. Bu katkılar, tek tek ele alınırlarsa muhtemelen daha önemsiz görüneceklerdir. Ama birlikte düşünüldüklerinde, herhangi bir anlamlı proje veya fikrin formülasyonu için vazgeçilmez olan sıra dışı bir yaratıcı girdi gövdesi oluştururlar.

Bu değiş tokuşların büyük çoğunluğu "tipik" olarak "yaratıcı" sayılmadığından durum daha da hassas bir hal alır. George Yúdice büyük ölçekli sanat etkinliklerinin yardımcı personelinin oynadığı rol hakkında aşağıdakileri söyler: "Çalışanlar da projelere ve sanatçılara çok büyük kişisel yatırım yapar. Öyle ki sanatçıları mekânlara ve tedarikçilere götürmek, sabahın erken saatlerine dek sanatçılarla uzun tartışmalara girişmek ve (sanata duyulan) ölçülemez sevgi emeği ve süreç üretimi emeği yatırımları yapmak noktasına gelirler. Bu yatırım, rehber veya katalog gibi sergi malzemelerinde her zaman yüzeye çıkmayan eleştirel çalışmalar da içerir."[23]

İtibara dayalı ekonomi büyüdükçe, giderek daha sık gönüllü katılımlar ve ücretsiz ya da düşük ücretli emek (özellikle de stajyerlerin veya asistanların emeği) utanmazca sömürülür. Yardımcı çalışanlara hiçbir durumda eser sahipliği kredisi verilmez. Howard S. Becker'ın ikna edici bir biçimde gösterdiği gibi,[24] yaratıcı süreçlere eser sahibi belli olmayan katkılardan gelen tüm girdileri tümüyle görmezden gelmenin sanat dünyasında eskilere uzanan bir tarihi vardır. Fakat mekâna özgü siparişler gibi proje temelli üretimlerde, kamusal sanat projeleri veya herhangi bir yeni sanatsal çabada, yardımcı personel sadece organizasyonla ve yardımla meşgul olmaz, ayrıca yaratıcı fikir alışverişine de dahil olur. Bütün o "sabahın ilk ışıklarına dek süren [...] uzun tartışmalar"a katılır, isimleri çok ender anılsa da bütün projelerin sanatsal başarısına hayati etkide bulunurlar.

Dahası, sevgi emeği hiçbir projenin salt içinde sınırlı kalmaz. Projeleri bütünlüklü tutan şey (genellikle kadınların oluşturduğu) "önemli öteki"lerin anonim emekleridir. Emekleri bir projenin kenarlarında seyreder ve bağlamını korumasını sağlar. Aslında yıkıcı olabilecek çalışma örüntülerine duygusal istikrar katarlar ve söz konusu "iyi fikir"lerin paylaşıldığı, birlikte düzeltildiği ve formüle edildiği ilk kişiler de onlardır.

Tekrar söyleyecek ve özetleyecek olursak: Sanatsal ekonomi ne toplumsal olarak yaygın ve dağınık tozlaşma emeğini tanır ne de sevgi emeğini. Kaynaklar yalnızca itibarı kendine atfettirme çabalarında başarılı olanlara doğru akar. Kolektif çaba hem görünmez hem de ücretlendirilmemiş halde kalır.

NE YAPMALI?

Soru hâlâ yerinde duruyor: Tozlaşmanın ve sevginin dağınık emekçilerini nasıl tanımalı, değerlerini bilmeli ve haklarını ödemeli? Benim bu noktaya kadar gelen argümanım, yaygın tuzağa düşmüşlük hissini, aktörlükten taviz vermeyi ve olasılıkların yokluğu duygusunu takip ederek daha çok karamsar bir tablo çiziyormuş gibi görünebilir. Bununla birlikte Benjamin'e laf olsun diye gönderme yapmadığımı da belirtmek isterim. Benjamin'in "Bir Üretici Olarak Yazar" argümanına göre, daha sonraki aşamalarda bunların ötesine uzanabilmek için bir yazarı her şeyden önce kendi döneminin ürünlerine göre konumlandırmak gerekir. Benjamin'e göre, yazar kendi ayrıcalıklarını bir kenara bırakmalıdır, "üretim aygıtının yeniden üreticisi" olmaktan çıkıp "görevini bu aygıtı proleter devriminin amaçlarına uyarlamak için çalışmak olarak gören bir mühendise"[25] dönüşmelidir. Böylesi bir devrimci görev "üretimin entelektüel araçları"nın "entelektüel işçinin bizzat kendisi tarafından toplumsallaştırılması"nı ve "edebiyatın işlevinin dönüştürülmesi"ni içerecektir.[26] Tüm bu devrimci dönüşümleri kuşatan iptal etme süreci, aygıtın ve üretim ilişkilerindeki konumunun parçalara ayrılmasıyla başlamalıdır, bu da, burada, proje üretme aygıtının ve "kapitalizmin yeni ruhu"nun kavranması anlamına gelir.

Zygmunt Bauman çağımızın kafası karışıklığını modernitenin başlangıç dönemleriyle karşılaştırır. Reinhart Koselleck'in izinden giderek, Bauman da çağımızın bir "eşik dönemi" veya bir "oturma dönemi" olduğunu söyler.[27] Yani, insanlığın uzun bir tırmanıştan sonra bir dağ yoluna erişmeye başladığı çığır açan dönemdir; artık geri dönmek için çok geçtir, ama hâlâ ufkun ötesini görememekteyizdir. Eşik zamanı hızlı değişim ve derin kafa karışıklığı zamanıdır veya Wallerstein'ın nosyonunu kullanacak olursak, "sistemin çatallanmasıdır".[28] Eski çözümlerin yeni dinamikleri kapsayamadığı zamanlardır; geçmişin kurumları geleceğin sorunlarıyla karşı karşıya kalır. Yeni problemlerle yüz yüze olmamıza karşın çoktan sınanmış çözümleri yeniden deneriz. Ve yoldayken yanıtlar icat ederek ve onları hareket halindeyken sınayarak, mevcut kullanma kılavuzlarına bel bağlamadan, zaten var olanın içinde neyin var olabileceğine dair bir ışık da yakalarız.

Şu soruyu dikkate alırız: Tozlaşma emeği ve sevgi emeği başka aygıtlara daha iyi uyarlanabilir mi acaba? Veya, daha çok, mevcut aygıtı nasıl yeniden keşfedip devrimcileştirebiliriz?

Bir mücadeleler çokluğundan oluşan iptal etme sürecinin tarihsel (yeniden) şekillendirmede derin kökleri olduğuna inanıyorum. Birlikte, temel ilkelerin kabulüne dayalı geniş eser sahibi atfetme modellerinin öne çıkarılmasının, sanata dayalı ekonomilerde görünmez emeğin yapısal rolünün kabulünün ve de işbirliği yapanların çokluğu lehine kazançların eşit dağıtımının nitelediği bir "denklik zinciri"[29] oluştururlar. Hepsi adaletin, sürdürülebilirliğin ve işbirliğine dayalı ekonominin özgünlüğü konusunda eşitlik varsayımlarını sessizce karşılar.

Bu salt teorik bir girişim değildir; var olan sorunlara dair farkındalığa sahip, çözüm geliştiren ve bu çözümleri sahada test eden (Ö/YVÜ'nün de aralarında bulunduğu) çok sayıda birey ve kolektif mevcuttur.[30] Genişletilmiş eser sahipliği uygularlar, toplumsal olarak gerekli emek bölüşümünü dengelerler, –sevginin veya tozlaşmanın– görünmez emeğin(in) tanınması için mücadele ederler ve sömürüye karşı mekanizmalar kurarlar. Hepsi, projektif aygıtların yapısal tutarsızlıklarını araçsallaştırır ve ortaklaşa rekabeti çokluk lehine yeniden çerçeveleyerek sadece azınlığın kazancı olmaktan çıkarırlar.

Notlar

1. Ö/YVÜ örneği üzerinde duracağım için kısaca da olsa tanıtmak önemli. Ö/YVÜ proje bazlı bir kurumdur. Varşova'daki küçük ama dinamik bir sivil toplum örgütü olan Bec Zmiana Vakfı ile işbirliğinin bir sonucu olarak doğmuştur. Programı temelde kamu fonlarından yararlanan veya hiç fon desteği almayan araştırma temelli faaliyetler içerir. Ö/YVÜ bir grup kültür üreticisinden oluşan bir kolektif tarafından yürütülmektedir. Grupta yer alan isimlerden diğerlerinin yanı sıra Michał Kozłowski, Janek Sowa, Bogna Wiatkowska, Szymon Ydek, Agnieszka Kurant ve Krystian Szadkowski'yi anmak önemlidir.
2. Kitap Michał Kozłowski, Janek Sowa, Agnieszka Kurant, Krystian Szadkowski ve Kuba Szreder tarafından birlikte hazırlanmıştı. Bkz. Michał Kozłowski vd., haz., *Wieczna radosc: Ekonomia polityczna spoleczny kreatywnosci* (Varşova: Bec Zmiana, 2011).
3. Hans Abbing, *Why Are Artists Poor? The Exceptional Economy of the Arts* (Amsterdam: Amsterdam University Press, 2002).
4. Marion von Osten, "Such Views Miss the Decisive Point... The Dilemma of Knowledge-Based Economy and its Opponents", *On Knowledge Production: A Critical Reader In Contemporary Art* içinde, ed. Binna Choi, Maria Hlavajova ve Jill Winder (Utrecht: BAK, basis voor actuele kunst, 2008), 120–32.
5. Garrett Hardin, "The Tragedy of the Commons", *Science* 162 (1968): 1243–8.
6. Toplumsal olarak üretilmiş değerlerin kullanılmasına dair daha genel bir görüş için bkz. Christian Marazzi, *The Violence of Financial Capitalism*, İng. çev. Kristina Lebedeva (Los Angeles: Semiotext[e], 2010); kültürle ilgili özgül girişim stratejileri için bkz. George Yúdice, *The Expediency of Culture: Uses of Culture in the Global Era* (Durham, NC: Duke University Press, 2003)..
7. Bkz. Tiziana Terranova, "Free Labor: Producing Culture for the Digital Economy", *Social Text* 18, sayı 263 (2000): 33–58.
8. Yann Moulier Boutang, *Cognitive Capitalism*, İng. çev. Ed Emery (Cambridge: Polity Press, 2011), 117.
9. Luc Boltanski bir "politika" bir toplumsal "değer düzeni" anlamında kullandığı "kent" kavramı için bir dizi eşanlamlı sözcüğe yer verir. Projektif kent, toplumsal (esin veren, yerel, endüstriyel, sivil ve itibara dayalı) politikaları daim kılan çok sayıda değer düzeninden birisidir. Bkz. Luc Boltanski ve Laurent Thévenot, *On Justification: Economies of Worth*, İng. çev. Catherine Porter (Princeton, NJ: Princeton University Press, 2006).
10. Bkz. Pascal Gielen, *The Murmuring of the Artistic Multitude: Global Art, Memory and Post-Fordism* (Amsterdam: Valiz, 2010).
11. Bkz. Luc Boltanski ve Ève Chiapello, *The New Spirit of Capitalism*, İng. çev. Gregory Elliott (Londra: Verso, 2006).
12. Agy.
13. Bkz. agy., s. 161.

14. Gielen, *The Murmuring of the Artistic Multitude*, 36–38.
15. Pascal Gielen "iyi fikirler"den şöyle söz eder: "Günümüz sanat dünyasında iyi bir fikir hâlâ modernitenin aksiyomları uyarınca, yeni veya yenilikçi bir düşünce olarak anlaşılmalıdır [...iyi fikir] sürekli kendini yeniler [...ve] coğrafi ya da toplumsal bağlama, müşteriye, sanatsal ortama yanıt verir. [...] Mesele şu ki günümüzde iyi bir fikir yenilikçi olduğu denli uygun da olmalıdır: Yerel sanatsal, ekonomik, ve/ veya siyasi koşulları dikkate alır. İyi bir fikir, başka bir deyişle, oportünist fikirdir." Agy. 38–39.
16. Yukarıda andığımız akademik değerlendirmelerde, pazarın sıralamalarında, profesyonellerin formüle edilmiş sunumlarında (www.artfacts.net gibi) veya Google arama sonuçlarında olduğu gibi sıralamalar formel olabilir ya da sanat medyasının yayımladığı çeşitli "İlk Yüz" listeleri veya "Yılın En İyi Sergileri" sıralamaları gibi öznel değerlendirmelere dayalı olabilir veya tümden enformel olabilir ve kişinin sanat dünyasındaki şebekeye bağlı konumuna dayalı olabilir.
17. Gielen, *The Murmuring of the Artistic Multitude*, 50–54.
18. Bkz. Abbing, *Why Are Artists Poor?*
19. Agy.
20. Gregory Sholette, *Dark Matter: Art and Politics in the Age of Enterprise Culture* (Londra: Pluto Press, 2011), 1.
21. Agy. s. 2.
22. Agy. s.1.
23. Yúdice, *The Expediency of Culture*, 327–28.
24. Bkz. Howard S. Becker, *Art Worlds* (Berkeley: University of California Press, 1984)..
25. Walter Benjamin, "The Author as Producer", *New Left Review* 1, sayı 62 (Temmuz-Ağustos 1970), www.newleftreview.org/?view=135.
26. Agy.
27. Bkz. Zygmunt Bauman, "Piec przewidywan i mnóstwo zastrze#en", *Futuryzm miast przemyslowych: 100 lat Wolfsburga i Nowej Huty* içinde, haz. Martin Kaltwasser, Ewa Majewska ve Kuba Szreder (Krakow: Korporacja "Ha!art," 2007), 74–85.
28. Bkz. Immanuel Wallerstein, *Utopistics: Or Historical Choices of the Twenty-First Century* (New York: New Press, 1998).
29. Chantal Mouffe, "Artistic Activism and Antagonistic Space", *Art & Research* 1, sayı 2 (2007), www.artandresearch.org.uk/v1n2/mouffe.html.
30. Liste, bu kitabın kaynakçasına dahil edilmiştir.

Doğaçlama ve Komünleştirme

Mattin

55

Üründen söz etmek, insan etkinliğinin sonucunun başka sonuçlarla ilişkisi anlamında veya başka diğer sonuçlar arasında bitmiş bir sonuç olarak belirdiğini varsaymaktır. Üründen değil etkinlikten yola çıkmalıyız. Komünizmde, insan etkinliği sonsuzdur çünkü bütündür. Somut veya soyut sonuçlar verebilir, ancak bu sonuçlar hiçbir zaman "ürün" olmaz, çünkü bu durumda ürünlerin sahiplenilmesi ve belli bir tarzda aktarılması sorunu ortaya çıkacaktır.

—Théorie Communiste,
Self-Organisation Is the First Act of the Revolution; It Then Becomes an Obstacle Which the Revolution Has to Overcome

Doğaçlamayı, nihai ürüne odaklanmaktan çok etkinliği başlangıç noktası alan bir müzik yapma biçimi olarak görebiliriz. Doğaçlama pratikler, özellikle, doğaçlamanın kolektif doğasından ve ben ile kolektif arasındaki ilişkiyi ele alma biçiminden kaynaklananlar olmak üzere mülk edinilmeleriyle ilgili kimi problemleri baştan öngörür. Bu metinle ben, günümüzde doğaçlamadaki özgürlük nosyonunu ve bireysel ifadelerin ötesine geçen kolektif bir faillik yaratma potansiyelini yeniden düşünmek için, doğaçlama ile komünleştirme arasındaki kimi özgül bağlantılara bakmayı amaçlıyorum. Özgürlüğün olmadığı koşullarda doğaçlama nasıl bir "özgürlük praksisi" olabilir?

Bugün, doğaçlama ve doğaçlamanın önerdiği öznellik tipi risk almaya, beklenmedik durumlara hızlı uyum sağlayabilmeye, zorlu durumlarda özgüvenini korumaya ve farklı yaklaşımlar geliştirmeye ve bir sürekli kırılganlık ve kriz hissini benimsemeye yaptığı vurguyla günün kapitalizmiyle her zamankinden fazla ortak noktaya sahip.[1] İcracı ile besteci arasındaki ilişki modelinin aksine müzisyenler arasında hiyerarşinin olmadığı, kurallardan, üsluplardan bağımsız olması gereken serbest doğaçlama, 60'ların Avrupa'sında ve Amerika Birleşik Devletleri'nde *free* caz ve modern klasik müzikten çıktı. Üretimi ve alımlanması herhangi bir hazırlanma aşaması olmadan aynı anda gerçekleşiyordu. Bu nedenle, doğaçlamanın kendi metalaştırılmasına başka hiçbir müzik yapma biçiminin yapamayacağı kadar iyi karşı koyabileceği düşünülmüştü. O yıllarda, kültür burjuva değerlerinden kopuyordu ve bir devrimin mümkün olduğu fikri havada asılıydı. 1960'ların doğaçlamacıları bu nitelikleri radikal bir siyasi potansiyelle ilişkilendirdiler,[2] ama bir noktadan sonra, nişte yer alan bir pratiğin sınırlı siyasi potansiyelinin avangard gelenekle bağı belirgin hale geldi. Scratch Orchestra'nın[3] dağılmasının ve Cornelius Cardew gibilerinin doğaçlamayı bırakıp İngiliz Komünist Partisi'ne girmesinin nedenlerinden biri de buydu.[4]

Théorie Communiste'in tartıştığı komünleştirme ile doğaçlama arasındaki kimi benzerliklere baktığımızda her ikisinin de yerleşik kurallara karşı olduğunu, üründen çok faaliyeti vurguladıklarını, temsiliyeti sorgulayıp aracısız toplumsal ilişkiler kurmak için çaba gösterdiklerini görürüz. Her iki perspektif de kapitalist özne-nesne ilişkilerinin ötesinde kolektif bir insan faaliyeti önererek mülkiyet ilişkilerine meydan okur. Bir sanatsal pratikle bir devrimci teorik çalışmayı yan yana getirmenin doğuracağı problemlerin farkındayım, ama aynı zamanda doğaçlamanın 1960'lardan beri yaşadığı politik sorunları ve bağıtlanmaları da anlamak zorundayız. Théorie Communiste'in komünleştirme teorileri doğaçlamanın belirli yönleriyle temasta kalırken bir yandan da doğaçlamanın bugünkü rolünü sorunsallaştırır ve sorgular. Bu teorilerden öğrendiklerimizle doğaçlamayı bir zamanlar çevreleyen siyasi farkındalığı yeniden, ancak bu sefer ütopyacı imalara başvurmaksızın, devreye sokabiliriz. Burada kullanıldığı anlamıyla komünleştirme, tüm kapitalist toplumsal ilişkilerin ve meta, değiş tokuş, sınıf, mülkiyet, emek bölüşümü, devlet, ücretli emek ve toplumsal cinsiyet ilişkileri gibi araçlarının ilgası suretiyle komünizmin üretilmesidir. Komünleştirme, devrimci süreç ve devrimin genişlemesi mantığının bir parçası olarak bu formları ortadan kaldıran devrimci süreçtir. Komünleştirme fikirlerini dikkate almak ne doğaçlamayı bir reçete ve önceden canlandırma formu olarak ne de halihazırda var olan örnek ve öncü bir faaliyet olarak görmeyi gerektirir. Bu, doğaçlamanın, yaşanan anda gerçekleşen bir özgürlük praksisi olarak teorize edilegeldiği haliyle kavranışının tam tersidir.

> Komünizmde sonsuz insan faaliyetinden söz edebilmemizin sebebi, kapitalist üretim tarzının şimdiden –çelişkili bir şekilde ve "iyi taraf" addetmeden olsa da– insan faaliyetini sürekli bir küresel toplumsal akış olarak görmemize ve "ortak anlık" veya "kolektif işçi"yi üretimin hâkim gücü olarak anlamamıza izin veriyor olmasıdır.
>
> —Theorié Communiste,
> *"Communization in the Present Tense"*

DOĞAÇLAMANIN İSTİKRARSIZLIĞI

Doğaçlama tek başına mülkiyet ilişkilerini sorgulayamayabilir ama –örneğin fikri mülkiyet konusunda– kimi hayati sorunlara işaret eder. Amerika Birleşik Devletleri'nde eğer bir doğaçlamanın telif hakkını ASCAP'tan (Amerikan Besteciler, Yazarlar ve Yayıncılar Derneği) almaya çalışırsanız tüm malzemeyi notalara dökmeniz gerekir (doğaçlama müzikteki soyutlama seviyesini akılda tutarak düşünün bunu) ve kime ne kadar eser sahipliği atfedileceğini bölüştürmeniz gerekir. Sözgelimi, diyelim ki grup bir trio olsun, her bir üyeye yüzde 33.3 hak vermek zorundasınız. Bu kavramsal sorun fikri mülkiyetin arkasındaki çelişkilere, eser sahipliği atfetme mecburiyeti duyuşuna ve emeğin bölüşümüne işaret ediyor. Doğaçlama, faaliyeti başlangıç noktası olarak alır ama bu kendi kendini olumsuzlayan bir faaliyettir çünkü sürekli olarak kendi bulgularını çürütmektedir. Doğaçlamanın dili, istikrar, sabitlik, sanat yapıtı, parça ve proje gibi terimlere dayanma gereksinimi hisseden –tümü, yapıt ne denli ele avuca gelmez olursa olsun, yapıtın arkasında ve yapıttan doğacak herhangi bir ürünün arkasında mutlaka bir eser sahibi varsayan– diğer sanat pratiklerinin dilinden de farklıdır. Bu terimler, yapıtın neye benzeyeceği veya neye dönüşeceğine dair bir tahmin de içeren kapalı bir çerçeve kurgular. Bu, komünleştirmenin karşı çıktığı geleneksel bir üretim tazını anımsatır. Bunun yerine, doğaçlama hem notaları hem de bir besteci nosyonunu reddederek hiyerarşileri ve bölünmeleri yok etmeye kalkışır. Tony Conrad, 1963 ile 1965 yılları arasında Marian Zazeela, La Monte Young ve John Cale ile birlikte gerçekleştirdikleri işbirliğine dayanan doğaçlamalar hakkında yazmış, özellikle de diğer müzik türlerinin tersine, amaçlarının "notasız da yapabilmek ve böylece bestenin otoriter kapanlarından sıyrılabilmek ama müzikteki bir faaliyet olarak kültürel üretimi korumak"[5] olduğunu belirtmiştir. Doğaçlama, faaliyeti radikal bir performatiflik olarak –her bir anın şeylerin yapısını değiştirebileceği son ana dönük yoğun kolektif dikkat olarak– vurgulayarak aracılık anlarını sorgulayan ve bir programa dayanmaya karşı bir yaklaşımı da önerir. Gerçekleşmesinden önce yaşanacak (prova, beste veya hazırlık gibi) herhangi bir geçiş anına sahip değildir; gerçekleşmesi üretimine içkindir ve gerçekleşmesiyle üretimi arasında ayrı aşamalar yoktur. Tarihsel olarak, doğaçlama kendi metalaştırılması konusunda da her zaman son derece bilinçli olmuştur. 1970'lerin başlarında, Cornelius Cardew doğaçlamanın kaydedilmesinin olanaksızlığından söz ediyordu: "Doğaçlama şimdinin içindedir, etkileri aktif olsun pasif olsun (yani dinleyicilerden de oluşan) katılımcıların ruhlarında yaşayabilir, ama somut formuyla doğaçlama meydana geldiği an sonsuza dek geri gelmemek üzere uçup gitmiştir, meydana geldiği andan önce başka herhangi bir anda varoluşu da yoktur, dolayısıyla herhangi bir tarihsel göndermede bulunmak mümkün değildir."[6] Doğaçlamada en çok duyulan şey, günümüzde alternatifçi bir parspektiften bakınca son derece sorgulanabilir olan zımni bir faillik ve kendine yeterlik duygusudur. Örneğin, Conrad, "Dream Syndicate" ile, pragmatik bir faaliyet olarak yapmakta oldukları şey denince anın gerçekleşmesinden memnuniyet duymayı anlar.[7] Çağdaş bir perspektiften bakan Bruce Russell, ISW (Improvised Sound Work [Doğaçlama Ses Yapıtı]) çalışmasını ideolojik-karşıtı ve antikapitalist bilinç formları doğurabilecek özerk bir yaratıcı praksis olarak çerçeveleyerek çok daha ileri gider.[8] Sitüasyonist *dérive* ve *détournement* pratiklerinden söz ederken "Bu pratiklerin erdemi, tehlikeye attıkları bilinç formuna bağlıdır; amaç yeni bir topluma yerleşecek yeni bir insan tipi üretmekti. Aynı öznel etkilerin, ISW'nin yeni bir ortamın keşfinden doğan ses sanatı pratiklerinde de izlenebileceğine inanıyorum. Özellikle bu pratikler hiyerarşi karşıtı, ağsallaşmış, doğaçlama ve kısıtlı üretim alanıyla sınırlı olduklarından kültürün kendisinin içkin bir eleştirisi olarak Debord'un gösteri karşıtı sineması gibi davranırlar"[9] diye yazar.

Günümüz koşullarında, doğaçlamanın kapitalizme karşı güçlü bir argümanı olduğu ve ideolojik karşıtı özerk anlar üretebileceği iddiası, salt bu pratiği kendi kendini tatmin eden avangard bir niş olarak beslemekle yetinmez, ayrıca kültürel sermaye formunda kendi kendine yatırım da sayılabilir. Doğaçlamanın da diğer tüm müzik yapma biçimleri kadar konserler, kayıtlar, festivaller ve dergiler aracılığıyla kültür endüstrisinin suç ortağı olduğunu dikkate almalıyız. Doğaçlama, aracısız deneyimler üretme iddialarını fetişleştirmek yerine, hem yıllar içinde geliştirdiği enformel alışkanlıklar ve kurallara hem de mevcut maddi koşullarla ilişkilerine bakarak kendi aracılıklarını sorgulamalı.

> Kapitalist sınıf ilişkilerinde onaylayacak hiçbir şey yoktur; ne özerklik, ne alternatif, ne dışarısı, ne de ayrışma bulunur.
>
> —Endnotes,
> "What Are We To Do?"

KOMÜNLEŞTİRME

Günümüzde, aşırı sol siyasi gruplar komünleştirme nosyonunu farklı şekillerde ele alıyor. Terim uzun zamandır kullanımda ve Mayıs 1968 ile birlikte doğan aşırı sol Fransız politik grupları tarafından daha da geliştirilmiş durumda. Sitüasyonist grupların politikalarını başlangıç noktası olarak alan ama sonra ciddi biçimde yol ayrımına giden iki ana akım var. Perspektiflerden biri, Tiqqun ve Görünmez Komite civarında toplanan ve postyapısalcılıktan etkilenen çevrelerce teorize ediliyor: Doğrudan eylem ve kesin tek kurtuluş için uğraşırlar ve toplumdan hemen şimdi koparak komünleştirme sürecini başlatmak isterler. Ayaklanmacı yaklaşımları teknolojinin Heidegger sonrası eleştirisinden kalıntılar taşır. Bu akım Théorie Communiste, Endnotes, Blaumachen ve Riff Raff[10] gibi gruplarca "alternatifçi perspektif" denerek yoğun biçimde eleştirilir. Théorie Communiste'in Fransa'da 1970'lerde ortaya çıkışı Louise Althusser'in etkisini taşıyordu, dolayısıyla da Tiqqun ve Görünmez

Komite'ye göre daha yapısalcı, daha az ütopyacı ve daha ahlakçıydılar. Diri tutacak kadar bir hümanizm karşıtlığıyla öznel failliğin olanaklılığını güçlü bir biçimde sorgularlar ve toplumdan kopmanın mümkün olduğunu iddia etmezler. Théorie Communiste kapitalizme karşı mücadeleleri de kapitalizmdeki küçük değişiklikleri de yakından takip eder ve bugünün devriminin neye benzeyebileceğini anlamaya dönük değerlendirmeler yapar. Daha az önerip daha fazla tanımlayan Théorie Communiste, böylesi bir tavır yeniden "programatikliği" getireceğinden devrimin nasıl bir yol izlemesi gerektiğine dair reçeteler sunmama konusunda hayli özenlidir.

Théorie Communiste, geçmiş devrimlerin başarısızlıklarını analiz ederken, daha önceki işçi sınıfı hareketlerinin işçilerin işçi olarak konumlarını ortadan kaldırmaya yönelmediğini, değer formunu yıkmadığını, çünkü planlarında emeği sermaye ile birlikte yıkmak değil emeği olumlamak olduğunu fark eder.[11] Théorie Communiste bu tür siyaseti programatikçilik olarak adlandırır.[12] Bu yaklaşımın kapitalizme hiçbir zaman ciddi bir şekilde meydan okumadığını öne sürer ve programatikçiliğin tarihsel zamanının geçtiğini söylerler. Théorie Communiste'e göre programatikçilik, devrim için ve devrimden sonrası için alınması gereken önlemler öneren bütün ideolojilere gönderme yapabilir. Sendikaları, partileri ve işçi kimliğini benimseyen örgütlenmeleri bunun içinde düşünebilirsiniz. Ayrıca, önce üretim araçlarını ele geçirmek, sonra devleti ele geçirmek ve sonunda da devrimin sonuçlarına ulaşmaya dayanan bir geçiş programı reçetesi yazan ideolojilere veya daha iyi iş koşulları ve daha iyi maaşlar için talepler öne süren ideolojilere de göndermede bulunur.

Théorie Communiste'e göre, programatikçiliğin sonu, 1960'ların ve 70'lerin mücadelelerinin kapitalizm tarafından reküpere edilmesiyle, özellikle de İtalya'da Autonomia hareketinin kimi taleplerinin (Fordist katılıktan kopmak gibi) bugün içinde bulunduğumuz neoliberalizmin gücünü şekillendirmeye yardım etmesiyle gelmiştir. Kitapçıklarında yer alan bu altbaşlık, sorunu açıkça ortaya koyar: "Öz-örgütlenme devrimin birincil edimidir; sonra da devrimin üstesinden gelmesi gereken bir engele dönüşür." Bir kapitalizm sonrası toplumun neye benzeyebileceğine dair her tür öngörü etkisiz hale getirilir, soğurulur ve fiyatı saptanır ve böylece kapitalizmin kendi iç çelişkilerinin üstesinden gelmesine yardımcı olur. Beyinlerimizde değer yasasını ne yaptığımızı tam olarak bilememe noktasına gelene dek içselleştirdiğimizde bu durum sanatçılar için daha da keskin bir hal alır; şimdiden farklı formlarıyla (kültürel, deneysel, ekonomik) potansiyel değer hakkında spekülasyon yapabiliyoruzdur. Buraya kadarıyla, devrimi bir programa sahip olarak öngöremeyeceğimiz açık. Değer formu olmadan dünyanın neye benzeyeceğini aslında bilmediğimizden doğaçlama yapmamız gerekecek.

Günümüzün finansal sermayesi altında işçinin rolü giderek önemini yitiriyor. Michael Hudson'ın ileri sürdüğü gibi, çevrim artık kendini para-meta-para değil para-para[13] olarak ortaya koyuyor, bu da proleteryanın değer yaratımı söz konusu olduğunda bir zamanlar olduğu gibi önemli olmadığı anlamına geliyor. Ayrıca meta üretimi çevrimine dahil edilemeyen fazladan bir nüfusun üretilmesiyle baş başayız. Kapitalizmin borç üzerinden yarattığı bireyselleştirme ve parçalara ayırma süreci devrime (ve nihayetinde komünizme) doğru üretim araçlarına el koymak suretiyle ilerleyebileceğimize dair programatikçi görüşü iptal etmeye de yardımcı olur. Bu anlamda, Théorie Communiste'in teorisini müşterekler nosyonunun güçlü bir eleştirisi olarak da alabiliriz. Sıklıkla, sanki özel mülkiyetle müşterekler arasında sürecek bir denge sağlamak mümkünmüş gibi davranan müşterekler tartışması alternatifçi perspektifi andırır. David Ricardo'nun ardından Karl Marx'ın da bize gösterdiği gibi "kendisi için faaliyet olarak, özne olarak, kişi olarak özel mülkiyetin öznel özü emektir".[14] Bunun ardında, Théorie Communiste'in müşterekler argümanına yanıtı emeği ve kapitalizmin değer formunu tümden yok etmediğiniz sürece kendilerini yeniden üretmeye devam edecekleri yönünde olur. Bugün kavradığımız haliyle öznelliğimiz büyük ölçüde kapitalizm tarafından üretilmiş olduğu için, değer formunun ortadan kaldırılması bir kendi kendini ortadan kaldırma sürecini de akla getirecektir. Bu kötümserlik veya yıkıcı bir bakış açısı değil, önceki sınıf savaşımlarının başarısızlıklarının analizine dayanan gerçekçi bir bakış açısıdır. Kapitalizmle baş etmenin etik veya sorumluluk sahibi bir yolu olamaz. Endnotes'un yukarıdaki alıntısını dikkate alarak, günümüz koşullarında kendimizi olumlu bir şekilde ortaya koyamayız ve değer formunu ortadan kaldırmadan, mülkiyeti ortadan kaldıramayız.

DÖNEMSELLEŞTİRME

Théorie Communiste'in yapıtını anlamak için dönemselleştirme kavramını nasıl kullandıklarına bakmak gerekir.[15] Théorie Communiste'e göre, kapitalizm altında tarihsel olarak özellikle korkunç zamanlarda yaşıyoruz ve bu da programatikçi ve alternatifçi pozisyonların köhneliğini ortaya koyuyor. Tarihsel kopuş, Marx'ın "biçimsel içerilme ile gerçek içerilme" dediği ayrımlar, daha da spesifik olarak söylersek, 1960'larda ve 70'lerde "gerçek içerilmenin ikinci aşaması" arasında gerçekleşir. *Kapital* için notlarında Marx, kapitalizmin eski üretim biçimlerini kendine mal ettiği ve onları sermaye çevrimlerine dahil ettiği biçimsel içerilmeyi, artık sadece emek süreçlerine dayanmayan ama bunun için gerekli koşulları da teknolojik yenilik ve emeğin toplumsal örgütlenmesi aracılığıyla sağlayan gerçek içerilmeden ayırır. Gerçek içerilmede, sermaye daha fazla formel biçimde emeği değer biçme sürecinde içermez, ama tüm süreci kendi çıkarlarına göre baştan yeniden şekillendirir. Bu süreçte, proletaryanın yeniden üretimi ve sermayenin yeniden üretimi giderek daha fazla iç içe geçer. Gerçek içerilme aracılığıyla, sermaye "iki çevrimi (emek-gücün yeniden üretilmesi ve sermayenin yeniden üretilmesi) sınıf ilişkilerinin kendi kendini yeniden üretimi (kendi kendisini varsayımı) olarak birleştirir."[16] Borç süreci bir geri besleme döngüsüne alarak ivmelendirir, üretici olmayan kendi kendini yiyen bir süreç ile "borcumuzu ödeyerek sermaye için değer yaratırız (yani hiçbir değer yaratmayız; organize değilse de devasa temerrütler ve balon deflasyon dalgaları yüzünden değil, ama değer buradan doğmadığı için)."[17] Kapitalizmin bu hiç bitmeyen soyutlanışı daha önce hiç tanık olmadığımız seviyede bir evrensellik seviyesine ulaşıyor. Bununla birlikte, günümüzde bu değerin emek teorisini sarsan borcun artışıyla negatif olarak gerçekleşiyor. Yani, emek değerde ifadesini buluyor ve emek sürecinin ölçümü ürünün değerinin büyüklüğünde ifadesini buluyor.

Meta fetişizminin geleneksel kavranışı –bir tersine dönüşle insanların kendi faaliyetlerinin sonuçları tarafından tahakküme uğramaları– bugüne gayet güzel uyarlanarak insanların bizzat kendilerinin kendi kendilerine yatırım yapma gereksinimi tarafından tahakküme uğramaları nosyonuna tercüme edilebilir. Bu kuşkusuz Théorie Communiste'in gerçek içerilmeyi sürekli evrim halinde ve her zaman kriz içinde gören kavrayışıyla uyumludur: "Emeğin (ve böylece toplumun) sermaye tarafından gerçek içerilmesi doğası gereği her zaman tamamlanmamış olacaktır. Kopma noktalarına ulaşmak gerçek içerilmenin doğasında vardır, çünkü gerçek içerilme kapitalist toplumun tamamlanmamış niteliği olarak sermayenin krizinin üstbelirleyenidir."[18]

Burada iki canalıcı iddia söz konusudur: (1) proletaryanın yeniden üretiminin kapitalizmin yeniden üretimine giderek daha fazla bağlı olduğu, (2) kapitalizmi genişlemesi için sürekli itekleyen, gerçek içerilmenin tamamlanmamış niteliğinin bizim kişisel ve kolektif failliğimizi daha önce hiç olmadığı kadar sorguladığı.

Bizim kendi metalaştırılışımız sadece kişiselüstü (sosyokültürel ve ekonomik) bir seviyede değil, kişiselaltı bir seviyede de gerçekleşir. Bilincin metalaştırılmasıyla birlikte, tarihsel materyalizm ayıklayıcı materyalizmle buluşur.

Bununla birlikte, felsefeci Ray Brassier, kendiliğin ne olduğunu yeniden gözden geçirmek durumunda kalmamız gerekecek olsa dahi, faillik gereksiniminin aciliyeti üzerinde durur. Brassier özel bir sohbette sözlerini açar: "Mesele şu ki, bilincin, dolayısıyla benliğin üretimine -yani öznelliğin nesneleştirilmesine-, ancak öznelliğin korelatif nesneleştirilmesi üzerinden meydan okunabilir ve bu meydan okuma, öznelliği nesnel alanda, ancak gerekçesiz süreçle kavramsal normlar arasında bir dayanak olarak, yeniden yazar; akılcılık, kitlesel olarak somutlaşan ve dağılan bir özelliktir, sadece müdahaleyi gerektiren bazı can alıcı ve hassas durumlarda temsili taşıyıcılara aktarılabilir, ancak bu müdahale de belli bir şartlar altında olabilir; temsilci bir benliğin ya da benlik grubunun faaliyetine bağlı olarak oluşturulmamış olmalıdır."[19]

OLUMSUZ DOĞAÇLAMA

2001'den bu yana İskoçya'da deneysel film, müzik ve sanat etkinlikleri düzenleyen bir topluluk olan Arika, doğaçlamanın ve genel olarak deneysel müziğin doğasına özgü olduğu varsayılan eleştirel potansiyel konusunda giderek daha temkinli olmaya başladı. Haklı olarak, müziğin hiçbir zaman sadece müzik olmadığını ve her zaman zengin ve karmaşık toplumsal, felsefi, siyasi ve iktisadi faktörlerin bir ürünü olduğunu öne sürüyorlar. Kimi fikirleri, salt değer nosyonunun nasıl belirli bir bağlam ürettiğini değil aynı zamanda nasıl bizim kendi özneleşme sürecimizin bu değer biçmenin bir parçası olduğunu sorgulamaları anlamında bu olumsuz doğaçlamaya işaret eder. Buna karşı çıkmak için sanatçıların "benliklerin metalar olarak üretiminden korunmak amacıyla yaratıcılık yoksunluğu süreçleri başlatmalarını" önerirler. "[...] Herhangi bir sanatkârlıktan yoksunmuş gibi gözüken eylemler: sanatınız olarak veya branşınız ya da temel ilkelerinizmişcesine yaratıcılık yoksunluğu, özgün olmama, okunaksızlık, temellük etme, intihal, sahtecilik, hırsızlık ve tahrif; metodoloji olarak enformasyon yönetimi, veritabanıcılık ve aşırı işleme tabi tutma; ve ethos olarak sıkıntı, değer yoksunluğu ve beslenmeme."[20]

Jarrod Fowler bu önerileri, daha formüle bile edilmemişlerken, en uca taşıyan müzisyen ve sanatçıdır.[21] Fowler'ın 2009'da Dundee'de düzenlenen, Arika'nın Kill Your Timid Notion festivalinin son gecesine katılması bekleniyordu. Fowler ne öncesinde ne de festival sırasında ne yapmayı planladığını açık etti ve son gün geldiğinde katkısının bir sıfır-katkı olmasına karar vermişti bile, herhangi bir performans zamanını veya mekânını kullanmayacaktı; izleyicilerden herhangi biri gibi mekânda bulunacaktı, o kadar. Tahminimce izleyicilerin çoğu katkısını hiçbir şekilde fark etmemiştir. Bununla birlikte, ne olup bittiğini bilenler için, fıkır fıkır solucanlar ortaya saçılmıştı bile. Sadece konser organizasyonlarının değil bir icracı olarak kendi kendisinin de altını kuvvetli bir şekilde oyuyordu; festivale gelenlere boş bir red ve fiziki varlığı dışında hiçbir niteliğini sunmamıştı. Geleneksel bir perspektiften bakarsak, bir doğaçlama olarak bu tavır, (olur da sanatçının kendisiyle konuşacak olursanız) duyacağınız konuşma sesi ve birkaç arkadaşınıza anlatabileceğiniz bir anekdottan öte elle tutulur fazla bir şey vermiyordu. Gelgelelim, doğaçlamayı daha geniş bağlamına iliştiriyor, muadili değer formlarını doğrudan ve radikal biçimde sorguluyordu.[22] Fowler'ın performansı erişilebilirliği açısından sorunlu idiyse ve kolaylıkla bağnazlığa savrulabilecek gibi duruyorduysa da, icracıya ve dinleyiciye dair yerleşik rollere meydan okuyor, hem organize edenler hem de ne olup bittiğini bilenler anlamında duruma bir kırılganlık katıyor ve deneysel müzik üretiminin günümüzde ne anlama gelebileceği konusunda alternatif bir anlayış öneriyordu.

Olumsuz doğaçlama ile uğraşan sanatçılar veya müzisyenler bir tarafta beşeri sermaye olmak ve bir tarafta da özne olmak arasındaki diyalektik süreçle hemhal olur. Bu, komünleştirmenin, sermaye dünyasında kimliklerin iyileştirilmeleri yerine ortadan kaldırılması konusundaki ısrarı karşısında benzer bir işlev görür. Bu olumsuz doğaçlama artık bireysel özgürlüğe dayanmamaktadır, daha çok, bireyselliğin ve kolektivitenin ne olabileceğini yeniden gözden geçirirken özgürlüğün sorgulanmasına dayanır. Tüm bunlar bir müzisyen veya bir doğaçlamacı olarak sanatçının rolünü bozguna uğratırken (yani artık bir uzman olmasına izin verilmezken) gerçekleşir. Brassier'i takip edersek, eğer doğaçlama bir faillik iddiasında bulunacaksa: (1) failliği kendilikten ayırmalı, (2) ussal "hetero-otonomi"yi kendiliğindenci/liberter anlamda özgürlükten ayırmalı ve (3) bilişsel emeği gayri maddi emeğin metalaştırılmasını açığa çıkartacak şekilde cisimleştirmelidir.[23]

Doğaçlama yapanlar hem pratikleriyle hem de gündelik hayatlarıyla günümüz emeğinin güvencesiz niteliklerini cisimleştirir. Soru, bu niteliklerin kaygılarımızı maddileştirebilecek doğaçlama pratiklerine nasıl dahil edileceğidir. Günümüzde karşı karşıya olduğumuz salt ekonomik değil aynı zamanda kültürel bir kriz. Bunu kabul edecek tek pratik ve tüm kırılganlığıyla bu krizde bir potansiyel görecek olan sadece doğaçlamadır. Buradan, doğaçlama yapan kişinin benliğinin ötesine geçecek bir faillik formu doğurması gerekecektir. Sürekli kendi parametrelerini sorgulayan ve yüzleşmeden çekinmeden kendi kabullerinin altını oyabilen, Théorie Communiste'in andığı tipte ortak bir düşünüşü akla getirebilir. Çalgılarla deneyler yapmak yerine kendi benliklerimizle, maddi koşullarımızla ve kuşatan toplumsal ilişkilerle deneyler yapacaktır. Bu olumsuz doğaçlama, kişinin zamanımızın olumsuzluklarıyla yüzleşeceği durumlar üretmek suretiyle, olanaksızlıklarımızı ve sınırlarımızı yansıtacak noktaya dek durumları tırmandıracaktır. Bu doğaçlama, olumsuzluktan özgürlüğü bireysel ifadeden çok kolektif ussallıkla ilişkilendirecek bir faillik formu doğurmaya çalışacaktır.

Yorumları ve önerileri için Marina Vishmidt, Anthony Iles, Ray Brassier, Liam Sprod, Marysia Lewandowska ve Laurel Ptak'a teşekkürler.

Notlar

1. Doğaçlama ile günümüz kapitalizmi arasındaki bağlar hakkında ayrıntılı bir argüman için bkz. Matthieu Saladin, "Points of Resistance and Criticism in Free Improvisation: Remarks on a Musical Practice and Some Economic Transformations", *Noise & Capitalism* içinde, haz. Anthony Iles ve Mattin (Donostia: Arteleku Audiolab, 2009); şu adresten indirilebilir: www.arteleku.net/audiolab/noise_capitalism.pdf.
2. Musica Elettronica Viva'nın (müziği doğaçlama ve elektronik aletlerle canlı yapılan, kolektif ve işbirlikçi bir süreç olarak kavrayan 1966'da Roma'da kurulmuş bir grup) bir üyesi olan Frederic Rzewski'nin derli toplu bir şekilde ifade ettiği gibi: "Free [Özgür] müzik ne gelip geçici bir modadan ibaretti ne de salt bir eğlence biçimiydi. O günlerde dünyayı değiştirmek üzere yola koyulmuş pek çok politik hareketle de –bu örnekte, geçmişte kalmış geleneksel formlardan dünyayı kurtarmak isteğiyle– bağlı olduğu hissediliyordu." Frederic Rzewski, "Little Bangs: A Nihilist Theory of Improvisation", *Audio Culture: Readings in Modern Music içinde*, haz. Christoph Cox ve Daniel Warner (New York: Continuum, 2004), 268.
3. Scratch Orchestra [Tırmalayan Orkestra] doğaçlamaya özel vurgu yapan bir deneysel müzik topluluğuydu. Müzisyen olmak şart değildi ve herkesin katılımına açıktı. 1969'da Cornelius Cardew, Michael Parsons ve Howard Skempton tarafından kurulmuştu ve 1974'te daha çok grup içinde gelişen farklı eğilimler arasındaki siyasi anlaşmazlıklar yüzünden dağıldı. Cardew'un Ideological Group'u parti politikalarına daha fazla eğilimliydi, Slippery Merchants'ın ise daha sanatsal ve anarşizan bir yaklaşımı vardı. Hanne Boenisch'in 1971 tarihli filmi "Journey to the North Pole" orkestra içinde yaşanan kimi tartışmaları ve gerilimleri belgeler.
4. Bu metni okurken Anthony Iles'in bana söylediği gibi "yumuşaklar" veya "hippiler" olarak düşünülmek istemiyorlardı, o yüzden de kendi zamanlarının en sert görünen sol politikasını benimsemişlerdi!
5. Tony Conrad, "LYssophobia: On Four Violins", *Audio Culture* içinde, 316.
6. Cornelius Cardew, "Towards an Ethic of Improvisation" (1971), *Cornelius Cardew (1936-1981): A Reader* içinde, der. Edwin Prévost (Harlow: Copula Press, 2008), 126.
7. Conrad, "LYssophobia."
8. Bruce Russell, "Exploding the Atmosphere: Realizing the Revolutionary Potential of 'the Last Street Song'", *Reverberations: The Philosophy, Aesthetics and Politics of Noise* içinde, haz. Michael Goddard, Benjamin Halligan ve Paul Hegarty (Londra: Continuum, 2012), 245.
9. Agy., 252.
10. Théorie Communiste, Endnotes, Riff Raff ve Blaumachen *Sic -International Journal for Communication*'ı yayımlarlar. Bkz. *sic.communication.net.*
11. "Marx'ta değer formu kapitalizmde emeğin ikili karakteri için kullanılan bir ifadeydi; emtianın kullanım değerinde beliren somut emek olarak karakteri ve değer formunda beliren soyut karakteri." "Communization and Value-Form Theory," *Endnotes* 2 (Nisan 2010), www.endnotes.org.uk/articles/4.

12. Programatikçiliğin detaylı bir açıklaması için bkz. Théorie Communiste, "Much Ado About Nothing", *Endnotes* 1 (Ekim 2008), www.endnotes.org.uk/articles/13.
13. Michael Hudson, "From Marx to Goldman Sachs: The Fictions of Fictitious Capital, and the Financialization of Industry", *Critique* 38, sayı 3 (2010); şuradan erişilebilir: www.michael-hudson.com/2010/07/from-marx-to-goldman-sachs-the-fictions-of-fictitious-capital1/.
14. Karl Marx, "Third Manuscript: Private Property and Labor"; şuradan erişilebilir: www.marxists.org/archive/marx/works/1844/epm/3rd.htm.
15. Dönemselleştirme hakkında eleştirel bir değerlendirme için bkz. "The History of Subsumption", *Endnotes* 2 (Nisan 2010), www.endnotes.org.uk/articles/6.
16. Agy.
17. Marina Vishmidt Neil Gray ile konuşuyor, "The Economy of Abolition/Abolition of the Economy", *Variant* 42 (Kış 2011), www.variant.org.uk/42texts/EconomyofAbolition.html.
18. Théorie Communiste, "Théorie Communiste Responds", *Aufheben* 13 (2005).
19. Ray Brassier'in yazara gönderdiği bir e-mailde, Şubat 2013.
20. Arika ile Glasgow Open School, "Collective Manifesto Attempt 1", Glasgow'da Instal 10 sırasında dağıtıldı, 2010.
21. Fowler www.nonmusicology.com adlı websitesini yürütmektedir.
22. Benedict Seymour bu tür pratiklerle düzmece sermaye arasındaki bağlara işaret eder. Geçmişteki doğaçlama pratiklerine muhalefet eden Fowler bugünün krizinin farkına varmanızı sağlar. Bu durumda mesele doğaçlamayı kolektif bir biçimde ileri taşımak olacaktır. Bkz. Benedict Seymour, "Short Circuits: Finance, Feedback, and Culture", *Mute* 3, sayı 1 (Temmuz 2011), www.metamute.org/editorial/articles/short-circuits-finance-feedback-and-culture.
23. Şubat 2013'te yazara gönderdiği bir e-mailde Brassier meseleye daha da açıklık getirdi: "Bilişsel emek kendi metalaştırıcı aracılığını ifşa etme kapasitesini korur. Mucizevi bir şekilde süreci geri alabileceği anlamına gelmez bu; ama teoriyi pratiğe bağlama gerekliliğinin bir anlamı varsa bu kapitalizmi anlama ve açıklama gereksiniminin bilişsel ve pratik verimlilik arasında hayati bir bağ varsaydığı anlamına gelir."

Kopyalamak Her Zaman Dönüştürücüdür

Laurel Ptak, Rasmus Fleischer ile konuşuyor

Kasım 2012'de, telif hakları, ağ kültürü ve yayımlamanın ekonomi politiği konularında İsveç'te epey bir yayın yapmış yazar ve tarihçi Rasmus Fleischer ile oturup konuştuk. 2000'lerden bugüne İsveç'te görülen ve –Fleischer'ın kuruluşuna yardım ettiği– korsanlık yanlısı ünlü bir grup olan Piratbyrån'ın doğuşuna yol açan dosya paylaşma kültürünün mirası hakkında lafladık. Teknoloji, aktivizm ve felsefeden eşit şekilde etkilenen grup, bir kitle iletişim aracı olarak internetin doğuşuyla birlikte mevcut mülkiyet nosyonlarını ortadan kaldırmanın yollarını arıyordu. Piratbyrån'ın faaliyetleri 2009 Venedik Bienali'nin Korsanlık Büyükelçiliği diye de bilinen İnternet Pavyonu'na yaptıkları müdahaleden "kopimi" adını verdikleri enformel bir kopya kültürü felsefesine ve efsanevi kullanıcıdan kullanıcıya dosya paylaşımı sitesi Pirate Bay'in yaratılmasına uzandı.

Laurel Ptak: Bize Piratbyrån'ın hikâyesini, 2000'lerin İsveç'inde içine doğduğu bağlamı anlatabilir misiniz?

Rasmus Fleischer: Piratbyrån 2003 ile 2010 arasında üç farklı evreden geçen bir projeydi. Ben grubun tarihçesi haline geldim, ama benimki hikâyenin öznel bir anlatımı elbet. 1990'ların sonlarında, İsveç bir ağ toplumuna dönüşmeye odaklanmıştı. Devlet altyapı için gerekli harcamaları yapıyordu. Kredi kooperatifleri aracılığıyla sendika üyelerinin ucuza bilgisayar sahibi olmasını sağladılar. O zamanlar, yeryüzündeki en hızlı bant genişliğine sahip olan ülkeydi İsveç. *Dot.com* balonunun patlamasından sonra bolca, kullanılmayan bant genişliği kalmıştı elimizde.

Balonun patlaması çok sayıda hayli yetenekli çalışanı işsiz bırakmıştı. Çoğu *hacker*'lardan oluşuyordu ama aralarında –genç insanları emip tüküren bir endüstri olan– reklam alanında çalışan grafik tasarımcılar ve metin yazarları da vardı. Bazıları işsizlik maaşına gereksinim duymuyordu, çünkü balondan bir miktar para ile çıkmayı başarmıştı.

Siyasette de benzer bir durum vardı. Küreselleşme karşıtı hareketin yarattığı bir boşluk söz konusuydu. Küreselleşme karşıtı hareket 2001'e dek İsveç'te sürekli yükselişte oldu. O yıl, Göteborg'da her türden aktivisti harekete geçiren büyük bir Avrupa Birliği zirvesi düzenlendi. Toplumsal adalet adına çok sayıda protesto düzenlendi, ama doğrudan bir baskı da vardı ve polis insanları vurdu. Aynı yıl Cenova'da gerçekleşen bir protestoda da polis insan öldürdü. Eylül ayına geldiğimizde 11 Eylül dolayısıyla tüm dünyada farklı bir hava esiyordu.

Bu durum sol kanattan aktivistlere gidecek birkaç yol bırakmıştı. Benim de dahil olduğum pek çok arkadaş büyük eylemlere katılmanın ötesinde bir şeyler yapmamız gerektiğini düşünüyorduk. Gündelik hayatı nasıl değiştirebiliriz ve yeni siyasi aktivizm formlarını nasıl bulabiliriz diye soruyorduk. Düşüşte olduğunu düşündüğümüz bir protesto modelinden uzaklaşmayı denemek istiyorduk.

LP Bu düşünüşten ne gibi yeni protesto formları çıktı?

RF 2001'de yetkililer toplu taşıma ücretlerini artırmak isteyince planka.nu adlı bir kampanya başlattık. *Planka* İsveççe "ücretsiz yolculuk" demektir. 1970'lerin İtalyan otonomistlerinden esinlenmiştik, metroda ücretsiz yolculuğu teşvik ve politize ettik. Başlangıçta insanların yakalanmadan kaçak yolculuk edebilmelerini sağlamak amacıyla metro kontrol memurlarının bulunduğu yerleri haber veren SMS'ler gönderdik. Daha sonra üyeler "sigorta" niyetine ayda 100 İsveç kronu gibi cüzi bir aidat ödemeye başladı; böylece yakalanacak olursanız da planka.nu sizin yerinize cezayı ödüyordu. Günümüzde durum daha zorlu, çünkü metro sistemi eski turnikelerden farklı olarak üzerinden atlayamayacağınız bariyerler dikmek için bir sürü para harcadı. Yine de planka.nu'nun bir sürü üyesi hâlâ var. Sigorta fonunda bir miktar para birikiyor ve bu parayı siyasi kampanyalarda kullanılıyor. Planka.nu önce hızı ve hareket kabiliyeti fikirlerini olumladı ama sonra bu konuda eleştirel bir tutum takındı.

LP İsveç dosya paylaşımı kültürü de bu koşullarda doğdu, değil mi?

RF Bu 2001/2'de yaşandı; ekonomik kriz günlerinde. Dünya ekonomisi dağılma tehdidi altındaydı. Bizim hem bant genişliğimiz, hem de kod yazma konusunda olağanüstü yeteneklere sahip ama işsiz insanlarımız vardı. İsveç dosya paylaşımı kültürünü doğuran tam da bu kombinasyon oldu.

İçimizden bir grup öne çıktı: Kaç kişi olduğunu söylemek zor. İnternetteki sohbet odalarında takıldık ve internet radyolarını da epey kullandık. Çoğumuz üniversitede felsefe okuyorduk. Ama epey de farklılık içeriyorduk; örneğin, bir süre aramızda bir Evanjelik Hıristiyan da yer aldı. Korsanlık ve dosya paylaşımı konusunda yoğun olarak düşünüyorduk; sohbet odalarında sabahlara kadar siyasi ve felsefi sohbetler ediyorduk.

Bir kısmımız radikal aktivistlikten geliyordu, bir kısmımız da *hacker*'lıktan. Her iki cephe de harekete geçmek istiyordu ancak farklı perspektifler söz konusuydu. Siyasi aktivizmden gelenler olarak biz her şeyi sorguluyorduk. Belki buna politika demiyorduk ama kesinlikle meta formunu ortadan kaldıracak yollar bulmaya çalışıyorduk. Ücretsiz yolculuk ve dosya paylaşımı ile bunu uygulayabilecek iki paralel yol bulmuş olduk. Her ikisi de solda görülen eleştirel düşünce biçimlerine muhalif perspektiflerdi. Bireye ayrıcalık tanımakla ve temelde "İstediğimi alırım" demekle eleştiriliyorduk. Nihayetinde dijital enformasyona erişimin ve hızın olumlanmasıydı bu.

LP O zamanlar fikri mülkiyetle ilgili tartışmalar düşünüşünüzü nasıl şekillendirmişti?

RF 2002/3 döneminde fikri mülkiyet sadece dijital kültürü meşgul eden bir mesele değildi, ayrıca Güney Afrika ile HIV tedavisi konularıyla da ilişkilendiriliyordu. İlaç şirketlerinin HIV ilacının üzerine gittiği dönemlerde, müzik endüstrisi de kullanıcıdan kullanıcıya dosya paylaşımında öncü bir web sitesi olan Napster'ın üzerine gidiyordu. Bu ikisinin arasında resmi bir bağlantı olduğu söylenmiyordu ama biz bağlantılı olduklarını düşünüyorduk. Bu durumu gelecekte karşılaşaklarımızın bir işareti olarak gördük. İsveç'teki telif hakkı endüstrileri korsan karşıtı bir büro kurdu, biz buna karşı –Piratbyrân adını alacak– kendi korsan yanlısı büromuzu kurmaya karar verdik.

Eylül 2003'te Piratbyrân'ın bir web sitesi olduğuna dair basın duyurusu yayınladık ve bir hafta sonra kendimizi televizyonlarda bulmuştuk. Televizyona çıkan ben oldum. Televizyonların en çok izlendiği saatlerde ekrandaydım ve bir haber tartışma programında punk grubu Refused'dan biriyle birlikteydim. Karşımızda da korsan karşıtları yer almıştı, bizim korsanlık faaliyetlerimizin terörizmi finanse ettiğini öne sürüyorlardı. Onlara televizyon ekranlarında güldük ve "Öyleyse ödeme yapmak durumunda kalmamanız daha iyi, böylece herhangi bir yere para akmasını da engellemiş olursunuz," dedik.

LP Kendinizi ilk önce internette duyurdunuz, bir nevi kendi kendinizi yayınladınız. Son derece farklı bir yayın yapma biçimi olan kitle iletişim araçlarıyla çalışmaya nasıl uyum sağladınız?

RF Medya ile oynayabileceğimizi düşündük. Ve o kadar da güç değildi bu. Kitle iletişim kanallarında bizim telefon numaramız vardı ve ne zaman korsan karşıtlarına alternatif bir görüşü ekrana getirmek isteseler bizi arıyorlardı. Böyle olmasını hiçbir zaman istemedik. Dosya paylaşımında bulunan insanları temsil etmediğimizi hep söyledik. Ama aynı zamanda bir temsil ediş sürüyordu ve biz de bunu kullanıyorduk.

LP Grup kimlerden oluşuyordu? Nasıl örgütleniyor, nasıl birlikte karar alıyordunuz?

RF İnternetten iletişime dayalı bir grup olsak da sık sık yüz yüze buluşuyorduk. Demokratik olmasak da karar alma mekanizmaları konusunda sürekli kendi üzerimize düşünüyorduk. Çoğunluğun kararı diye bir şey yoktu, daha çok o an orada olan insanlar karar alıyordu. Genel olarak, yirmili yaşlarını süren insanların hâkimiyetindeydi ama daha genç veya daha yaşlı insanlara da rastlanıyordu. Ve göründüğü kadar erkeklerden ibaret de değildi grup. Gruptaki erkekler çok sayıda ortamda göründü. Sadece iki-üç kadın görünen yüz oldu. Çeşitli şekillerde bunu dengelemeye de çalıştık.

LP Yapmakta olduklarınızın arkasında yatan fikirleri nasıl çerçeveliyor, bunlar hakkında nasıl düşünüyordunuz?

RF Piratbyrån'ın 2003/4 dönemindeki genel yaklaşımını tarif etmek için "ivmelendirmecilik" terimini kullanacağım, gerçi terim daha sonra felsefede de kullanıldı. Benjamin Noys, Gilles Deleuze, Antonio Negri ve Bruno Latour'u eleştirdiği etkileyici kitabı *The Persistence of the Negative*'i [Olumsuzun Israrı] yazdı. 1970'lerden bir aşırı sol Marksist duruşla bağlantı kuruyordu. Çelişkilerini göstermek için sermayeyi alevlendirmeye, her şeyi ivmelendirmeye yönelerek yeni durumla baş etmeye çalışıyordu. Her halukârda, başarılı olamadı ama ortaya ilginç bir felsefe çıktı.

Son derece ivmelendirici bir yolla kültürün serbest dolaşımıyla ilgileniyorduk; nihayetinde bunun şirketler tarafından değil bizim tarafımızdan yürütüleceğini söylüyorduk. Bir sene 1 Mayıs'ta "Refah 100 megabaytta başlar!" diye bir slogan attık. Geleceğe ilk önce ulaşan olmak konusunda bir yarışa kendimizi bıraktık. O günlerde çoğumuz öğrenci burslarıyla geçiniyordu ve işsizdik. Ücretli emeğe de karşıydık. Konuşulmayan radikal bir uzlaşma söz konusuydu. İvmelendirmeye dair antikapitalist fikrin etkisi altındaydık. Şöyle düşünüyorduk: Sermaye Hollywood filmlerini arzulamamızı istiyor olabilir, ama hadi gelin onları izleyebilmemizi sağlayacak parayı kazanmak için çalışmak yerine sermayenin ulaşamayacağı hızlarda filmleri kendi bilgisayarlarımıza indirelim.

LP Pirate Bay nasıl başladı ve hikâyeye nasıl uyum sağladı?

RF 2003'lerin sonlarında, ünlü İsveç dosya paylaşımı sitesi Pirate Bay kuruldu. O günlerde, kullanıcıdan kullanıcıya ağlarda dosya tranferini sağlayan ve kimilerinin denemek istediği bir protokol olan BitTorrent yeni bir teknolojiydi. Ben kuşkuluydum, sadece transfere aracılık etmekle yetindiğini ve insanların enformasyonu nasıl düzenlediklerini görebileceğiniz küratoryal bir yönden yoksun olduğunu düşünüyordum. Pirate Bay bizim grubumuzdan insanlarca başlatıldı, ama sonra daha bağımsız hale geldi.

2005/6'ya gelindiğinde artık seviye atlamak gerektiğini düşünüyorduk. Bu duyguyu açıklamak zor. Kavramsal anlamda bakarsak daha fazla veya daha iyi teoriler istiyorduk. Korsanlık yanlısı bir mesajla ortaya çıktıysak da bunun siyasi olarak dar bir telif hakkı reformizmine veya liberal tipte herhangi bir teknolojik iyimserliğe sıkışabileceğine dair bir hissimiz vardı. Bu bizim için yeterli değildi, dolayısıyla nasıl bir duruş sergilememiz gerektiği ve ne söyleyebileceğimiz konusunda etraflı tartışmalar yürütüyorduk.

LP Sonra ne oldu?

RF 2005'in başlarında "kopimi" kavramını bulduk. Sözcük İngilizce *copy me* [beni kopyala] ifadesinin bozulmuş bir haliydi. Bize rehberlik eden bir kavrama dönüştü ve bugün bile çeşitli gruplarca ayakta tutuluyor. Kopimi hızı, erişimi paylaşımı onaylamaktan kopyalamaya doğru bir makas değişimini imliyordu: Bir pratik olarak kopyalamanın olumlanmasıydı. Sadece dijital anlamda değil ama daha geniş anlamıyla, her şeyin temeli olarak kopyalamaktan söz ediyorduk.

Dijital yerliler veya dijital korsanlar olarak rolümüzü terk etmeye ve daha ilginç olduğunu düşündüğümüz bir şeye yönelmeye çalışıyorduk. Grup üyelerinden birinin iki yaşındaki çocuğu internette gördüğü bir dansı taklit ediyordu ve babasının da onu taklit etmesini istiyordu. Bunu görür görmez "Ah, işte kopimi!" dedik. Olay dijitalin ötesine geçmişti.

Aynı zamanda, İsveç hükümeti daha sert telif hakkı yasalarını karara bağlamak üzereydi. İsveç'te telif hakkı tartışmaları başka bir seviyeye taşınmıştı. İnsanlar korsanlık yanlılığından ve telif hakkı karşıtlığından söz etmekle ilgileniyor gibi görünüyordu. Mesajımızı her yere ulaştırmaya çalışmıştık; sola da sağa da. Ve bir anlamda başarılı olmuştuk. Telif hakkı tarihsel olarak sağ soldan bağımsız biçimde İsveç'te her zaman bir uzlaşma konusu olagelmişti.

Aynı dönemde, sosyal demokratlar seçimleri kaybetti. Ülkeye giriş çıkış yapan tüm internet trafiğini kopyalamak konusunda hükümete yetki veren süper gözetleme yasası FRA yüzünden sosyal demokratlara kızgındık. O günlerde bu yaygın değildi ve aşırı görünüyordu. İnsanlar bize yanaşıp siyasi bir parti kurmamızı istemeye başladı. FRA yasası hakkında bir sürü yorum yaptık ancak nasıl bir telif hakkı yasası istediğimizi veya istemediğimizi de net olarak söylemedik. Herhangi bir partiye katılmak veya herhangi bir partiyi desteklemek istemiyorduk. Sonra bir gün Korsan Parti diye bir parti ortaya çıktı, nereden çıktıklarını bilmiyorduk. Dünyaya bizi kopyaladıklarını ilan ettiler. Kendi etiğimize sadık kaldık: Kopyalanmak istiyorduk. Bizi kopyalayarak parti politikalarına dahil ettiler.

Kopyalamak her zaman dönüştürücüdür, taşıdığı radikal fikrin bir parçasıdır bu. Bir şeyi kopyalarsın ve bu arada bir şeyler transfer olur. Elbet aynı şey olarak kalmayacaktır. Telif hakkına karşı Korsan Parti'dekilerin daha temelden ve açık bir eleştirileri vardı. Onlara hiçbir zaman fazla yakın hissetmedik kendimizi, ama rekabet anlamında da karşı değildik, bazı konularda işbirliği de yaptık. Sonra da, İsveç Korsan Partisi başka ülkelerde kopyalandı; sözgelimi Alman Korsan Partisi İsveç Korsan Partisi'ni kopyalamıştı.

Telif hakkından söz ederken Alman korsanlar pek radikal değildi. İsveç partisi denetleme karşıtlığı hakkında düşünmeye başlamıştı ve özel ile kamusal alanlar arasında keskin ayrımlar konusunda ısrarcıydı. Bizse tersine tam da bu ayrımı sorgulamak istiyorduk. Belki de bizim grubumuzun bir sohbet odasından doğmasının sonra da insanların oturma odalarına girmemizin bir sonucuydu bu.

LP Mülkiyetin geri alınması anlamında bu kamusal/kişisel ayrımının sorgulanması hakkında düşünmek ilginç.

RF Klasik dosya paylaşımı ağları bu kamusal/kişisel sorunu üzerinden pek tanımlanmıyordu. 2005'te İsveç yasasının değişmesiyle ortaya çıkan bir ilginç yön de bir özel alanın izin verilen miktarının azalmasıydı. Her tür yasada özel bir ortama kopyalama yapmak yasaldı. 2005'ten önce işyerinde, okulda kopyalama yapma ve mevcut bir sosyal ilişkiniz olduğu sürece dosyalar paylaşma hakkınız vardı. Ama bu değişti: Yasa özelin tanımını sadece ev içi anlamına gelecek şekilde daralttı. Yasal bir pratik olarak fikri mülkiyetin her zaman toplumsal normlara göre ilişkilerin içinde mevcut olduğunu gösteriyor.

Sadece kamusal/kişisel ayrımını değil tüketici/üretici ve fikir/ifade ayrımlarını da sorguluyorduk. Telif hakkının gri tonları hakkında konuşmaya çok erken başlamıştık. Kopimi fikrinin kendisi kültürü üretme ve tüketme arasındaki ayrımı her zaman dönüştürücü bir şey olan kopyalama lehine sorgulamanın bir yoluydu. O sıralarda bizi internette takip eden binlerce insan vardı. Pasif tüketim grubunda yer alan hâkim fikirlerle mücadele etmeye çalıştık. Neden bizim forumlarımızda takıldıklarını ve tüketimin ne olduğunu sorgulamalarını sağlamak için bir şeyler yapmak istedik.

Bunlar 2005/6'da oluyordu; YouTube'un da yükselişe geçtiği günlerdi. YouTube'u hiçbir şekilde onaylamıyorduk; kullanmayı reddediyor değildik, ama nasıl bir arşive dayandığını sorguluyorduk. Kesinlikle BitTorrent gibi dağınık arşivleri yeğliyorduk, YouTube gibi merkezi arşivleri değil. Örneğin, YouTube'da paylaştığınız içerik kaybolabilir ve bu konuda yapabileceğiniz hiçbir şey olmaz. Halbuki bizim dahil olduğumuz dosya paylaşımı kültüründe, kendi bilgisayarınızdan dağıtım yapıp kendi bilgisayarınızda arşiv tutuyorsunuz ve aynı zamanda bu arşivi paylaşıma açık tutuyorsunuz. Yasal veya siyasi nedenlerle dosyanızın elinizden alınması mümkün değil.

LP Dağınık paylaşımda çokluk ve fazlalık oluyor. Bu, mülkiyet nosyonunun kendisini nasıl etkiliyor?

RF Bu ilginç. Dijital ağdaki bir dosya dijital anlamda özelliklere sahiptir. Eğer bir teknisyene soracak olursanız, dosyayı birisinin mülkü olarak anlamadığını ama özelliklere sahip bir şey olarak gördüğünü söyleyecektir. Biz dosyayı paylaşılan mülkiyet değil mülkiyete bir alternatif olarak görüyorduk. Bir mülkiyet konusu olan fiziki bir nesne satan müzik endüstrisini örnek olarak alın. Müzik dosyalarının paylaşılmasıyla uğraştık ama mülkiyeti paylaşıyor olduğumuzu düşünmedik. Bize göre iyi kısmı mülkiyetle bir işimiz olmasının gerekmemesiydi! Endüstrinin kendisi sonunda dosyaları mülk değil mülkiyetin yasa dışı –ve varoluşunu etkileyen– bir rakibi olarak görmeye başladı.

Zamanla, müzik endüstrisi yeni iş modellerine yöneldi. Ancak o zaman dosyaları birer mülk olarak düşünmeye başladılar. Ve sonrasında özel ile kamusal arasındaki ayrımı tanıyan dijital sınırlamalar içeren dosyalar üretmeye ve satmaya çalışır oldular. Müşteriler kısa zamanda CD'lerle yapabildikleri kimi şeyleri dosyalarla yapamadıklarını fark etti; örneğin, bir CD alacak olursanız sonrasında onu bir başkasına satabilirsiniz. Oysa bir dosya satın almak mülk edinmekten çok kiralamaya benziyor. Sahibi olamıyorsunuz ama kullanmak için bir anlaşma yapıyorsunuz. Anlaşmada bir son kullanma tarihi olması şart değil, ama bir gün donanımınızı güncelliyorsunuz ve dosya ya yitip gidiyor ya da kullanılamaz oluyor. Metanın hayat çemberinin ivmelendirilmesi. Daha sonra da sıra Web 2.0'a, buluta, ve 2007/8 gibi sosyal medyaya geldi. Apple iPhone'u yarattı ve Facebook'un popülerliği İsveç'te tavan yaptı. Ben buna "karşı devrim" dedim.

O noktada, İsveç'te hemen her üç ayda bir canlanan, sürekli iyi mi yoksa kötü mü diye sormaya dayanan sözde dosya paylaşımı tartışmasından bıkmıştık. Biz her zaman bu ikiliklerden kurtulmak istiyorduk ama kitle iletişim araçlarının terimlerini değiştirmeyi pek başaramıyorduk. Biz de bu konuyu arkamızda bırakmaya karar verdik. Bunun yerine, indirildikten sonra dosyalarla ne yapıldığıyla ilgilenir olduk. Dosya kıtlığımız yoktu ama dosyalarla ne yapıyorduk? Anlamlı olabilmek için belirli bir şekilde somutlaşmaları gerekiyordu.

Kullanılacak dosyaları seçmenin komünal formlarını yaratma gereksinimi hissettik. Halihazırda zaten çok fazla dosya vardı elimizde. Seçici, editoryal ve dijital sonrasına doğru bir geçişti.

LP Nasıl bir yol izlediniz?

RF Bir Stockholm banliyösündeki yüksekçe bir tepeye tırmandık ve daha önce yazdığımız bütün metinleri yaktık. Bu bir politikadan uzaklaşma değildi, daha çok bir politikaya dönüş ve belirli tiplerde topluluklar ve kolektivite inşa etme çabasıydı.

Başlangıçta bizler aktivistler ve *hacker*'lardık. Ama sonra sanat dünyasından da epey insan katıldı. Piratbyrån'ın son etkinliği gerçekten de 2009'da Venedik Bienali'nde gerçekleşti. Orada Korsanlık İmparatorluğu adlı bir proje yürüttük. Bienalin resmi yönetimini kışkırttık böylece. Bu, söz ettiğimiz Pirate Bay'e erişimi yasaklamış Berlusconi'nin devletiydi. Askeri polis gelip Pirate Bay sunucusunu aradı. Bir süreliğine sergiyi kapattılar. Halbuki sadece Venedik Bienali'nin tasarımıyla Pirate Bay logosunun yer aldığı balonlar, kâğıt hamurları ve süsler vardı. Bienalde çalışan güvencesiz işçiler için nümayiş düzenleyen yerel bir grupla işbirliği yaptık. O yılki bienalin küratörü Daniel Birnbaum yorum yapmadı.

Bu olaydan sonra, Piratbyrån organik biçimde pek çok farklı gruba ayrıldı. Her şey ve hiçbir şey olmadan önce Anonymous'la bağlantılı olan kaotik *online* aktivist grubu Telecomix'e katıldı bazıları. Mısır'da ve Afrika'da internet erişimi kesildiğinde önemli roller üstlendiler. Çoğu kişi de 2007'den beri büyümekte olan *hackerspace* hareketine katıldı. Stockholm'de Gizli Bahçe adında bir toplumsal merkez kuruldu. Bu tercihi, siyasi bir dönüşüme yol açmak için –salt online mekânlara değil– fiziki bir mekâna da gereksinim duyduğumuzun kabulü olarak gördüm.

Zombi Tarlaları: Biyotek Tarım ve Bilginin Özelleştirilmesi

Claire Pentecost

Tohumla başlıyoruz. Bu örnekte, uzak ve çorak bir yerde, Norveç'te, Kuzey Kutbu'na 620 mil uzaklıktaki Svalbard'da muhafaza edilen son derece özel bir tohum zulasından söz ediyoruz. Svalbard Küresel Tohum Deposu tüm dünyadaki resmi tohum bankaları ağının yedekleme ambarı işlevi görüyor. Harekete duyarlı sensörlerle patlamaya dayanıklı çift kat kapılarıyla övünen, iki hava sızdırmaz kabine sahip, birer metre kalınlığında çelikle güçlendirilmiş beton duvarları bulunan, kıyamet ambarı da denen depo "tüm dünyadaki gen bankalarında tutulan ekin çeşitliliğinin zamanla veya aniden bir felaketle yitimine karşı"[1] bir tür sigorta olarak tanıtıldı.

Tarım tarihinde, tohumlar bir tür bilgiyi temsil eder. Kıyamet tohum ambarıyla bir bilgi modeli olarak ilgileniyorum. Belirli bir konudaki dünya kitaplığını kilitlerseniz ve yönetimini bir avuç güçlü insana bırakırsanız kitaplığın güvende olacağı ve nihayetinde onu kullanmayı en iyi bilen insanların eline geçeceği fikri ilgimi çekiyor. Teknik olarak Norveç hükümetinin sahibi olduğu kıyamet tohum ambarı Nordik ülkelerin bölgesel tohum bankası Nordgen ve Küresel Ekin Çeşitliliği Vakfı tarafından yönetiliyor. Küresel Ekin Çeşitliliği Vakfı'nın belli başlı bağışçıları arasında Bill ve Melinda Gates Vakfı, Rockefeller Vakfı, Dupont iştiraki Pioneer Hi-Bred (dünyadaki en büyük ikinci tohum şirketi), Syngenta Şirketi (en büyük üçüncü tohum şirketi), Uluslararası Tarım Araştırmaları Danışma Grubu (CGIAR) ve çok sayıda ulusal hükümet yer alıyor.

Elektronik gözetlemeye tabi olduğundan kıyamet tohum ambarında mekânda çalışan kadrolu insanlar yok. Gerçekten de Svalbard ile ilgili ilginç şeylerden biri de ambardaki malzemeyi fiilen kullanabilecek insanlardan bu denli uzağa kurulmuş olması. Bu mesafe buradaki malzemeyi kimin kullanacağı ve nasıl kullanacağı ile ilgili olarak bize ne söylüyor? CGIAR ile Rockefeller Vakfı'nın Üçüncü Dünya'ya endüstriyel monokültürü getirerek Üçüncü Dünya'yı Birinci Dünya'dan gelecek pahalı tohumlara ve kimyasallara bağımlı kılan "yeşil devrim"in sorumluları olduğunu akılda tutun. Her iki kurum da Afrika'ya yeni bir yeşil devrim götürmek için Gates Vakfı ile halihazırda işbirliği yürütüyor ve üçü de dünyadaki açlığa çözüm olarak biyoteknolojiyi gören fikrin güçlü savunucuları.

Dünyanın bir başka ucunda, tersine bir bilgi modeli mevcut: Bilim, Teknoloji, Ekoloji İçin Araştırma Vakfı'nın (RFSTE) bir programı olan Navdanya. Navdanya, bilim insanı ve çevreci aktivist Vandana Shiva'nın[2] başlattığı, Hindistan'da bulunan bir tohum koruyucuları kooperatifi ve takas sistemi. Bu sistemde tohumlar, tohumu ekmeye ve sonra hasattan bir miktar tohumu kolektife geri vermeye razı olan her çiftçi tarafından ödünç alınabilir. Diğer çiftçiler de ürünlerini yetiştirmeyi sürdürebilir. Bu model bilginin dağılımına ve muhafazasına dair farklı bir mantığı takip ediyor. Bilgi bir karşılıklılık sistemi içinde dağıtılıyor, aktif uygulama ve dağıtım içinde tutuluyor. Bitki çeşitliliğini güvence altında tutmak için en iyi yolun tohumları özgürce fiilen kullanmaya, ekmeye, geliştirmeye ve takas etmeye dayanan bir yaygın dağıtım uygulaması olduğu önerisini getiriyor. Genetik bitki malzemesinin tohumlar formunda geliştirilmesi ve takas edilmesi belki de insanlık tarihinde en uzun zamandır süren açık kaynak bilgi şebekesidir. Navdanya sadece iyi tanıtımı yapılan tek bir örnek; dünyada sürmekte olan, açık kaynaklı ekimler yapan ve aynı zamanda besin, genetik malzeme ve malzemelerin işleyen bilgilerinin güvenliğini sağlayan sayısız resmi ve resmi olmayan tohum koruyucu takası mevcut.

Bu sistemin dirençliliği göz önüne alındığında küresel genetik çeşitliliğin ne gibi tehditler altında olduğu söylenebilir? Küresel Ekin Çeşitliliği Vakfı'na göre söz konusu tehditler arasında doğal felaketler, kötü yönetim ve altyapı yokluğu ve (Irak'ın ve Afganistan'ın ulusal tohum bankalarının yıkımına izin veren pervasız işgali gibi) savaşlar sayılabilir.

Yine de, Svalbard web sitesinin anmadığı, ekin, tohum ve genetik çeşitliliğe yönelik başka tehditlerden de söz edebiliriz. Çiftçi odaklı, açık kaynaklı tohum araştırmalarının desteklediği tarımsal biyoçeşitliliğin serpilmesine yönelik en can alıcı tehdit, uzun zamandır patenti alınmış melez tohumların hâkimiyetinde olan ve giderek daha çok GDO'lar (genetik olarak değiştirilmiş organizmalar) diye bilinen transgenik ekinlerin üreticilerinin ve pazarlayıcılarının hâkimiyetine giren monokültürel endüstriyel tarım sistemidir. GDO'ların ne derece monokültürel endüstriyel tarımı sağlamlaştırmak için tasarlandığını ve bu sistemin tarımsal bilgiyi tatbik eden ve sahada araştırmasını yürüten küçük çiftçilerden oluşan geniş ve çeşitli bir topluluğa sahip olmanın sağladığı tipte gıda güvenliğine neler yaptığını anlamak önemlidir.

Genetik olarak değiştirilmiş tohumlar bugüne dek üretilmiş en özenle korunan kimi bilgi tiplerini temsil eder. Bununla birlikte, kıyamet tohum ambarında GDO tohumları saklamaya dönük herhangi bir plan bulunmamaktadır. Her ne kadar yaygın olarak dağıtılmaktaysalar da, yasal ve polisiye sistemler aracılığıyla inşa edilmiş başka tipte bir ambarda korunmaktadırlar. 19 Şubat 2009'da *New York Times*, Andrew Pallack'ın kaleme aldığı, yirmi altı tahıl böceği uzmanının GDO ekinleri üzerinde bağımsız araştırma yürütmenin olanaksızlığı hakkında EPA'ya [Çevre Koruma Ajansı] sunduğu bir bildiriyi haber yaptığı bir yazı yayımladı. "Bilim insanlarının söylediğine göre sorun, çiftçiler ve genetik olarak değiştirilmiş tohumların diğer alıcılarının, yetiştiricilerin şirketin patent haklarına ve çevre düzenlemelerine saygılı olacaklarını garanti altına alan bir anlaşma imzalamaları. Anlaşmalar aynı zamanda ekinlerin araştırma amacıyla yetiştirilmesini de engelliyor."[3]

Bu bilim insanlarına göre, tek problem alıcıları sınırlandıran anlaşmalar değil. Gazetedeki haberin de işaret ettiği gibi, EPA'ya şikâyetlerini kaleme alan bilim insanları şikâyetin konu ettiği şirketler tarafından kara listeye alınma korkusuyla isimlerini gizliyorlar.

"Cornell'den Dr. Shields tarım araştırmalarının finansmanının zamanla kamu sektöründen özel sektöre geçtiğini söylüyor. Bu durum üniversitelerdeki pek çok bilim insanının teknik işbirliği veya finansal işbirliği için büyük tohum şirketlerine bağımlı olması sonucunu doğuruyor."[4] Bağımsız bilim, uzun zamandır şirketlerin fikri patentler almasının ve üniversite sistemimizdeki özelleştirmenin zayiatlarından biri. Ancak bizim tarımsal mirasımızın büyük kısmı çiftçilerin ürettiği, sahadaki bilimin sonuçlarına dayanıyor. Bilim insanları gibi GDO tohumları satın alan çiftçiler de yaptıkları anlaşmalarla başka pek çok şeyin yanı sıra bir hasattan diğerine tohum saklamayacaklarını, tohum takası yapmayacaklarını veya bin yıldır tarım pratiğini belirleyegelmiş açık kaynaklı bilgi geliştirme ve paylaşma uygulamasına itibar etmeyeceklerini kabul ediyorlar. Tüm dünyadaki milyonlarca çiftçinin zihinlerinde ve ellerinde yaygın olarak korunmuş bilgi ve yetenek hızla az sayıda özel çıkarın denetlediği ambarlara transfer ediliyor.

Bağımsız araştırmalardan bunca sakınılmasına karşın, GDO'lar aracılığıyla büyük, denetlenmeyen ve kabataslak belgelenmiş deneylerle yürütülen bir bilim icra ediliyor. Tohum şirketlerinin örtbas etme çabalarına rağmen GDO sisteminin etkilerine dair kanıtlar artıyor. Arjantin örneğini ele alalım. 1980'lere kadar Arjantin'in tarım sistemi çok çeşitli ekinler yetiştiren, aynı bölgelerde ufak ölçekli hayvancılık da yapılan, böylece hayvan gübresinden de faydalanılan küçük aile çiftliklerinin hâkimiyetindeydi. Arjantin çiftçilerinin verimliliği, ülkeyi çeşitli gıdalarla besleyerek ve fazlasını ihraç ederek Latin Amerika'daki en yüksek yaşam standartlarından birine katkı yapıyordu. ABD destekli bir askeri diktatörlük ve yolsuzluğa batmış diğer rejimler, yıllar süren IMF kemer sıkma planları, yapısal düzenlemeler, özelleştirmeler, liberalleşme ve yabancı yatırımcılara yangından mal kaçırırcasına yapılan satışların Arjantin ekonomisini çökertmesi uzun üzücü bir hikâyedir, ama bu gelişme ülkeyi en son ithal edilen her derde deva ilacın, ihracat nakdi sağlayacak GDO tarımının vaatleri için özellikle olgunlaştırmıştır. 1997 ile 2003 arasında Arjantin'in ekilebilir topraklarının yarısından çoğu Monsanto'nun Roundup Ready transgenik soyasına evsahipliği yapacak şekilde dönüştürüldü. Roundup Ready ekinleri Monsanto'nun meşhur glifosat-tabanlı yabani ot öldürücüsü Roundup'a dirençli olacak şekilde yaratılmıştı. Petrol tabanlı pahalı böcek ilaçları, yabani ot öldürücüler ve yapay gübrelere dayanan bir sistemin ve bu sistemin kâra geçmesini sağlayan daha az emeğe gereksinim duyan mekanizmanın bir parçası olmak üzere tasarlanmışlardı. Böylesi bir sistemi işletmek için gerekli sermaye yoğun giderler çok yüksek meblağlara ulaştığı için kaçınılmaz biçimde sonuç daha büyük ama daha az sayıda çiftliğin hâkimiyeti, dolayısıyla da refahın toprak sahibi büyük şirketlerin daha küçük bir kısmının ellerinde toplanması oluyordu. Arjantin'e GDO'lu soya monokültürünün girmesinden beri 200.000 kadar köylü ve küçük çiftlik sahibi topraklarından sürüldü ve büyük kentlerin yoksulluk döngüsüne ve işsizliğe sürüklendi.

Çevre ve sağlık açısından tehlikeler inanılmaz boyutlara çıktı. Başlangıçta geleneksel tarıma göre daha az zararlı ot öldürücü gerektireceği vaadiyle baştan çıkan çiftçiler, zamanla, hep aynı ot öldürücüye maruz kalan otların doğal direnç geliştirmesi yüzünden sürekli daha yüksek doz tatbik etmek durumunda kaldılar. Arjantin'de glifosat kullanımı 1997'de 13,9 milyon litre iken çılgıncasına artarak 2003'te 150 milyon litreye çıktı. Bu denli yoğun kullanımın bize öğrettiği bir şey varsa o da Roundup'ın organik maddeyi parçalayan ve besleyici gıdalar üretmek için toprağı destekleyen faydalı mikropları yok ettiği oldu. Bu arada dirençli otların ve istenmeyen GDO'lu soyanın yayılması öyle tehlikeli bir seviyeye geldi ki, durumu kontrol altına alabilmek adına çiftçiler Dow, DuPont ve Syngenta gibi diğer çokuluslu kimya şirketlerinin pazarladığı daha bile zehirli atrazin, parakuat, metsülfüron ve clopyralid gibi bitki öldürücüleri kullanmaya koyuldu. Bu kontrolsüz muazzam deneyde öğrendiğimiz bir başka şey de yüksek dozajlarda glifosatın insanlarda ve çiftlik hayvanlarında doğuştan gelen kusurlara ve yörede yaşayacak denli talihsiz olanlarda cilt hastalıklarının, solunum yolu hastalıklarının ve nörolojik hastalıkların görülmesine yol açabildiğiydi.

Peki, bütün bu soya nereye gidiyor? Daha zengin ulusların giderek daha sağlıksız yaşamlar süren halklarına et tedarik etmek üzere daha çok kuzeyde yürütülen kapalı hayvancılık tesislerinde yem olarak kullanılıyor. Sadece Arjantin'de, ilk transgenik monokültür dalgasına denk gelen dönemde açlık yüzde 13 oranında arttı.

Arjantin vakası ile ilgili ilginç noktalardan biri de Monsanto'nun Roundup Ready sistemini patentini korumaya almadan Arjantin'de pazarlamış olmasıdır. Bu da teknolojiye ilk geçiş yapanların lisans ücreti ödemedikleri veya hasattan aldıkları tohumları saklamayı, paylaşmayı, takas etmeyi veya satmayı yasaklayan tipik anlaşmalardan imzalamadıkları anlamına gelir. Bu, Monsanto'nun yaptığı bir hesap hatasının bir sonucu muydu? Yoksa tohumun tüm güneye hızla yayılmasını sağlamak için başvurulmuş bir kurnazlık mıydı? Başlangıçta GDO teknolojisini yasaklayan Brezilya, sonunda havlu attı ve 2005'te GDO'yu yasallaştırdı. O tarihe kadar Arjantin'den Brezilya'ya doğru o denli çok transgenik tohum sınırı aşmıştı ki, bir başka tarım devi olan Brezilya bu işi yasalarla engellemeye çalışmak yerine yasallaştırıp düzenlemeye çalışmanın daha iyi bir fikir olacağına kanaat getirdi. Monsanto'nun orijinal planı her ne olursa olsun, 2004'te Arjantinli çiftçilere tohumlarından satmayı durdurdular ve soyalarını uluslararası hububat ihracatçılarına sattıklarında, Arjantin hükümetine ekstra vergi getirerek bir "Teknoloji Tazmin Fonu" yaratması için baskı yaptılar.

Bu vakadaki en çarpıcı nokta başlangıçta bir patent koruma olmamasına karşın transgenik tohumların devreye sokulmasının bir sistemi endüstriyel monokültüre dönüştürmek için kullanılması ve böylece küçük çiftçileri ve genetik çeşitlilik ile yaygınlığı koruyan uygulamaları etkili bir biçimde kökünden söküp atması oldu. Tarımsal biyoçeşitlilik ile birlikte, geçim için tarım, gıda güvenliği, beslenme ve özerklik, hepsi akıp gitti. Bunların hepsi gerçek risklerdir.

Ancak bu noktada büyümekte olan başka bir risk daha var: Bizzat bilimin saygınlığı. Sosyolog Ulrich Beck'in deyişiyle "ussallık üzerinde 'bilimlerin' tekeli kırıldı."[5] 1986 tarihli kitabı *Risk Toplumu*'nda Beck, ikinci veya "düşünümsel" modernite dediği akışkan, endüstrileşmiş, "kıtlık sonrası" ekonomileri tarif eder. Bu aşamada, toplum endüstrileşmenin kazanımlarından çok riskleriyle nitelenmektedir. Beck, risk toplumunun çeşitli ayırt edici özelliklerini şöyle sıralar: (1) Riskler görünmezdir ve salt sebep sonuç ilişkisine dayanan geleneksel bilimsel yöntemlerle analiz edilmeleri güçtür. (2) Riskler uzayda öyle bir yayılır ki hiçbir ulusal sınır veya inşa edilmiş sınır dahilinde tutulamazlar. (3) Riskler zamana öyle bir yayılır ki kimse ne zaman veya nasıl sağlığı ve refahı tehlikeye atacaklarını bilemez. (4) Tam da işleri risk olan yeni oyuncular ortaya çıkar, bir başka kâr cephesi olarak gördükleri riski sömürürler. (5) Uzmanlığın saygınlığı düşüşe geçer, abartılı iddiaların yüksek vaatleri çok ender karşılayabilmesi veya kendi iç çelişkilerinin gölge düşürmesi ve yağmacı ticari çıkarlarla suç ortaklığına dair giderek daha fazla kanıtın birikmesi bunda etkili olur. (6) Toplum en hayati biçimde risk pozisyonları etrafında örgütlenir ve hem bireyler hem de gruplar çeşitli tehditlere karşı kırılganlıklarının derecesine göre tanımlanırlar. (7) Bilgi kilit bir faktöre dönüşür: Tehlikeler hakkında ne denli bilgi sahibiyseniz tehlikelerden kaçınabilmek için o denli donanımlı olursunuz, elbet, bunun için gerekli araçlara sahipseniz.[6]

1980'lerde, Beck özellikle nükleer savaşla, nükleer atıklarla ve çevre kirliliğiyle ilgiliydi. Günümüzde bu tehlikelere iklim değişikliği ve küresel ekonomik krizi ekleyebiliriz. Maalesef, hâlâ sahte çelişkilere, olağanüstü boyutlara, algı seviyesinde hesap edilemez geleceğe batmış bir haldeki iklim değişikliği tehdidi –yanıltıcı bir biçimde– görünmez, belli belirsiz tehditlerin âleminde var olmayı sürdürür. Bununla birlikte finansal çöküş tümüyle ortadadır, çünkü inkâr edilemez biçimde üzerimize çökmüştür. Gündelik yaşamı amansız bir yüksek kaygı evresine dönüştüren küresel finansal kriz özellikle aydınlatıcıdır. Merkezinde, devasa boyutlarda bir risk vurgunculuğu ve kötü yönetim vakası olan risk değerlendirmesindeki çöküş yatar. Uzmanlığın, beceriksizlik veya yolsuzluk aracılığıyla, hepimiz için geçerli riskleri öngörmekte yaşanmış bir başarısızlığı maskelediği görülüyor. Elimizde kalan şey tüm neoliberal sistemin ve ideolojinin bir meşruiyet krizi.

Beck bize riskin merkeziliği artarken aynı anda öngörülmemiş düşünümsellik teknolojileri geliştirdiğimizi anımsatıyor. Dahası, bir zamanlar bizi koruyacaklarına güvendiğimiz otoriteler hakkında ve risklerimizin doğası hakkında halkın yaygın bir biçimde ve derinlemesine kendi kendini eğitmesi için hiç olmadığı kadar çok araca sahibiz. Dünyamızın hali ve seçeneklerimiz hakkındaki bilgimizi genişletmek, paylaşmak ve zenginleştirmek için araçlarımız var. Otorite dağılırken, daha fazla kişi ihtiyaçlarımızın uzmanlarca karşılanmayacağını fark ediyor. Kitlesel kolektif bir kendi kendini eğitim yoluna sapıyoruz.

Soru şu: Uzun süredir hüküm süren, teknoloji sayesinde ilerleneceğine dair orantısız fanteziyi aşıp geçen dehşetleri şimdi nasıl karşılayacağız? Daha fazla gözden gelinemeyecek riskleri nasıl tanıyıp karşılayacağız? Biyoçeşitliliğin yıkımı riskini ele alan, "kıyamet günü ambarı modeli" ve "Navdanya modeli" adını verdiğim iki modelin altını çizdim. Kıyamet günü ambarı eski düzenlemeleri –çıkarlarının kendi kendilerini korumak olduğu ispatlanmış seçilmiş otoritelerce risk yönetimini– pekiştiriyor. Monokültürel endüstriyel tarımı bir tehdit olarak almıyor, aksine verili bir durum olarak varsayıyor. Bir tohum bankasına içkin bilgiyi kimin harekete geçireceği sorusunu tanımıyor, çünkü sahada zombilerin, uzaktan laboratuvarlardan, piyasalardan ve hukuk ekiplerinden gelen yönergeleri takip eden iradesiz bırakılmış insanların var olacağını varsayıyor. Navdanya modeli ise zombilerce harekete geçirilemez, çünkü bilginin ve bilginin materyallerinin tümüyle fail ve sorumluluğu eline almış halklarca uygulandığında gelişeceğini varsayıyor. Bu, konuşlanışındaki riskleri farklı bir şekilde ele alan bir modeldir, söz konusu bilgiye dair sorumluluğu ve bilgi hakkındaki seçimlerin sonuçlarına dair sorumluluğu göğüsleyen insanların paylaşması gereken bir katılımdır.

Sanatçıların bu senaryodaki yeri nedir? Sanat pratiği de bir bilgi üretimi, muhafazası ve dağıtımı modeli olarak görülebilir. Sanatçılar bir kamusal amatörcülük pratiğine, bir açık değiş tokuşun duygu yüklü atmosferinde bir tür deneysel ve deneyimsel öğrenmeye özellikle uygundurlar. Çoğu bir boyutta bir kitle edinmeyi başarırlar, genelde bilişsel kaynaklara erişim sahibidirler, çalışmaları detaylı incelemeye tabidir ve deney yapma özgürlüğü kendilerine tanınmıştır. Bilim insanlarının özgürlüğü giderek daha fazla piyasadaki büyük oyunculara ve hem fonlar hem de yasal dengesizlikler aracılığıyla dayattıkları kurallara bağımlılıkla sınırlanmaktadır.

Sanatçıların özgürlüğü temelde kendi kendini sınırlamayla ve ayrıca müzeler, ticari galeriler, anaakım sanat dergileri ve nihayetinde sanat piyasasından oluşan ana meşrulaştırıcı kurumların inşa ettiği depolara kariyerist bir şekilde yerleşmekle sınırlıdır. Buna "patlama günü ambarı modeli" [*boomsday vault model*] diyebiliriz: Milyonlarca sanatçı pazarın yönlendirdiği değer biçme otoritelerinin elindeki kendi bireysel kariyerlerinin gelişimi üzerine bahis oynamaktadır. Ama mevcut tek model bu değildir. Nasıl yerel tohum takasları bizi kıyamet günü patronlarına yalvarmak durumunda bırakacak felaketleri oturup beklemiyorsa sanatsal değer biçmenin alternatif sistemleri de filiz vermekte. Sanatçıların kendi sembolik güçlerini büyüyen toplumsal hareketlerle uyumlu biçimde yükselttikleri yaşayan, açık bir çekirdek inşa ediyorlar.

Kendi başına sanat temel toplumsal koşulları değiştirecek değildir, sırf böylesi bir değişim geniş toplumsal hareketler gerektirdiğinden değil, değişim için kolektif toplumsal talepten kopunca sanatın eleştirel gücü kolayca iktidarların insafsız düzenlemeleriyle liberal demokrasiler retoriği arasındaki çelişkiyi maskelemeye hizmet edebileceğinden. Neredeyse bir yüzyıldır hem içeriden hem dışarıdan yapılan –dadaistlerden situasyonistlere, Antonio Gramsci'den Herbert Marcuse'ye– eleştiriler, şimdiye kadar bize bir şey öğretmiş olmalı: Sanat tekrar tekrar kendi eleştirel oyununu gerçek toplumsal dönüşüme doğru yükseltecek gücü kaybediyor, bunun yerine kapitalist sömürünün ve eşitsizliğin en son sahasında bir estetize edilmiş zombi görevi görüyor. Bizi erimenin eşiğine getiren dünya kapitalist sistemi tanık olduğumuz en derin meşruiyet krizini yaşıyor bugün ve biz de kendimize bizim failliğimizin bu krizle nasıl baş edeceğini sormak durumundayız. Sanat piyasası kapitalizmin bahtına göre inişler ve çıkışlar yaşarken, özerk bir pratik olarak sanatın inandırıcılığı da tersine bir iniş çıkış yaşamaktadır.

Sanatçıların disiplin sınırlarını aşma arzusu (bilim sınırlarında olduğu gibi) sanattan daha büyük bir şeyin parçası olma arzusunun bir ifadesidir. Eğer patlama günü deposuna çeşitli yenilikler sağlamaktan ötesini yapmak istiyorsak, çabalarımızı kolektif hareketlerin titreşimine uydurmalıyız.

Notlar

1. Bkz. "Structure", Global Crop Diversity Trust, www.croptrust.org/content/structure.
2. Navdanya web sitesi RFSTE'nin finansman kaynakları konusunda ayrıntılara yer vermiyor. Yazarla yaptığı bir sohbette, Dr. Shiva endüstrinin bağışçıları sık sık tehdit etmesi yüzünden bu enformasyonun yayımlanmadığını söyledi. Dr. Shiva'nın verdiği konuşmadan gelen telifler örgütün gelirlerinin önemli bir kısmını oluşturuyor. RFSTE şirketlerden bağış kabul etmiyor.
3. Andrew Pollack, "Crop Scientists Say Biotechnology Seed Companies Are Thwarting Research", 19 Şubat 2009, *New York Times*, www.nytimes.com/2009/02/20/business/20crop.html.
4. Agy.
5. Ulrich Beck, *Risk Society: Towards a New Modernity*, çev. Mark Ritter (Londra: Sage Publications, 1992), 29.
6. Bkz. agy.

Kamuya Açık, Özel Erişim

David Horvitz

95

Location	Aptos, California
Coordinates	36°58′20″N 121°54′50″V
Established	1931[1]
Governing body	California Department of Park and Recreation
	Official website

History [edit]

The beach was originally home to the Ohlone people.[1] Spanish missionaries established the Mission Santa Cruz here. In 1821, when Mexico broke away from Spain the land was divided up into land grants.[2] The area of the beach was a par the Rancho Aptos grant to Rafael Castro in 1833.[3] Castro worked with Claus Spreckels to establis Castro-Spreckels wharf. The beach soon became a successful shipping port. The logging industry thrived here with the local redwood trees.

The port facilitated major trade with the Kingdom of Hawai'i. In 1838, King Kamehameha III request that Mexican vaqueros from California travel to Hawai'i to teach Hawaiians how to manage herds of cattle. Seacliff became a popular place to recruit vaqueros, who were known as paniolos by the Hawaiians.

In the 1850s, Thomas Fallon acquired part of beach and turned it into a resort. He named this new "New Brighton", in honor of his favorite seaside resort in England.

In the 1920s, after Claus Spreckels' death, sections of the beach were developed into the Seacliff and the Rio Del Mar Country Club.[4]

In 1930, the first California state grant for preserving land was granted for the beach and, in 1931, it became a state beach.

SS *Palo Alto*

The beach's most notable feature is the concrete ship SS *Palo Alto* lying at the end of a pier. The ship was hauled to Seacliff Beach in 1929 and sank and turned into an amusement center complete with a dance floor, cafe, pool, and carnival booths.[5] The Cal-Nevada Company constructed a dance floor on the main deck, a cafe in the superstructure of the ship, a 4-foot heated swimming pool and a series of carnival type concessions on the aft-deck. The Cal-Nevada Company went bankrupt after only two seasons and the ship was stripped. This left the pier and the ship used only for fishing.[6] It is now permanently closed to the public.

The fishing pier leading to SS Palo Alto at Seacliff State Beach.

Animal and plant life

The beach is home to many types of birds and marine life, including mussels, ocean worms, sea st sea anemones, barnacles, rock crabs, harbor seals, anglers, flounder, mackerel, halibut, lingcod, p cabezon, jacksmelt, steelhead, anchovy, bocaccio (tomcod), kingfish, dark seabirds, sea lions, dolphins, harbor seals, sea otters and whales. The Palo Alto serves as a main place for marine life.

Recreation

Seacliff includes RV facilities, picnic tables, and fire pits. It is also a popular place for surfing and fishing.

See also

- List of California state parks
- California State Beaches

of it serves as the main road through the gated community of Pebble Beach. Inside this community, nonresidents have to pay a toll to use the road.[1] Like the community, the majority of 17-Mile Drive is owned and operated by the Pebble Beach Corporation. The 17-Mile Drive is a 17-mile (27 km)-long scenic loop having five entrances, including one at California State Route 1 and one at Pacific Grove off Sunset Drive.

The Lone Cypress, a prominent landmark al road

Maintained by	Pebble Beach Company
From	Del Monte Blvd in Pacific G
Major junctions	SR 68 / Sunset Dr Carmel Way
To	SR 68 / SR 1

Contents [hide]

Route description [edit]

At the north end, a portion of the early route through Pacific Grove begins at the intersection of Del Monte Blvd and Esplanade Street. The famous portion of 17-Mile Drive then begins a few miles south of this point. The crossing of Highway 68 (Holman Highway/Sunset Drive) and 17-Mile Drive marks the entrance to Pebble Beach.

From the Sunset Drive/Pacific Grove gate, the drive runs inland past Spanish Bay, then adjacent to beaches and up into the coastal hills, providing s viewpoints. The route allows for self-directed travel and stopping, with frequent turnouts along th roadway in many locations along the route. Without stops, it takes a minimum of 20 minutes to Carmel. The numerous turnouts allow stopping to take pictures, or getting out to stroll along the among the trees. Visitors receive a map that points out some of the more scenic spots. In addit red-dashed line is marked in the center of the main road to guide visitors, and help prevent them venturing into the adjacent neighborhood streets.[2]

The turbulent coastline

The road provides vistas of golf courses including Spyglass Hill, Cypress Point and Pebble Beach. After reaching Carmel Way, and the exit to Carmel, the 17-Mile Drive then heads northeast Highway 68/Highway 1 interchange, where one can exit, or continue to loop along the highw

A view from Sunset Point on 17 Mile Drive

South Carlsbad State Beach

From Wikipedia, the free encyclopedia

Coordinates: 33°06′14″N 117°19′

South Carlsbad State Beach is a beach located in Carlsbad, California.

A view from South Carlsbad State Beach.

Known for being a place for swimming, surfing, skin diving, fishing, and picnicking, the campground, which is led by the stairway from the beach, is very popular during the summer.[1]

This beach is located immediately south of Carlsbad State Beach.

References [edit]

1. ^ South Carlsbad SB, accessed March 5, 2010

External links

- official **South Carlsbad State Beach** website

V·T·E **Protected areas of California** [sho

This California-related article is a stub. You can help Wikipedia by expanding it.

Categories: Beaches of Southern California | Parks in San Diego County, California | California State Beaches | Landforms of San Diego County, California | Carlsbad, California | California stubs

Border Field State Park

From Wikipedia, the free encyclopedia

Coordinates: 32°32′4″N 117°

Border Field State Park is a state park of California, USA, containing beach and coastal habitat on the Mexico – United States border. The park is located within the city limits of Imperial Beach in San Diego County, adjacent to the suburb of Playas de Tijuana in Mexico. It is the southwesternmost point of the contiguous United States and is also the southernmost point in the state of California.[1]

The Tijuana River National Estuarine Research Reserve contains much of Border Field State Park and is an important wildlife habitat. The salt and freshwater marshes give refuge to migrating waterfowl and resident wading birds, such as Black-necked Stilt, American Avocet, Green-winged Teal, American Wigeon and pelicans. The park offers hiking, horse trails, surf fishing and birding.[1]

The Treaty of Guadalupe Hidalgo was concluded on February 2, 1848, officially ending the war between the United States and Mexico. It provided that the new international border between the two countries be established by a joint United States and Mexican Boundary Survey. The commission began its survey at Border Field.[1]

Approximately 53,000 people visit the Tijuana River National Estuarine Research Reserve and Border Field State Park each year.[citation needed]

Small portions of the park often become flooded and are inaccessible to the public. New border fences have also taken small portions of the park away.

Border Field State Park

The Mexico – United States border at Border F State Park

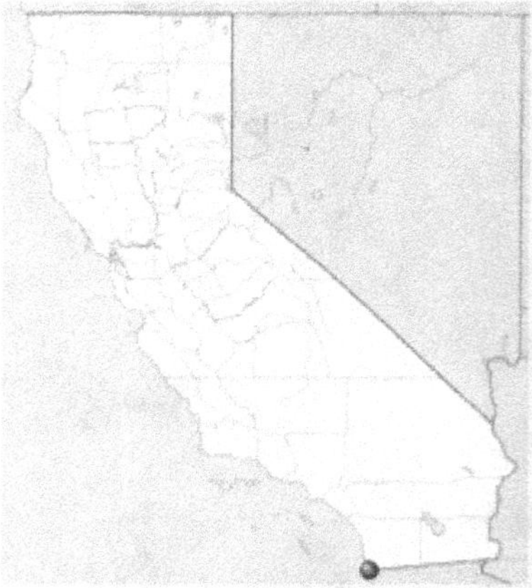

Location	San Diego County, California, USA
Nearest city	Imperial Beach, California
Coordinates	32°32′4″N 117°7′22″W
Area	1,316 acres (533 ha)
Established	1972
Governing body	California Department of Park and Recreation

Silver Strand (San Diego)

From Wikipedia, the free encyclopedia
(Redirected from Silver Strand State Beach)

Coordinates: 32.64660°N 117.1

Silver Strand, or simply **The Strand**, is a low, narrow, sandy isthmus 7 miles (11 km) long in San Diego County, California partially within the Silver Strand State Beach. It connects Coronado "Island" (actually not an island but the northern end of the Silver Strand) with Imperial Beach. Together with the Point Loma peninsula it shelters and defines San Diego Bay. State highway 75 runs the length of the strand and is a popular site for jogging and bicycling. The Silver Strand Half Marathon is run along the route each November.[1]

A view of the Pacific Ocean at Silver Strand Beach.

Silver Strand State Beach, which encompasses both the San Diego Bay and Pacific Ocean sides of the strand, is a little farther off the beaten path the highly popular beaches in Ocean Beach and Mission Beach, offering more solitude for those wi wish to get away from the beach crowds. The ocean side of the strand features 2.5 miles (4.0 km) coastline trimmed with silver shells (thus named Silver Strand).

Contents [hide]

Beach

The Silver Strand State Beach is just 4.5 miles (7.2 km) south of Coronado on California State Rou The beach offers many activities including camping, surfing, swimming, body boarding, jet skiing, sailing, and water skiing, as well as fishing and beach volleyball. [2] There are approximately 130 fi come, first serve campsites. Park facilities include four large parking lots, which can accommodate to 1,000 vehicles. This recreational destination features camping, fishing, swimming, surfing, boati water-skiing, volleyball, and picnicking are popular activities. Anglers can fish for perch, corbina, gr and yellow-fin croaker. [3]

Military Bases

The beaches north and south of the state beach are military property. North of it is Naval Amphibio Base Coronado and south of it is Silver Strand Training Complex. Much of the SEALs' training take place on the beaches.

References

1. ^ "Silver Strand Half Marathon & 5K". Retrieved March 7, 2013.
2. ^ California State Parks
3. ^ California Resort Life

External links

- official **Silver Strand State Beach** website

KAMUSAL ERİŞİM

Aralık 2010'un sonlarıyla Ocak 2011'in başları arasında, tüm California sahilini arabayla kat ettim. Yolculuk Meksika sınırında, Border Field State Park'ta başladı ve Oregon sınırındaki Pelican State plajında bitti. Araba yolculuğu Pasifik kıyısı otobanı diye de bilinen 1 numaralı California otobanının tamamını kapsadı. Yol boyunca elliden fazla kıyı noktasından Pasifik Okyanusu manzarası fotoğrafları çektim. Her fotoğrafta çerçevenin bir noktasında da ben duruyordum. Her seferinde sırtım kameraya dönüktü ve ben ufka bakarken görünüyordum.

Fotoğrafların her biri belirli kıyı noktaları hakkındaki Wikipedia maddelerine yüklendi. Burada, yazının başlığındaki Kamuya Açık ifadesi hem internetin kamuya açık doğasıyla (özellikle de Wikipedia'nın 2.0 doğasıyla) hem de kamu malı olarak California kıyıları fikriyle oynuyor. Zaten görsel barındıran Wikipedia maddelerine yeni fotoğraflar ekledim. Ama ücra köşelerde yer alan pek çok kıyı noktasında, benim yüklediğim fotoğraflar söz konusu maddelerin ilk görsel malzemeleri oldu. Bir örnekte, fotoğrafını çektiğim lokasyon için Wikipedia maddesini de sıfırdan ben yazmak durumunda kaldım. Bay Bridge yakınlarındaki Oakland'ın Radio Plajı için maddeyi ben açtım.

Her fotoğraf, internette mümkün olmayan bir tarzda bir bakışı betimliyor. Gözünü uzaklara diktiğin, ufka daldığın bir bakış. İnternette uzaklar yok. Gözünüzden sadece beş-on santim uzakta titreşip duran bir ekran görüşünüze aracılık ediyor. İnternet ayrıca çok uzakların asla uzakta olmadığı hayali bir mekân yaratıyor. Enformasyonun anında iletilebilmesi her yerin buradaymış gibi hissedilmesini sağlıyor. Özlenen sadece uzaklar değil, aynı zamanda varlığının tam olarak işgal edebileceği bir tam burası da eksik.

Projenin amacı bu lokasyonlar için bir tür meta-data gibi dolaşıma girebilecek bir dizi fotoğraf yaratmaktı. Fotoğraflar Wikipedia'da yayınlanacaktı, ama Wikipedia'nın dışında da dolaşıma girebilirlerdi, çünkü kullanımı serbest enformasyon olarak üretilmiş ve yerleştirilmişlerdi. Benim anonim bir halde ayakta duran ve uzaklara bakan görüntüm, bu hareket sayesinde oradan oraya taşınıp duracaktı. Bir fotoğraf için gereken kısacık anda varlığı yakalanan kimliği belirsiz o kişi olmak istiyordum.

Projenin aslında gerçek bir sonu yoktu ama bir başlangıcı vardı: Fotoğrafların yayınlandığı, onları harekete sokan adım. Bu hareketle gerçekleşen şey projeye yeniden dahil edilebilirdi. Gelecekte gerçekleşecek her bir sergi veya yayın ise kaçınılmaz olarak yeni faaliyet içerecekti.

Ben ilk fotoğrafları yükledikten sonra (Border Field State Park'tan San Francisco'ya) Wikipedia'nın arka planında tartışmalar patlak verdi. Wikipedia kullanıcıları aynı IP adresinin California plajları hakkındaki maddelere girişler yaptığını fark etmişti. Bir sonraki (San Francisco'dan Pelikan State Plajı'na uzanan) fotoğraf setini yüklerken çok sayıda kullanıcı adı yaratarak IP adresimi saklamaya çalıştım. Ancak, bir kez daha fark edildim ve kukla çorap oynatmakla suçlandım (yani kandırma amacıyla çok sayıda kullanıcı adı yaratmakla). Çok sayıda kullanıcı adı kullanmam, faaliyetlerimin izinin sürülememesini sağlamaya dönük bir girişimdi. Eğer bir kullanıcı (veya tek bir IP adresi) ortaya çıkarsa, tüm faaliyetleri birbirine bağlı bir şekilde ortaya serilecekti. Wikipedia kullanıcıları benim fotoğraflarımla ne yapacaklarını tartıştı ve ortada yanlış bir şey olup olmadığını tartmaya çalıştılar. Fotoğraflar bir şeyi ihlal ediyor muydu? Adı konmamış bir fotoğraf standardından sapma içeriyorlar mıydı?

En sevdiğim tepki bir Wikipedia kullanıcısının benim fotoğraflarımın aslında değerli bir amaca hizmet ettiğine karar verdiği zamandı. Bununla birlikte, tartışmaların ardından, bu kullanıcı en iyi seçeneğin fotoğraflardan benim görüntümü çıkartmak ve fotoğrafları bu şekilde tekrar yüklemek olacağına karar verdi. Kendi projemden çıkartılmıştım. Bir şeyi kamusala açmak bir kendini silmek jesti değil midir? Bu düzenlenmiş fotoğraflar projenin kalıntılarıydı. İzi olmayan bir iz.

İlk yazışmalardan kısa bir süre sonra, bir görsel hariç hepsi kaldırıldı. Kalan tek fotoğraf Wikipedia'ya yüklediğim ilk California görseli olan, Bodega Head'de çektiğim fotoğraftı; çıktığım yolculuktan bir süre önce, projeye bile henüz karar vermemişken çekilmişti. Bu tek fotoğraf Kamusal Erişim'in tohumu oldu. Başka bir zamanda gerçekleştirildiği için izi sürülemiyordu ve söz konusu faaliyetler toplamıyla ilişkilendirilemiyordu. Fark edilmemenin anahtarı mekân değil, zamandı. Benim başlangıçtaki düşüncem görüntünün içindeki mekânda, kenarlarda, ana konu olmayan yerlerde saklanabileceğimdi –mesela uzaklarda, gölgelerde veya çok kenarda– ya da kendi anonimliğimle saklanabileceğimi düşünmüştüm, yüzümü göremiyor olmanızla. Ancak tüm düzeltiler birlikte yapılınca, çeşitli California plajlarında aynı tipin ortaya çıkması gibisinden bir örüntü fark edilebilir oldu. Son zamanlarda fotoğrafları yeniden ama yavaş yavaş yüklemeye başladım. Mekânda saklanmak yerine zamanda saklanmaya çalışıyorum.

ÖZEL ERİŞİM

2012 güzünde Brooklyn'deki evimden Atlantik kıyısına birkaç yolculuk yaptım. Her bir yolculukta internette bulduğum emlak ve harita sitelerinden yardım alarak kıyıdaki lokasyonların bir haritasını çıkardım. Mekânların her biri, özel mülk olan, denize bakan yerlerdi: özel kulüpler, oteller, tek tek kişilere ait mülkler, gelişmekte olan araziler ve benzerleri. Her bir lokasyonda okyanus manzarası içeren bir fotoğraf çektim. Çerçevede durdum, sırtım kameraya dönük halde. Her bir fotoğrafta iki manzara vardı; görülebilen manzara (kameranın bakışı) ve benim durduğum yerden görülen manzara. Hem benim bulunduğum nokta hem de kameranın bulunduğu nokta özel mülk sınırları içindeydi. Bir anlamda, tam da bu noktada mümkün olan tam da bu manzaranın bir sahibi vardı.

Fakat fotoğraflar bu özel mülk manzaralarından ibaret değil. Her biri aynı zamanda bir başka olası bakış açısı. Her bir fotoğraf ayrıca bir sınır aşma ediminin kanıtı. Bu manzara bir yandan da bir sınır aşan kişinin gördüğü manzara. Bir çalıntı manzara.

Sonrasında bu fotoğraflardan bir seçki Wikipedia'ya, benim dikildiğim yerlerin West Bay Kıyısı, New York, Branford, Connecticut, Truro ve Massachusetts gibi genel başlıklara sahip sayfalarına yüklendi. Ayrıca "özel plaj" (bu da daha sonra "plaj" adlı tek bir maddede toplandı) ve "özel mülk" gibi sayfalara da yüklendiler. Bir anlamda, bu kişiye ait manzaralar alındı ve kamusal alana -dijital mütereklerin kamusal alanına- geri yerleştirildi.

narrow, one-way road to the bridge site. The falsework, built by crews led by E.C. Panton, the gen superintendent, and I.O. Jahlstrom, resident engineer of Ward Engineering Co., was difficult to rais because it was constantly exposed to high winds. Some of the falsework timbers were 10 by 10 fe (3.0 m × 3.0 m).[8] It took two months to construct the falsework alone. When high waves threaten falsework foundation, construction was halted for a short time until winter storms abated.[6]

The crews excavated 4,700 cubic yards (3,600 m^3) of earth and rock, and consumed 45,000 sack cement.[9] Eight hundred twenty-five trucks brought in 6,600 cubic yards (5,000 m^3) cubic yards of concrete and 600,000 pounds of reinforcing steel.[9] Sand and gravel was supplied from a plant in Sur.

Crews began pouring concrete on November 27. The cement was transported from Davenport near Cruz, and from San Andreas.[6] Material was transported across the canyon from platforms using suspended from a cable 300 feet (91 m) above the creek. The bridge was completed on October 1 1932.[10] At its completion, the bridge cost $199,861 and was the longest concrete arch span at 32 98 m) on the California State Highway System.[7]

Opening and dedication

In 1937, after 18 years of construction and aided by New Deal funds and the use of convict labor, paved two-lane road now known as Highway 1 was completed.[11]

Seismic retrofitting

The bridge was retrofitted beginning in 1996 with an analysis by bridge engineering company Buckland & Taylor as part of the Caltrans Phase II seismic retrofit program.[12] In their detailed evaluation of the bridge's seismic vulnerabilities, they were challenged to find a solution that met several difficult challenges, including severe load factors, extremely limited physical access, maintaining the appearance of the existing historical structure, and a requirement by the State of California that at least one lane of the bridge remain open at all times. The crux of the design was the longitudinal posttensioning of the entire bridge deck from end to end.[13]

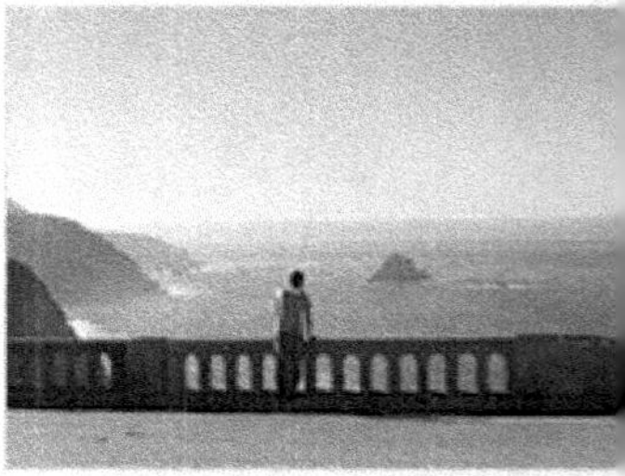

A view of the Pacific Ocean from the bridge.

The $20 million seismic retrofit began in May, 1998. The cost of the retrofit was considerably incre by the requirement to preserve the historical look of the bridge.[3] Prime contractor Vahani Constru of San Francisco was assisted by Faye Bernstein & Associates and Waldron Engineering. To sup the abutments, engineers put in place a floating slab, continuous with the deck, keyed into a mass pile cap with six 72 inches (1,800 mm) diameter cast-in-drilled-hole (CIDH) piles behind each abutm To support the towers, engineers designed a full height structural wall that was integrated within ea the two existing towers. During the retrofit, they removed the top portion of the towers, including th roadway, and replaced them with a prestressed diaphragm that anchors the full height of the vertic tower. The diaphragm simultaneously distributes the vertical prestressing forces uniformly to the n concrete structural wall and the existing tower's concrete.[14]

The deck, which curves from one end to the other, was reinforced by adding heavily confined edge beams encasing high strength steel along the inside face of the exterior longitudinal girders underm These rods extended from one end of the roadway to the other. The reinforced edge beams ensure continuity across the many expansion joints and help distribute the bending strains due to lateral flexure.[14] In addition to the reinforced edge beam, four large prestressing tendons were installed t length of the bridge along the underside of the deck slab. These tendons are stressed to pre-comp

BIXBY CRK
1932

Fairfield Beach (Fairfield)

From Wikipedia, the free encyclopedia

Coordinates: 41.1218°N 73

Fairfield Beach is a neighborhood of Fairfield, Connecticut.

A view of the Long Island Sound from Fairfield Beach.

Contents [hide]

Location [edit]

Fairfield Beach is located to the south of downtown Fairfield, and the neighborhood extends south from Old Post Road to the Long Island Sounc neighborhood originally held a variety of income levels, with small family farms such as the Hauser farm on the corner of Reef Road and Charles Street on one end of the spectrum, an small summer cottages on the beach at the other. While only a few families lived there year in the early and mid-twentieth century, including the Barry, Flanagan, Hauser, Leverit and L families, the neighborhood began growing in popularity for year-round residents throughout t 1970s and 1980s.

Throughout the 1960s and 1970s the neighborhood was also known for its beach bars, inclu the "Beachside" across from Penfield Beach, and "Flanagan's" on the corner of Reef and F Beach Road. Before Reef Road was widened, the corner of Reef and Fairfield Beach Road home to several small stores, including "Danny's" and a fish-and-chips shop owned by May Benson, called "Maynard's Reef." Flanagan's was originally owned by "Chippy" Flanagan bu became the "Nautilus" under new ownership, and continued under this name until the 1980s the bar was bought, renamed the "Seagrape," and remodeled to attract the student crowd fr Fairfield University.

Following the overwhelming onslaught of student renters from Fairfield University in the 197 and the aggressive expansion of the Seagrape's owners in the 1980s and 1990s, many origi residents of the neighborhood fled, driven out by the noise and overcrowding.

The neighborhood has more recently again become popular with year-round residents due to close proximity to the Long Island Sound beaches to the south and the downtown area with train station to the north. A recent surge in the neighborhood's popularity has led to a buildin boom as many of the smaller old homes have been torn down and replaced with the larger n homes. Many of the newer homes have been constructed in a distinctive architectural style known as "Nantucket" or "beach" style. [1]

Residents of the neighborhood are represented by several neighborhood organizations, inclu the Fairfield Beach Residents Association, which represents the entire beach area, and the Acres Association, which represents residents residing within the blocks between Rowland and Penfield Road.

Traditionally, many Fairfield University students have lived in the neighborhood, and althoug numbers have decreased in recent years as property values and rents have increased, there continues to be a significant student presence, leading to occasional conflict between stude and permanent residents. [citation needed]

Read Edit View history Search

te property

edia, the free encyclopedia

operty is the ownership of property by non-
tal legal entities.[1] Private property is
able from public property which is owned by a
tal entity and collective property, which is
a group of non-governmental entities [2]
of collective property can be indeterminable,
a not-for-profit "private" university, or
le, such as in a legal partnership.

Privately owned coastal property in Conne
under development.

Contents [hide]

section requires expansion.
mber 2011)

nic perspectives

section requires expansion.
uary 2013)

perspectives

iberals (defined as those who support a private sector-driven market economy) consid
perty to be essential for the construction of a prosperous society. They believe private
of land ensures the land will be put to productive use and its value protected by the
If the owners must pay property taxes, this forces the owners to maintain a productive
nd to keep taxes current. Private property also attaches a monetary value to land, whic
trade or as collateral. Private property thus is an important part of capitalization within

immodest. This social standard still prevails in many Muslim countries. At the other end of the spectrum are topfree beaches and nude beaches where clothing is optional or not allowed. In most countries social norms are significantly different on a beach in hot weather, compared to adjacent areas where similar behaviour might not be tolerated and might even be prosecuted.

Playing in the surf is a favourite activity for many people. Porto Covo, west coa Portugal

In more than thirty countries in Europe, South Africa, New Zealand, Canada, Costa Rica, South America and the Caribbean, the best recreational beaches are awarded Blue Flag status, based on such criteria as water quality and safety provision. Subsequent loss of this status can have a severe effect on tourism revenues.

Beaches are often dumping grounds for waste and litter, necessitating the use of beach clea and other cleanup projects. More significantly, many beaches are a discharge zone for untre sewage in most underdeveloped countries; even in developed countries beach closure is an occasional circumstance due to sanitary sewer overflow. In these cases of marine discharge waterborne disease from fecal pathogens and contamination of certain marine species is a frequent outcome.

Artificial beaches

Some beaches are artificial; they are either permanent or temporary (For examples see Mon Paris, Copenhagen, Rotterdam, Nottingham, Toronto, Hong Kong, Singapore, and Tianjin).

The soothing qualities of a beach and the pleasant environment offered to the beachgoer are replicated in artificial beaches, such as "beach style" pools with zero-depth entry and wave p that recreate the natural waves pounding upon a beach. In a zero-depth entry pool, the botto surface slopes gradually from above water down to depth. Another approach involves so-call urban beaches, a form of public park becoming common in large cities. Urban beaches atte mimic natural beaches with fountains that imitate surf and mask city noises, and in some ca can be used as a play park.

Beach nourishment involves pumping sand onto beaches to improve their health. Beach nourishment is common for major beach cities around the world; however the beaches that h been nourished can still appear quite natural and often many visitors are unaware of the work undertaken to support the health of the beach. Such beaches are often not recognized (by consumers) as artificial. The Surfrider Foundation has debated the merits of artificial reefs wi members torn between their desire to support natural coastal environments and opportunities enhance the quality of surfing waves. Similar debates surround beach nourishment and snow cannon in sensitive environments.

Restrictions on access [edit]

Public access to beaches is restricted in some parts of the world.[3][4] For example, most beaches on the Jersey Shore are restricted to people who can purchase beach tags.[5]

A private beach on Cape Cod.

See also [edit]

- Beach cleaner
- Beach evolution
- Coast
- List of beaches
- Sand art and play

END OF PUBLIC BEACH

Thing 001895 (kâğıt oynamak)

Agency

Kral IV. Edward, 1463 yılında, yerel üretimi desteklemek için İngiltere'ye iskambil kâğıdı ithalatını yasakladı. 13 Temmuz 1576'da Kraliçe I. Elizabeth bir imtiyaznameyle Ralph Bowes beyefendiye on iki yıllığına iskambil kâğıdı üretip satma ya da başkalarına satış lisansı verme tekelini bahşetti. İskambil kâğıtları o zamanlar kitaplar için geliştirilen baskı resim tekniğiyle üretiliyordu. I. Elizabeth 1588'de tekeli on iki yıllığına yeniledi. 11 Ağustos 1598'de, ilk patent sahibinin ölümünün ardından da patenti yıllık 100 sterlin icar karşılığında yirmi bir yıllığına danışmanı Edward Darcy'ye devretti.

1600 yılında Londralı bir tuhafiyeci olan Thomas Allin, mührü kullanmak ya da ruhsat için Darcy'ye herhangi bir ödeme yapmaksızın 25.920 deste iskambil kâğıdı sattı.

Darcy, izni olmadan Westminster'da 14.400 deste kâğıdı ithal ettiği ve 11.520 deste kâğıdı da ürettiği iddiasıyla Allin'i dava etti. 1602'de King's Bench mahkemesinde Darcy ile Allin'in davası görüldü.

Avukat Coke, Darcy'yi şöyle savundu:

"[...] Edward Darcy, Kraliçe Elizabeth'in sarayından bir beyefendi olarak, [...] beyan etmiştir ki, Kraliçe Elizabeth tebaasından kocalık görevlerini yerine getirebilen erkeklerin kendilerini bu göreve vermelerini, zaten krallığımızda kadim bir meslek olmayan iskambil kâğıdı üretimiyle meşgul olmamalarını ister ve bu kadar çok sayıda iskambil kâğıdının üretilmesiyle, kâğıt oyunları çok sıklaşmıştır, özellikle de hizmetçiler ve çıraklar ve yoksul zanaatkârlar arasında ve tebaasının daha sadık ve gerekli işlerle meşgul olması için, Büyük Mühür altında patent evrakıyla beyefendi Ralph Bowes'a kendi başına, çalışanları, temsilcileri ve vekilleri tarafından Deniz'in ötesindeki tüm bölgelerden dilediği tüm iskambil kâğıtlarını satın alma ve temin etme ve onları bu krallığa getirme, burada onları satma ve basması için tam yetki, lisans ve otorite vermiştir; çalışanları, temsilcileri ve vekilleri tüm iskambil kâğıtlarının ticareti, trafiği ve alım satımından yararlanmalıdır [...] Ve daha sonra Kraliçe [...], Ralph Bowles'a daha önce verilen imtiyazları içeren patent evrakıyla, davacıya [Edward Darcy], vasilerine, yöneticilerine ve onların vekillerine önceki zamanın bitişinden sonra Kraliçe'ye yılda yüz mark ödemesi koşuluyla yirmi bir yıl aynı ayrıcalık, otorite ve söylenen ilkeleri sağlayarak, ona kâğıtların damgalanması için bir mühür sağladı. Ayrıca şunu bildirdi [...] [Darcy'nin] patent evrakında söz konusu imtiyaz ve yasaktan haberdar olan [Allin] Kraliçe'nin ya da [Darcy'nin] lisansı olmadan Westminster'da 11.520 iskambil kâğıdının üretilmesini sağladı, ayrıca çoğu krallık içinde üretilen diğer 14.400 iskambil kâğıdı krallığa [Darcy] ya da onun çalışanları, vekil-

leri ve temsilcileri tarafından mührüyle damgalanmadan getirildi; krallık içinde ithalat yapıp bunları kim olduğu bilinmeyen muhtelif kişilere sattı, piyasaya sürdü [Darcy'nin] oyun kartlarını piyasaya süremedikleri için bazılarını sergiledi. 'Contra formam praedict' literar' patentium, et in contemptum dictae Dominae Reginae' [Adı geçen patent evrakına ters düşerek ve bahsi geçen Leydi Kraliçe'ye saygısızlıkla] [...]"[1]

Avukat Fuller, Allin'i savundu:

"[...] [Allin] yetmiş iki deste kâğıt hariç suçlu olmadığını savundu ve yine bu bağlamda, Londra şehrinin köklü bir geçmişi olduğu savunmasını yaptı ve söz konusu şehirde, kökeni uzak geçmişe dayanan bir tuhafiyeciler topluluğu mevcuttu ve söz konusu şehirde bir gelenek vardı, 'Quod quaelibet persona de societate illa, usus fuit et consuevit emere vendere, et libere merchandizare omnem rem et omnes res merchandizabiles infra hoc regnum Angliae de quocunque, vel quibuscunque personis' [Bu topluluktaki her bir kişi İngiltere Krallığı içinde her türden ticari değere sahip mülkü her kimden ya da kimlerden vs. olursa satın almaya, satmaya ve özgürce ticaretini yapmaya alışmıştır] dedi. Ve 'civis et liber homo de civitate et societate illa' [şehrin ve bu toplumun bir vatandaşı ve özgür bir adam] olduğu savunmasını yaptı ve [Darcy'nin] hukuken itiraz ettiği krallık içinde üretilen söz konusu yetmiş iki deste iskambil kâğıdını yasal olarak sattığını savundu. [...] Şimdi, bu yüzden, sizlere yargıçların bugüne dek tekel patentlerine nasıl izin verdiğini göstereceğim, yani herhangi biri kendi sorumluluğu ya da kendi endüstrisi ya da kendi fikri ya da icadı ile daha önce alışılmamış olan bir işin ilerlemesi ve krallığın menfaatini hedefleyerek krallığa getirdiği durumlarda; bu gibi durumlarda Kral makul bir süre için o kişiye, onun bu icadıyla halka sağlayacağı faydayı göz önünde bulundurarak ta ki tebaa aynı şeyi öğrenene dek, tekel patenti sağlayabilir, aksi halde değil."[2]

Öte yandan Yargıç Popham şunu sordu:

"[...] [Darcy'ye] krallık içinde kendi başına iskambil kâğıdı üretmek için verilen söz konusu ruhsat iyi miydi değil mi? [...] 1. Söz konusu iskambil kâğıtları herhangi bir ticari mamul ya da herhangi bir gerekli kullanıma yönelik ticaretle ilgili bir şey değil de, boş şeyler, vakit harcama fırsatı, malvarlığını ve pek çok insanın rızkını harcama aracı, hizmetin ve hizmetçilerinin işinin kaybının nedeni, azap ve acının anası olan arzu nedeni olduğundan ve bu yüzden ('Parens patriae, paterfamilias totius regni' [ülkenin ebeveyni ve tüm krallığın aile reisi] olan Kraliçe'ye ait olduğundan), ciddi miktarda suiistimalini ve ölçülü ve uygun kullanımını düzenlemek için. 2. Eğlence ve keyif konularında Kraliçe'ye yasalar tarafından, ona uygun göründüğü şekilde ölçülü kullanımını düzenlemek için verilen bir imtiyaz vardır. 3. Ciddi miktarda suiistimallerini göz önünde bulundurarak ve tebaanın bunlar vasıtasıyla kandırılmasını önlemek için Kraliçe onları tümden yasaklayabilir ve sonuç olarak kimseye zarar gelmeden, onları dilediği gibi düzenleyip göz yumabilir. Ve Kral'a eğlence ve keyif konularında bu imtiyazları sağlayan hukukun gerekçesi şudur ki, erkeklerin büyük çoğunluğu bu konuda ifrata kaçma eğilimindedir. Ve bu temeller üzerine farklı vakalar oturtuldu. Tebaadan hiç kimse Kral'ın rızası ya da lisansı olmadan kendi toprağı içinde bir park, av alanı ya da av hayvanı üretim sahası yapamaz ve eğer bunu kendi kafasından

1 Darcy ile Allin'ın davası.

2 Darcy ile Allin'ın davası.

bir 'quo warranto' olarak yaparsa, buna Kral tarafından el koyulur [...]. Kral başka birine Londra köprüsü ile Oxford arasındaki tüm vahşi kuğular [için bir lisans] vermiştir [...]"[3]

Diğer taraftan Yargıç Popham sordu:

"[...] Yabancı kâğıtların özel ithalatı için [Darcy'ye] verilen lisans ya da özel izin hukuken uygun mudur değil midir? Yasak göz önünde bulundurulmadı, çünkü ortada umumi hukukun diyeceğinden fazla bir durum yoktu, dahası böyle özel bir gelenek olduğu gerekçe olarak gösterilmemeliydi, çünkü 'quae de jure communi omnibus concendur, consuetudo alicujus patriae vel loci non est alleganda' [Umumi hukukun herkese sağladığı şeylerde, herhangi bir bölgenin ya da yerin geleneği gerekçe olarak gösterilemez] ve bu noktada anlaşıldı. [...] [Darcy'ye] krallık içinde, tek başına iskambil kâğıdı üretmesi için verilen söz konusu imtiyaz geçersizdi; bunun da iki nedeni vardı. Söz konusu durum tekeldi ve umumi hukuka aykırıydı. Yani parlamentonun farklı yasalarına aykırı. [...]"[4]

(Yargıç) ilk olarak dört vaka için umumi hukuka aykırı olduğunu belirtti:

"[...] 1. Aylaklıktan (imparatorluğun kötülüğü) kaçınan ve erkekleri ve gençlerin kendilerini ve ailelerini idare etmek ve gelirlerini artırmak için emek vermelerini sağlayan ve imparatorluk için gereği kârlı ise Kraliçe'ye hizmet etmeleri için mevcut olan, mekanik olanlar ve diğer tüm ticaretler ve bu yüzden [Darcy'ye] verilen tek başına üretim imtiyazı umumi hukuka ve dahası tebaanın çıkarı ve özgürlüğüne aykırıdır ve 'Fortescure in laudibus Legum Angliae' [İngiltere'nin başyargıcı] ile hemfikirdir. Ve bu mahkemede Davenant ve Hurdis arasındaki anlaşmazlıkla ilgili bir dava görüldü, birliğin daha iyi idaresi ve yönetimi için sözleşme vasıtasıyla yönetmelik yapma gücü bulunan Londra'daki tüccar terziler birliği bir yönetmelik çıkararak, aynı topluluğun ahisi olmayan, terzilik işini icra eden bir terziye elbise diktirenlerin, diktirdiklerinin yarısını söz konusu topluluğun ahilerinden birine diktirmesini ya da ceza olarak on shilling ödemesini ve şu karara varıldı ki yönetmelik bir sözleşme gibi görünüyor olsa da, bunun umumi hukuka aykırı olduğuna, zira bu durum vatandaşın özgürlüğüne aykırıdır, çünkü her vatandaşa yasa ile giysilerini hangi terziye isterse ona diktirme hakkı verilmiştir ve bu hak belli kişilerle kısıtlanamaz, çünkü bu sonuçta tekeli doğurur ve bu yüzden sözleşme rengi taşıyan böyle bir yönetmelik geçersizdir. [...]

[...] 2. Herhangi bir mekanik yapıtın tek başına ticareti ya da herhangi başka bir tekel, yalnızca aynı ticareti icra edenlere verilen bir zarar ve hasar değil, ayrıca diğer tüm tebaaya da verilen bir zarar ve önyargıdır, zira tüm bu tekellerin amacı patent sahiplerinin şahsi kazançlarıdır ve her ne kadar onları hafifletecek koşullar ve uyarılar eklenebilecek olsa da, 'res profecto stulta est nequitiae modus' [Kötülüğü hafifletmek faydasız bir şeydir]; fesatlık ve kötülükte herhangi bir ölçü olduğunu sanmak aptallıktan başka bir şey değildir. Ve bu yüzden imparatorluğa karşı her tekelde birbirinden ayrılmaz üç durum bulunur. [a] Söz konusu metanın fiyatı yükselir, zira bir metayı tek başına satabilen kişi fiyatı istediği gibi belirler. Ve bu tekel sözcüğü, 'Cum unus soluş aliquod genus mercaturae universum emit, pretium ad suum libitum statuens' [Tek bir kişi her tür ticaretin tamamını satın aldığında ve fiyatı keyfine göre belirlediğinde buna tekel denir]. Ve şair şöyle demiştir, 'Omnia Castor emit, sic

3 Darcy ile Allin'ın davası.

4 Darcy ile Allin'ın davası.

fit ut omnia vendat' [Castor her şeyi satın alır ki her şeyi satabilsin]. Ve 'Ad quod damnum'un emriyle ortaya çıktı [Şerifi böyle bir Kraliyet Sözleşmesi bir fuara verilecek olsa ne zarar olduğunu belirlemesi için yönlendiren buyruk]. Kral'dan gelen her armağan ve imtiyaz, ya açıkça ifade edilmiş ya da üstü kapalı şekilde eklenmiş olarak, şu koşula tabidir: 'Illa quod patria per donationem illam magis solito non oneretur seu gravetur' [Ülkenin bu bağış vesilesiyle olduğundan daha fazla yükle yüklenmemesi ve üzülmemesi]. Ve bu yüzden öznenin yakınması ve hasarı ile verilen her imtiyaz geçersizdir. [b] Tekele ilişkin ikinci durum şudur ki, tekel sağlandıktan sonra, meta önceki kadar iyi ve satılabilir olmaz; zira ticarete tek başına sahip olan patent sahibi kamusal zenginliği değil kendi zenginliğini göz önünde bulundurmuştur. [c] Bu aynı husus, daha önce sanatları ve ticaretleri içinde ellerinin emeği vasıtasıyla kendilerine ve ailelerine bakan, ancak şimdi zorunluluktan aylaklık ve dilencilik yapmakla yetinen farklı üreticilerin ve diğerlerinin yoksullaşmasına yol açtı; 'vide Fortescue ubi supra' [yukarıdaki kısımda]. Ve bu noktada umumi hukuk tanrının yasasının adaletiyle hemfikirdir, [...] 'Non accipies loco pignoris inferiorem et superiorem molam, quia animam suam apposuit tibi' [Alt ve üst değirmen taşlarını rehin olarak alma, çünkü bu onun canını alır]; gereken ve üst değirmen taşlarını rehin almamalısın, çünkü onun hayatıdır bu; bu şekilde her adamın ticaretinin yaşamını sürdürdüğü görülür, ve bu yüzden canından edilmediği gibi ondan mahrum edilmemelidir. Ve bu medeni hukukla uyum içindedir; 'Apud Justinianum monopolia non esse intromittenda, quoniam non ad commodum reipublicae sed ad labem detrimentaque pertinent. Monopolia interdixerunt leges civiles, cap. De Monopoliis lege Unica. Zeno imperator statuit, ut exercentes monopolia bonis omnibüs spoliarentur. Adjecit Zeno, ipsa rescriptia imperialia non esse audienda, si cuiquam monopolia concedant' [Justinian'da okuruz ki, tekellere bulaşmamak gerekir, çünkü onlar müşterek mutluluğa değil onun harap olmasına ve zararına yol açar. Medeni kanunlar tekelleri yasaklar: Tekel kısmında, aynı yasa. İmparator Zeno tekel uygulayanların tüm mallarından yoksun bırakılmalarını emretti. Zeno, eğer birine tekel sağlıyorsa, imparatorluk fermanlarının bile kabul edilmeyeceğini ekledi]. [...]

[...] 3. Kraliçe sağladığı imtiyaz konusunda kandırılmıştır, zira gerekçede görüldüğü gibi Kraliçe söz konusu durumun kamusal zenginlik için olmasını kastetmiş, ama imtiyaz patent sahibinin kişisel iyiliği için kullanılacak [ve kamusal zenginliğin zararına]. Ayrıca Kraliçe istismarın ortadan kaldırılmasını kastetmiştir, ancak patent sahibinin kişisel kârı için istismar artacaktır ve bu yüzden [...] kent kontu davasında, bu imtiyazın ' jure Regia' [Kraliyet hakkı ile] geçersiz olduğu söylenmiştir. [...]

[...] 4. Bu imtiyaz emsalsizdir, zira bu seferden önce [patent evrakı vasıtasıyla] İngiltere'nin büyük mührü altında böyle bir şey görülmemiştir ve bu yüzden hem tehlikeli hem de hukuk gücüyle emsali ya da mantığı olmayan bir yeniliktir. Ve [Darcy'ye] sağlanan bu imtiyazın yirmi bir yıl için yapıldığı, nitekim vasileri, yöneticileri, karısı ya da çocuklarının ya da ticaret ve sanatta uzman olmayan başkalarının bu tekele sahip olacağı görülmüştür. Beyefendi ve Kraliçe'nin özel sarayının danışmanı olan Edward Darcy'nin kâğıt üretimini içeren bu mekanik işte bir becerisi olduğu kastedilemez, dahası ona verilen patentin geçersiz olduğu söylenmiştir, zira zanaat ve beceriye sahip başkalarının kâğıt üretmelerini yasaklayıp yalnız

bir becerisi olmayan ona izin vermek patenti tümden geçersiz kılar [...]. Ve imtiyaz vekillerini de kapsayacak şekilde genişlese bile ve şöyle de denebilirse, o uzman olan vekiller atayabilir; imtiyaz sahibinin kendisi uzman değilse ve imtiyaz onun için geçersizse, kendi alanını doldurmak için vekil atayamaz 'quia quod per me non possum, nec per alium' [çünkü kendi başıma yapamadığımı başkası vasıtasıyla yapamam]. Ve söylendiği gibi, iskambil oynamanın beyhude bir uğraş olması konusunda da, istismar edilmesi durumunda bu doğrudur, oysa kâğıtları üretmek keyif değil emek ve acıdır. Ve kimsenin Kral'ın lisansı olmadan park, av alanı ya da av hayvanı üretim sahası yapamadığı doğruysa da, zira bu 'quodam modo' [belli bir şekilde] 'ferae naturae, et nulius in bonis' [vahşi tabiatlı ve kimsenin mülkü olmayan] olanları kendine mal etmek ve onları doğal özgürlüklerinden soyutlamaktır, bu da kralın lisansı olmadan yapılamaz; ancak vakit geçirme, keyif ve eğlence için olan gezgincilik, avlanma vs.... lisans gerektirmez, herkes kendi toprağında kısıtlama olmadan dilediği gibi bunları kullanabilir, parlamentoda değilse, yasalarda belirtildiği gibi [...]. Ve [Kral] Edward'ın söz konusu yasasının gerekçesinde açıktır ki yabancı kâğıtların getirilmesi meslekleriyle geçim sağlayamayan yoksul kâğıt üreticilerinin şikâyetleri üzerine yasaklanmış, gerekçede belirtildiği gibi, yabancı kâğıtlar içeri sokulursa: Söz konusu eylemin iskambil kâğıdı üretiminin devamlılığı için, hem de çeşitli ailelerin emek ve zanaatları ile hayatta kalmalarını sağlamak için çare olduğu görülmektedir. [...] Ve bu yüzden Kraliçe'nin krallık içinde, keyif, eğlence ve vakit geçirme amaçlı olsalar da zarların, çanakların, topların, şahin başlıklarının, çanların, doğan tuzaklarının, köpek tasmalarının ve buna benzer başka şeylerin üretimini engelleyemeyeceği gibi kâğıt üretimini de engelleyemeyeceğine ve parlamento tarafından yasaklanmazsa yasaklanamayacağına, ne de parlamento dışında bir ticaretin bir adama sınırlandırılamayacağına karar verildi. [...] Ve zar ve kâğıt oynamak umumi hukuk tarafından yasaklanmamıştır, [...] 'malum in se' [kendi içinde kötü] değildir, öyle olsa Kraliçe bunun yapılmasına tahammül etmez ya da lisans vermezdi. Ve Kral III. Edward saltanatının 39 yılında avcılık ve topçuluğu emretmiş ve (taşların ve barların yontulmasını) ve el ve ayak toplarını, horoz dövüşü ve 'alios ludos vanos'u [ve diğer faydasız oyunlar] yasaklamışken [...]"[5]

İkincisi bir tekelin parlamentonun farklı yasalarla çeliştiğini belirtti:

"[...] Tüm satılabilir şeyleri kapsayacak şekilde genişleyen ticaret ve trafik özgürlüğünün gelişmesi için, aksi yönde verilen herhangi bir imtiyaz ve ruhsata ya da kullanım ya da gelenek ya da bu yönde verilen karara bağlı olmaksızın, imtiyazlar için aynı parlamento tarafından geçersiz ya da etkisiz olduğuna ve psikoposların, baronların ve krallıktan hibe alanların isteğiyle avamlar ezilerek verildiğine hükmedildiğinden. [...] Ve dahası bununla birlikte, aksi yönde herhangi bir mevzuat, imtiyaz, patent evrakı, beyanname, emir, teamül, izin ya da karar hazırlanması durumunda, söz konusu kararın III. Edward tarafından 'vide Magna' tamamen geçersiz olacağı ifade edilmiştir [...]

[...] Karara varıldı ki, malların yegâne ithalat ve pazarlama hakkı için özel izin ya da lisansa sahip olmak (herhangi bir kısıtlama ya da ölçü olmaksızın) Kral III. Edward'ın söz konusu yasasından bağımsız olarak tümden hukuka aykırıdır: Zira popüler olan bir şeyi ceza ile yasaklayan ya da yalnızca Kral'a veren

---

5 Darcy ile Allin'ın davası.

bir parlamento yasasının, kişi, yer, zaman vs. düşünüldüğünde farklı kişiler için uygunsuz olması gibi doğrudur. Ve bu sebepten hukuk Kral'a tek tek kişiler arasında ayrım yapma hakkını verir; 'Dispensatio mali prohibiti est de jure Domino Regi concessa, propter imposibilitat' praeviden' de omnibus particular', et dispensatio est mali prohib' provida relaxatio, utilitate ser necessitate pensata' [Yanlış olan şeylerden yasaklama (başka bir deyişle yasama) yoluyla feragat etmek, her bir tekil durum üzerine karar vermenin olanaksızlığı sebebiyle, haklı olarak krala bahşedilmiştir ve bir feragat yasaklanan yanlışın salıverilmesi ya da bir gereklilik ölçütüdür]. Ancak parlamentonun bilgeliği 'pro bono publico' [kamusal yarar için] pek çok yabancı üreticisinin içeri alınmasını kısıtlayan bir yasa yapmıştır, krallığın tebaasının söz konusu üretimi kendilerinin yapması vs. ve bu şekilde kendilerini ve ailelerini kendi ele emeği sayesinde geçindirmesi niyetiyle. Şimdi, tümünün ithalatını özel bir kazanç için birine ya da ya da bazılarına (sınır olmaksızın) tahsis etmek, söz konusu yasadan bağımsız olarak umumi hukuka aykırı ve aynı yasanın hedefi ve kapsamına aykırı bir tekeldir; çünkü bu durum, arzuları sonucu yasanın yapıldığı krallık içindeki yoksul kâğıt üreticilerinin emeklerini korumak ve yükseltmek için değildir, bunun yerine onların ticareti ve emeklerini tümden ellerinden alıp yıkmak ve bunu herhangi bir gereklilik ya da aksi halde ortaya çıkacak uygunsuzluk olmadan, tersine söylendiği üzere özel bir adamın, onun vasileri ve vekillerinin çıkarı doğrultusunda, onun şahsi metası ve krallığın zararı doğrultusunda yapmaktır. Ve Kral III. Edward patent evrakı ile John Peche'e Londra'ya tek tatlı şarap ithalini bahşetmiş ve parlamento bu imtiyazı geçersiz kılmıştır [...]. Ayrıca, böyle bir imtiyaz ya da özel iznin iyi olması kabul edilmiş olsun, ancak [Darcy] yabancı kâğıtları içeri sokanlara... Ve karar verildi 'quod querens nihil caperet per billam' ["Davacı eli boş döner"]

Mahkeme karar verdi:

"[...] 'quod privilegia quae re vera sunt in praejudicium reipublicae, magis tamen speciosa habent frontispicia, et boni publici praetextum, quam bonae et legales concessiones, sed praetextu liciti non debet admitti illicitium' [Hakikatte müşterek zenginliğin zararına olan ayrıcalıklar iyi ve yasal imtiyazlardan daha aldatıcı görünüşlere ve kamu yararı bahanesine sahiptir; ancak hukuka aykırı bir şey hukuki olma bahanesiyle kabul edilemez]. [...]"[6]

Mahkeme Allin lehine Kraliçe'nin imtiyazının geçersiz olduğuna karar verdi. Kendisine tekel verilen Darcy kâğıt yapımı hakkında pek az şey biliyordu. Yargıç Poham tekellerin umumi hukuka ve geleneklere aykırı olduğuna hükmetti, çünkü bunlar belli bir zanaat ya da ticarette becerileri olan kişilerin icrasının önüne geçebilirdi. Popham aynı zamanda istisnai koşullarda "fikir ya da icadın" krallığa fayda getireceği durumlarda tekel ayrıcalığının verilebileceğini destekledi. Başka bir deyişle, Darcy ile Allin davası sırasında *know-how* kavramının somutlaşmasına şahit olundu. Bu mahkeme kararının ardından, parlamento hükümdarın patent verme yetkisini kısıtlamak için girişimlerde bulundu. 1624'te bu davadan geriye kalanlar Tekel Nizamnamesi yasasıyla sonuçlandı. Bu nizamname, avukat Fuller'in bir mülk olarak "fikir ya da icat" savını yankılar şekilde, entelektüel çabaları korumak için olanlar dışında kraliçenin verdiği tüm patentleri feshetti.

---

6 Darcy ile Allin'ın davası.

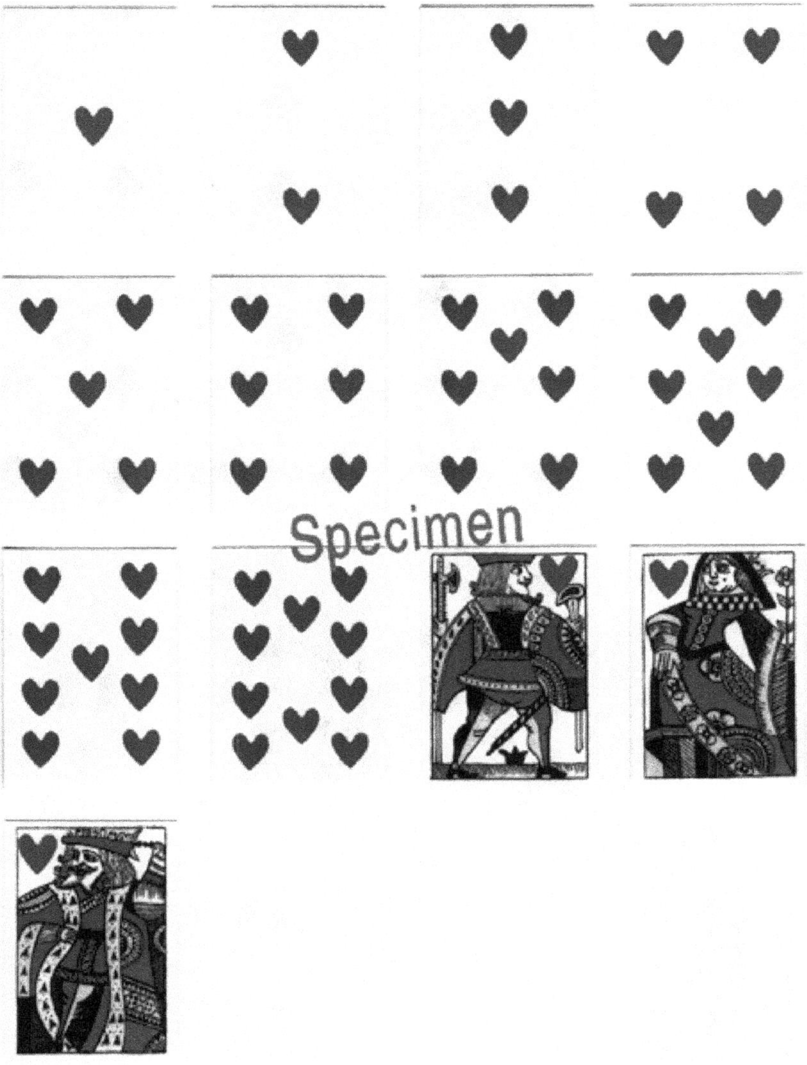

Thing 001895 (playing cards)

Thing 001895 (playing cards)

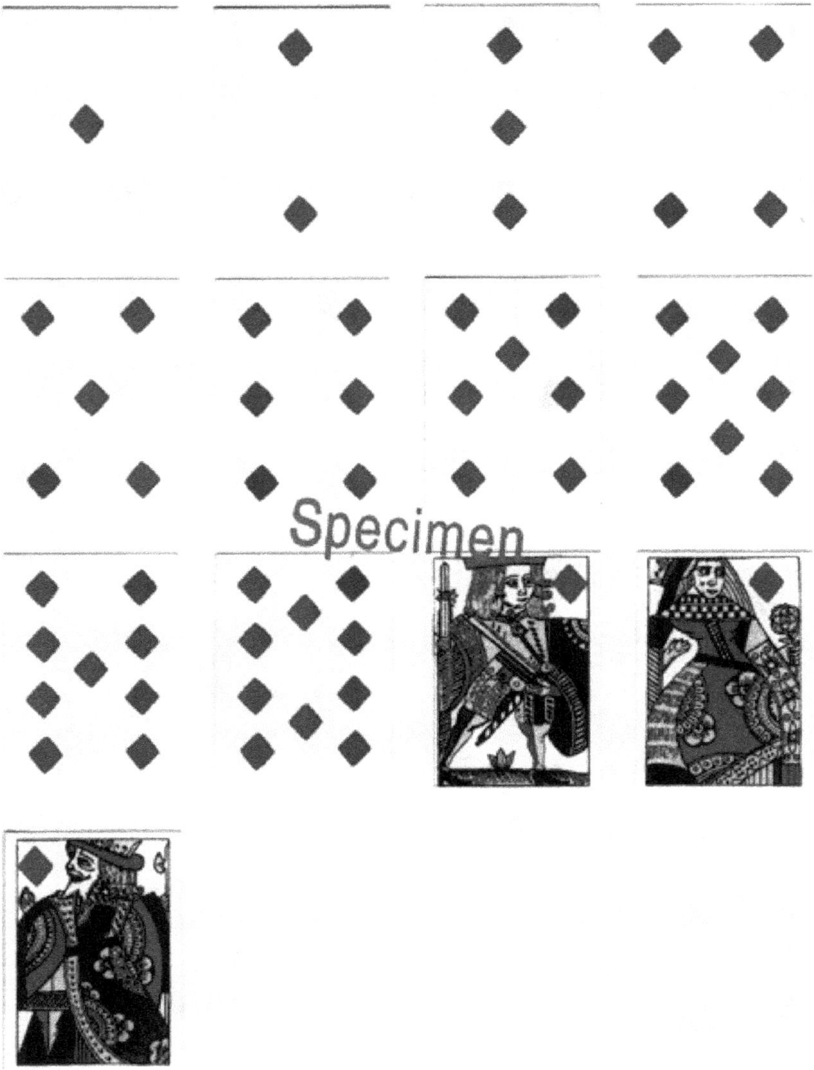

Thing 001895 (playing cards)

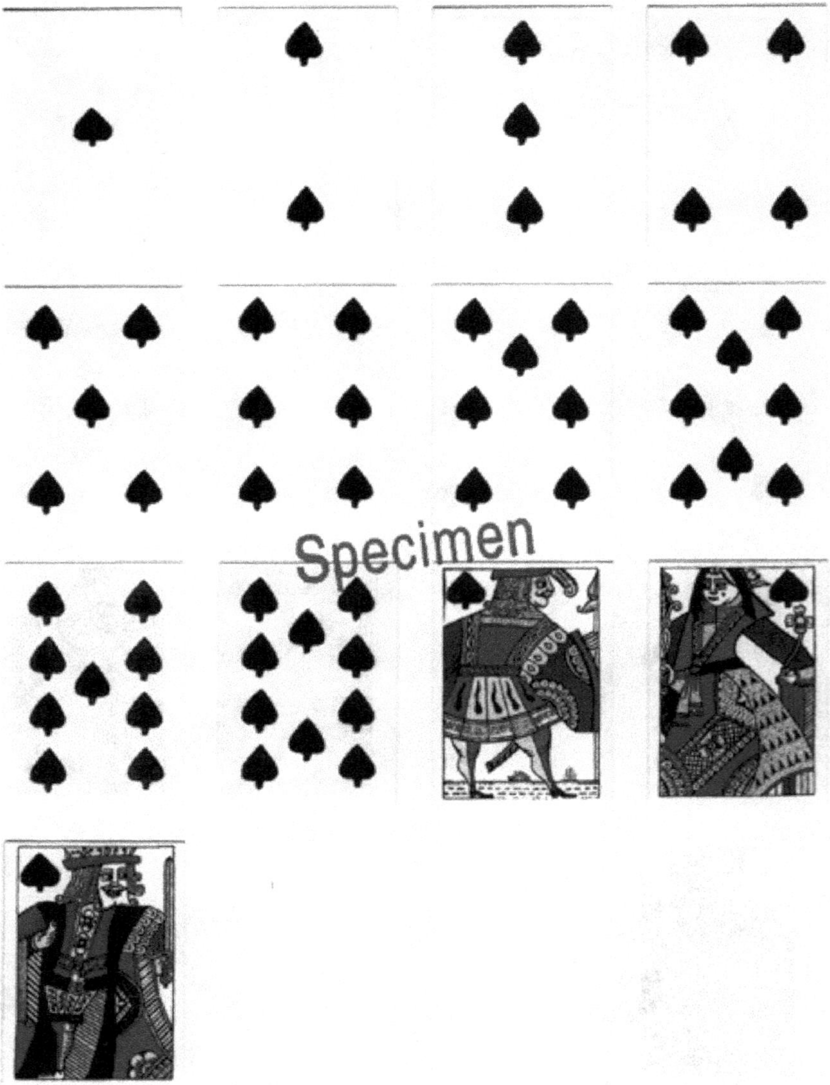

Thing 001895 (playing cards)

Kamu Malının Sınırları

Open Music Archive,
Eileen Simpson, Ben White

Harabe mekânların, unutulmuş sözcüklerin, son kullanma tarihlerinin tadını çıkar.

Yasalardaki boşlukları bul, sınırları test et, güdüleri kontrol et.

Sürdürülemez ekonomik büyüme modellerine kapılmış bir halde arşive ve potansiyel geleceklerine bakıyoruz.

Değişimi etkileyebilmek için alternatiflere katılıyoruz. Kamusal alanlar arıyoruz; cömertliği ve değer paylaşmayı yeniden keşfediyoruz.

Korsanları seviyoruz! Yasatanımazlıkları esin verici. Fakat isyanın ötesinde, kadim denetim sistemlerini hack'lemek, etkin direniş inşa etmek ve en yeni modellerini test etmek istiyoruz.

Kamusal alan güvenli bir bölge değil. Bir siyasi buluş mevkisi olarak potansiyelini göz ardı etmek hata.

Kültürel materyallere erişimi sınırlamaktan kâr elde eden bir pazarın güçlendirdiği fikirlerin ve kavramların akışının yapay sınırlanmasının hâkim sistemine karşı koyuyoruz.

Open Music Archive [Açık Müzik Arşivi], *Mülkiyeti Geri Almak?* içinde yayımlanmak ve dağıtılmak üzere on sekiz yeni kayıttan oluşan bir koleksiyon sunuyor. Proje, hazır yasalaştırmada yapılacak değişikliklerle bu boşluk kapatılmamışken sese dayalı malzemelere kamusal erişim sağlamakla ilgili mevcut yasal gerçeklik içinde bir boşluk tespit ediyor. Yaygın öğeleri çıkarıyor, telif hakkı süresi dolmuş müzik kayıtlarını toplayıp serbestçe dağıtmak için süregiden bir projenin bir parçasını oluşturuyor.

Proje için gerekli kaynak materyal, kamusal alanın sınırlarından, erken dönem tecimsel ürünler arasında yer alan işitsel malzemelere özellikle odaklanılarak toplanırken –modern popüler müziğin iki önemli ve asli öğesi ve kayıt endüstrisinin tarihi boyunca karşımıza çıkmış sayısız yasal anlaşmazlığın konusu– şarkı sözleriyle müzikal bestenin iyelikleri konusunda bir ayrım ortaya kondu. Söz konusu ayrım Birleşik Krallık telif hakları yasasında hâlâ mevcut ve malzemenin kimi öğelerinin ayrıştıktan sonra piyasaya sürülebilmeleri için bir fırsat sunuyor.

Kamu malı katmanlarının tecimsel yayıncıların mülkiyet kontrolünden kurtulmasını sağlayacak şekilde, telif hakları güvence altında olan malzemeyi gizlemek için düzenlenmiş, gözden geçirilmiş, kesilip yapıştırılmış ve işlenmiş arşiv kayıtlarından sese dair yeni sekanslar oluşturuldu.

British Library'nin dehlizlerinden ve diğer yerlerden çıkarılan 1920'lerden, 30'lardan ve 40'lardan kayıtlar kayıt şirketlerinin eski kataloglarından kurtarılmıştı. Kayıtlar değiştirildi ve pop, R&B ve hip-hop'tan alınan güçlü dijital işleme teknikleri kullanılarak şifrelendiler. Melodik cümleler karıştırıldı ve monotonluğa indirgendi; yasal çerçeveleri atlatmak ve sınırsızca tekrar tekrar çalmayı mümkün kılmak için sözler tersine çevrildi ve tersten söylendi, anlaşılmazlaştırıldı.

Fonetik tersine çevirme ve geri doğru maskeleme [backmasking] –radyo yayınlarında rap kayıtlarındaki sözcükleri veya deyişleri sansürlemek için kullanılagelen veya tarihsel olarak vinil plaklara subliminal mesajlar yerleştirmek için kullanılagelmiş teknikler– burada hâlâ telif hakkı denetimine tabi şarkı sözlerine sahip kayıtları yeniden düzenlemek için kullanılıyor. Başka bir yerde, yeniden düzenleme vokal içeriği bir kayıttan söküp çıkarıyor; intro'lar, outro'lar ve enstrümental bölümler melodik katmanları açmak ve serbest bırakmak için yeniden birbirine ekleniyor. Vocoder ve autotune'un vokal üretim teknolojileri, kontrollü melodik öğeleri bastırmak ve telif hakkı süresi geçmiş şarkı sözlerini yayınlamak için orijinal askeri işlevleri olan konuşma şifreleme ve şifre çözme işlevlerine geri döndürülüyor.

Bu işlem –2022'ye (belki de Soylent Green adlı filmde betimlenen aşırı nüfus ve sınırlı kaynaklar sorunlarıyla boğuşacak bir geleceğe) dek kamu malı olamayacak 1924 tarihli "Golden Days" adlı şarkı veya telif hakkı 2047 yılında (yani kurtarma gemisi Lewis and Clark'ın yıldızlararası uzay gemisi *Event Horizon*'dan [1997 tarihli Event Horizon (yön. Paul W. S. Anderson) adlı bilimkurgu filmine gönderme -çn.] imdat çağrısı alacağı yıl) ortadan kalkacak 1937 tarihli "Sentimental and Melancholy" adlı şarkı gibi– şarkı kayıtlarının kısmen, bugün, 2013'te yayınlanabilmesini sağlıyor.

Kamu malının sınırlarını tanımlayan yasal sınırların sabit olmadığını akılda tutmalıyız. Kamu malının geleceği kırılgandır; fikri mülkiyet haklarının sahipleri denetim alanlarının genişletilmesi için sürekli lobi yaptıkça kültür alanı özel çıkarlar için giderek daha fazla sömürgeleştirilmektedir. Fikri mülkiyet haklarının 21. yüzyılın petrolü olarak ilan edildiğinin hepimiz farkındayız.

12 Eylül 2011'de, özel çıkarların agresif lobicilik faaliyetleri neticesinde, Avrupa Birliği Konseyi ses kayıtlarında telif hakkı teriminin genişletilmesini kabul etti. Britanya hükümeti bu vesileyi telif hakkı yasasının başka öğelerini de daha sıkı denetime tabi tutmak için kullanıyor. Bu yeni yasal sınırlamalar 2013'ün sonunda tüm Avrupa'da geçerli olacak: Kimi kamusal malzemeler özel iyelik altına alınacak, başka örneklerde de, denetimden kaçmanın eşiğindeki kimi materyaller bir yirmi yıl daha denetim altında tutulacak.

Bu duruma yanıt olarak biz bir "kayıt kataloğu" öneriyoruz: Yeni işlenmiş kayıtlardan oluşan serbestçe yayınlanabilen ve internette dolaşımda tutulabilen bir koleksiyon. Bu zamanında yapılan ve acil hareket telif hakkı süresi dolmuş kayıtlı şarkı sözlerinin ve melodilerin hâlâ ücretsizken serbestçe kamusal dolaşımda kalmalarını sağlayacak.

Bu koleksiyon için kaynak elyazmaları ve kayıtları Birleşik Krallık kamusal alanına 2018 ile 2069 arasında tam olarak açılmaya takvimlenmiş. Burada biz serbest dolaşım için bir dizi ön yayın yapıyoruz. Mevcut yasal gerçeklik dolayısıyla ses hack'lenmiştir.

Kayıtları şu adresten indirip dinleyebilirsiniz:
www.openmusicarchive.org/undoingproperty

Yayınlanan malzeme gelecekte de yeniden kullanımlar için bir telif müsaadeli lisansıyla dağıtılmaktadır. Creative Commons Attribution-ShareAlike 3.0.

GOLDEN DAYS
~~Müzik Sigmund Romberg~~
(ölümü 1951) © sonu 2022
şarkı sözü Dorothy Donnelly
(ölümü 1928) © sonu 1999

MY ONE AND ONLY
Müzik George Gershwin (ölümü
1937) © sonu 2008
~~şarkı sözü Ira Gershwin~~ (ölümü
1983) © sonu 2054

DEEP IN MY HEART, DEAR
~~Müzik Sigmund Romberg~~
(ölümü 1951) © sonu 2022
şarkı sözü Dorothy Donnelly
(ölümü 1928) © sonu 1999

THE CONTINENTAL
Müzik Con Conrad (ölümü
1938) © sonu 2009
~~şarkı sözü Herbert Magidson~~
(ölümü 1986) © sonu 2057

THE FREE AND EASY
~~Müzik Fred E Ahlert~~ (ölümü
1953) © sonu 2024
şarkı sözü Roy Turk (ölümü
1934) © sonu 2005

LOVE ME OR LEAVE ME
~~Müzik Walter Donaldson~~
(ölümü 1947) © sonu 2018
şarkı sözü Gus Kahn (ölümü
1941) © sonu 2012

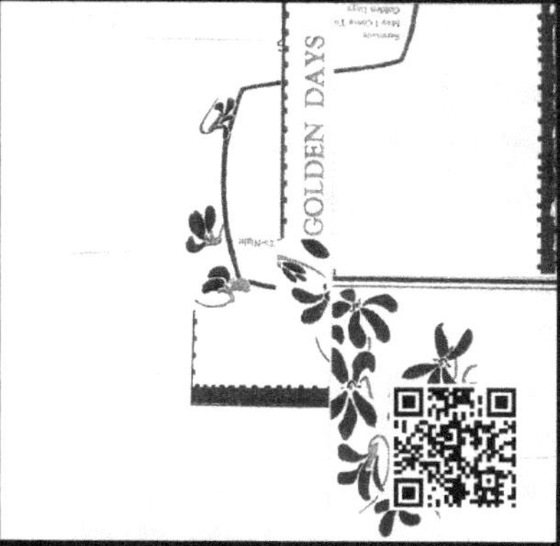
GOLDEN DAYS

LYRICS BY
GERSHWIN
MUSIC BY
MY ONE AND ONLY
WHAT AM I GONNA DO

IN MY HEART

YOU'RE DANCING
THE

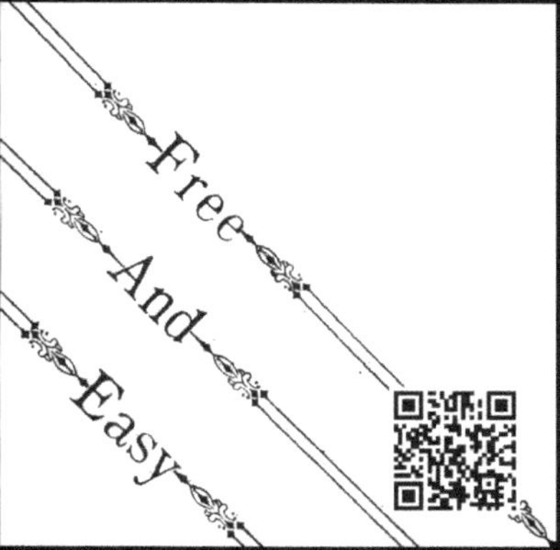
Free
And
Easy

LOVE ME OR LEAVE ME
Gypsy Joe
Makin' Whoopee
Song of the Setting Sun

SENTIMENTAL AND MELANCHOLY
Müzik Richard Whiting (ölümü 1938) © sonu 2009
~~şarkı sözü Johnny Mercer~~ (ölümü 1976) © sonu 2047

I'M GONNA SIT RIGHT DOWN AND WRITE MYSELF A LETTER
~~Müzik Fred E Ahlert~~ (ölümü 1953) © sonu 2024
şarkı sözü Joe Young (ölümü 1939) © sonu 2010

TILL THE SANDS OF THE DESERT GROW COLD
Müzik Ernest R Ball (ölümü 1927) © sonu 1998
~~şarkı sözü Geo. Graff Jr~~ (ölümü 1973) © sonu 2044

TOO MARVELLOUS FOR WORDS
Müzik Richard Whiting (ölümü 1938) © sonu 2009
~~şarkı sözü Johnny Mercer~~ (ölümü 1976) © sonu 2047

DROP A NICKEL IN THE SLOT
~~Müzik Fred E Ahlert~~ (ölümü 1953) © sonu 2024
şarkı sözü Joe Young (ölümü 1939) © sonu 2010

COLORADO SUNSET
Müzik Con Conrad (ölümü 1938) © sonu 2009
şarkı sözü L Wolfe Gilbert (ölümü 1970) © sonu 2041

SENTIMENTAL AND MELANCHOLY

I'M GONNA SIT RIGHT DOWN
AND WRITE MYSELF A LETTER

Till The Sands
of The Desert
Grow Cold

TOO
MARVELLOUS
FOR WORDS

DROP A NICKEL
IN THE SLOT
UNG
A.S.C.A.P.
HLER Inc.
New York City
Larry Spie
1619 Broadway
MUSIC PUBLISH

COLORADO
CINEPHONIC
" DE
SUNSET

DREAM A LITTLE DREAM OF ME
~~Müzik Fabian Andre~~ (ölümü 1960) ~~ve Wilbur Schwandt~~ (ölümü 1998) © sonu 2069
şarkı sözü Gus Kahn (ölümü 1941) © sonu 2012

YOU'VE GOT WHAT GETS ME
Müzik George Gershwin (ölümü 1937) © sonu 2008
~~şarkı sözü Ira Gershwin~~ (ölümü 1983) © sonu 2054

WHISTLING THE BLUES AWAY
~~Müzik Harry Tierney~~ (ölümü 1965) © sonu 2036
şarkı sözü Anne Caldwell (ölümü 1936) © sonu 2007

SOMETHING'S GOING TO HAPPEN TO YOU
Müzik Theodore Morse (ölümü 1924) © sonu 1995
~~şarkı sözü D.A. Esrom~~ (ölümü 1953) © sonu 2024

GOOD TIMES ARE HERE (WHEN MY BABY IS NEAR)
~~Müzik Fred E Ahlert~~ (ölümü 1953) © sonu 2024
şarkı sözü Roy Turk (ölümü 1934) © sonu 2005

SPRINKLE ME WITH KISSES
Müzik Ernest R. Ball (ölümü 1927) © sonu 1998
~~şarkı sözü Earl Carroll~~ (ölümü 1948) © sonu 2019

DREAM A
LITTLE DREAM
OF

YOU'VE GOT
GETS

Words by
ANNE CALDWELL
Music by
WHISTLING THE
BLUES AWAY

GOOD
=TIMES=
ARE
HERE

SPRINKLE
ME
WITH
KISSE

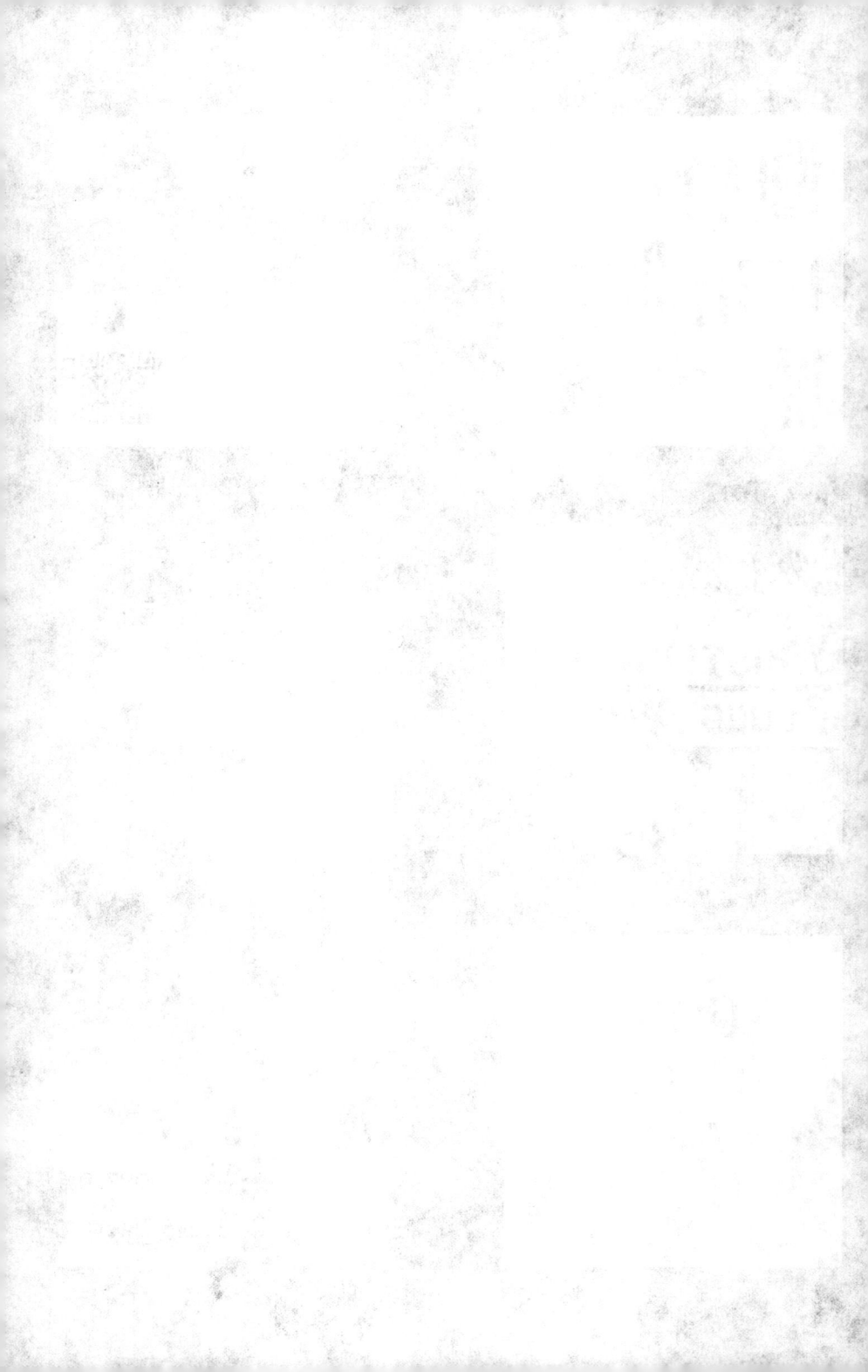

Emniyet Kemeri Patenti 1962

Nils Bohlin

3,043,625

10 Temmuz 1962

N.I. Bohlin
Emniyet Kemeri
17 Ağustos 1959'da
kaydedildi.

FIG 1

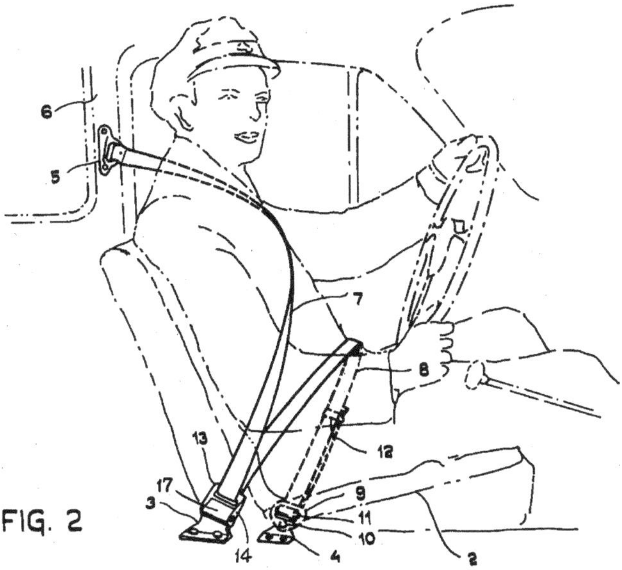

FIG. 2

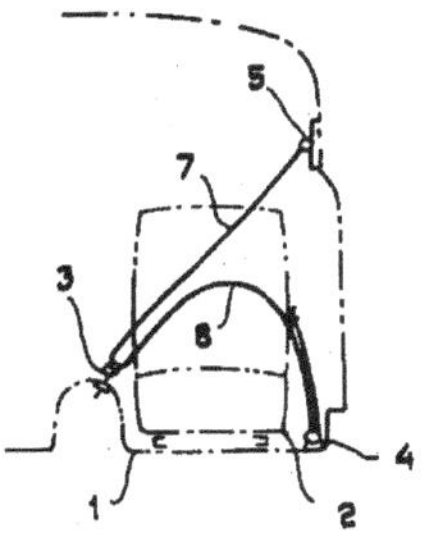

FIG. 3

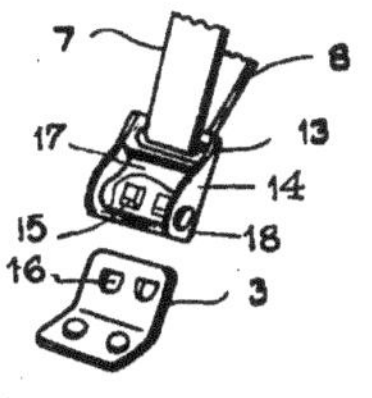

Sanatçının Vakfı

Marysia Lewandowska

Michael Asher'ın yapıtı, kurumların kendi değerlerini çerçevelemek, denetlemek ve yeniden üretmek için kullandığı süreçlerin ve usullerin bir sorgulanışını önerirken, durmaksızın kendi ifadeleriyle meşgul olan bir sanatçı pratiği örnekler. Haziran 2003'te Asher ve küratör Charles Esche (kendisi daha sonra bu bağlama uygun şekilde Van Abbemuseum'un direktörü olacaktı) Serpentine Gallery'de halka açık bir konuşma yaptı. O akşam Asher ile oturup müzelerle çalışmak, özellikle de William Morris üzerine sohbet ettik. Ben Manchester Sanat Galerisi için yaptığım Free Trade projesini yeni tamamlamıştım ve Michael bunun kataloğuyla ilgileniyordu. Ona katalogdan bir kopya gönderdikten kısa süre sonra gönderdiği Renaissance Society'deki sergisine eşlik eden yayın elime geçti. Yayına iliştirilmiş 27 Temmuz 2003 tarihli tek sayfalık mektup, Morris'in Chicago Üniversitesi profesörleri üzerindeki etkilerine değiniyordu. Asher da patentler üzerine işleriyle ilgili olarak bu konuyu araştırmıştı. Neredeyse on yıl sonra, bu hareketi bana bu kitap için bir proje geliştirmek üzere onu davet etme ilhamını verdi. 2012 yazında ona yazdığımda bu ricaya yanıt veremeyecek kadar hastaydı.

Asher'ın Ekim 2012'deki ölümünden sonra onun mülkiyet sorunları ile bir ömür boyu devam eden ilişkisi ve ilgisinin hakkını verme isteği duydum. 2010 yılında, Kirsi Peltomäki'nin *Situation Aesthetics: The Work of Michael Asher* [Durum Estetiği: Michael Asher'in Eserleri] adlı kitabını okurken tartıştığı projelerden biri ilgimi çekti ve sanatçının Van Abbemuseum'a yaptığı iki öneriye dair yazışmaları araştırmaya başladım. Müze, bir kamu kurumu olarak Hollanda yasalarına tabi ve sahip olduklarının bilgisini kamuoyuyla paylaşmak zorunda. Güncel dijitalleştirme projeleri arşivlerindeki sergi geçmişlerine erişimi bir standarda oturtma açısından örnek teşkil ediyor. Bu ilerici yaklaşım belgelerin kamuya açık kalmasını güvence altına alıyor, daha da önemlisi bunların açık bir tartışmanın parçası olarak kalmalarını sağlıyor.

Arşivlerine erişimim mümkün olunca Asher ile Van Abbemuseum arasında, 1975'ten 1987'ye kadar gidip gelen mektupları yeniden üretmeye niyetlendim. Dizi, Asher tarafından yapılan iki uzun süreli proje önerisine ilişkin on dört mektuptan oluşuyor. Bu projeler müzenin kalıcı koleksiyonunun biçimlendirdiği şekliyle mülkiyet ve kalıcılık durumunu inceliyor. Sanatçı ile müze arasındaki eşsiz bir ilişkinin izini sürüyor. Van Abbemuseum'un kamuya açıklığından aldığım cesaretle Michael Asher'ın vârislerine yazıp mektupları kopyalamak için izin istedim. Üç ay sonra bu izin talebi reddedildi. Neticede Asher'ın mektuplarının burada yayımlanması ya da içeriklerinden söz edilmesi engellenmiş oldu. Bu, kişisel çıkarlarla kamunun iyiliğinin nasıl birbirine zıt düşebileceğinin yalnızca bir örneği. Kamusal alanın faydaları üzerine dikkat çekmenin gerekliliğini ortaya koyuyor. Aşağıda sunduğum belgeler karşılıklılık ve bir sanatçının diğerine duyduğu saygının ruhuyla oluşturuldu.

Van Abbemuseum'un arşivine erişim için:
alexandria.tue.nl/vanabbe/public/correspondentie/
asher_michael/Scan-10071611360.pdf

24 TEMMUZ 1975'te, Eindhoven Van Abbemuseum'un direktörü Rudi Fuchs (1975-1986) Michael Asher'a yazarak onu 1977 ilkbaharında yapılacak bir serginin parçası olmaya davet ediyor. 8 EYLÜL'de Asher bu mektuba olumlu yanıt veriyor. Dokuz gün sonra, 17 EYLÜL'de Fuchs müzeye planlar gönderip Asher'ın yapıtlarından –daha sonra bir arşiv dosyasına dahil edeceği– fotoğraflar istiyor. 3 MART 1976'da Fuchs, Asher'ı müzede bir yıl içinde tamamlanmasını öngördüğü yeni bir kanadın geliştirilmesi konusunda bilgilendiriyor. Asher bir ay sonra, 2 NİSAN'da yanıt veriyor. Altı ay sonra, 15 ŞUBAT 1978 tarihli bir mektupta Asher'la yine bir iletişim kurulmuş. Bu sıralarda Asher Permanent Collection [Kalıcı Koleksiyon] başlığıyla bir taslak sunuyor. Önerisi müzenin iki odasının tapusunu alarak "mülk sahibi" gibi hareket etmesini ve bu odaları iki buçuk yıllığına yine müzeye kiraya vermesini şart koşuyor. Hem ismen hem de ekonomik mekanizma açısından bir mülk sahibi-kiracı ilişkisi kurulmasıyla yapıt kurumsal sisteme dahil ediliyor. 19 EKİM 1979'da Fuchs Londra'daki Sir John Soane's Museum'un iç mekânını içeren bir kartpostal göndererek Asher'a önerisinin komisyon tarafından kabul edildiğini haber veriyor. Burada ödemeyle ilgili düzenlemeler ve teklifte yer alan müddetler konusunu gündeme getiriyor. Neredeyse beş ay sonra, 4 MART 1980'de, yetkililerin sanatçının kalıcı koleksiyon için sunduğu fikri kabul ettiklerini doğrulayan ve hukuk bürosunun muhtemel pürüzler üzerine çalıştığını söyleyen başka bir kartpostal gönderiyor. Asher'dan documenta 7 için bir poster tasarlamasını istiyor. Bundan sonra Van Abbemuseum projesi üzerine yazışmaları uzun bir kesintiye uğruyor, ta ki beş yıl sonra, 25 MAYIS 1985'te, Fuchs üstünde Cambridgeshire'daki Ely Katedrali'nin görseli bulunan bir kartpostal göndererek bozulan ilişkilerinden söz edip iletişimin yeniden kurulmasını teklif edene kadar. Asher'ın yeni adresini Anne Rorimer'dan aldığını belirterek ona Permanent Collection teklifini canlı tutacağının güvencesini veriyor. 1985 yılının sonbaharında Asher The Michael Asher Trust Fund taslak ismine sahip yeni bir öneri gönderiyor. Bu ikinci proje ilkinde yer alan fikirleri geliştirerek sanatçıyı müze içinde kendi adına çalışan bir fonun mütevellisi olarak tayin ediyor. Vakıf fonunun amacı "düzenli aralıklarla" kalıcı koleksiyon için sanat yapıtlarının alınması. Asher onları "Questions Regarding the Bank Trust" başlığında bir listede toplamak suretiyle olası zorluklara ve farklı koşullara hassasiyetle eğiliyor. O yılın sonunda, 28 ARALIK'ta, Asher yine müze ile iletişim halinde. Küratörlerden beş ay boyunca haber almayınca, 12 MAYIS 1986'da yeni bir mektup gönderiyor.

Yanıtsızlığın devam etmesi üzerine bir hafta sonra, 19 MAYIS'ta küratöre tekrar yazıyor. 23 MAYIS'ta, Van Abbemuseum'da küratör olan Piet de Jonge (1981-1988) sessizlik için özür dileyip, gerekçe olarak yıldönümü sergisi hazırlıklarını gösteriyor. Fuchs'un o tarihe kadar The Michael Asher Trust Fund fikrini ne onayladığını ne de reddettiğini söyleyip, –100.000 dolara yaklaşan– masrafların sorun olacağından bahsediyor. Konuyla tekrar ilgilenmek için daha fazla zamana ihtiyacı olduğunu belirtiyor. Asher dört ay sonra Jonge ile olan yazışmasını yeniliyor ve 1 EKİM'de de, proje hazırlıklarının ne aşamada olduğunu soruyor. O yılın sonundan hemen önce, 28 ARALIK'ta, durumu açıklığa kavuşturmak için atılacak son adımı atıyor. İki ay sonra, 12 ŞUBAT 1987'de, Van Abbemuseum'da küratör olan (1981-1988) Piet de Jonge, mektubu yazmanın onun için ne kadar zor olduğunu itiraf eden bir yanıt yazıyor. Belediye nezdinde bir uzlaşma sağlamak için çabalarına atıfta bulunup, Fuchs ve kendi adına projenin "bir gün" gerçekleşmesi umutlarından söz ediyor. Asher'a projenin görünen gelecekte terk edilmek zorunda olduğunu haber veriyor. Son mektup yazıldıktan sonra geçen yirmi altı yılda projelerin ikisi de gerçekleşmedi.

Bay Michael Asher
1135 Amoroso Pl.
VENICE Ca. 90291
ABD

17 Eylül 1975
RF/jv
507/8.98

Sevgili Michael Asher,

Eindhoven'da bir sunum yapmayı kabul ettiğin için –ve zamanlama sana uyduğu için– çok mutluyum. Ekte müzenin zemin planını bulacaksın; fotoğrafların da en kısa zamanda çekilmesini sağlayacağım. Şimdi gelemediğin için üzgünüm. Planlamanın daha ileri bir aşamasına geldiğimizde –tercihen seni Avrupa'da görmek isteyen başka biriyle birlikte– biletini ödeyebilirim. Böyle bir durum ortaya çıkarsa lütfen bana haber ver. O zaman bir belge dosyasını oluşturmaya başlamak için bana iş fotoğrafları gönderirsen minnettar olurum. Gerekirse onlar için bir fatura da gönder.

En iyi dileklerle,
R.H. Fuchs

Mr. Michael Asher
1135 Amoroso Pl.
VENICE, Ca. 90291
U.S.A.

September 17, 1975

RF/jv

507/8.98

Dear Michael Asher,

I am very pleased that you agree to make a presentation in Eindhoven - and that the time schedule suits you. - Enclosed please find a ground plan of the museum; I will see that photographs are made as soon as possible. - I am sorry you cannot come now. When we are in a later phase planning I possibly could pay your ticket - preferably together with somebody else who wants you in Europe. If such an occasion arises, please let me know. - Then I would be grateful if you could send me photographs of work to start forming a documentation file. If necessary, send a bill for them.

With best regards,

R.H. Fuchs.

Michael Asher
1135 Amoroso Pl.
VENICE Ca. 90291
ABD

3 Mart 1976
RF/jv
223/8.98

Sevgili Michael Asher,

Az önce Kasper König buradaydı. Bana Bottrop, Almanya'daki yeni bir müze için Güney California hakkında bir sergi yapma planından söz etti. Bottrop'ta yapılması gereken bu sergiyi, çok uzakta olmayan kimi diğer müzelerde olduğu gibi (Krefeld, Essen, Mönchengladbach ve Eindhoven), gelecek yıl Kassel'deki pek çok şeyi yerinden yönetim başlığı altında toplayacak gibi görünen Documenta ile bağlantılı olarak görüyor. Şimdi bizim Eindhoven'daki sergimizin bu "zincirin" bir parçası olmasını önerdi. Bu durumda serginin Mayıs-Haziran 1977 tarihini koyacak olan Documenta sırasında orada olması önemli. Her bir sergi temelde bağımsız olmak şartıyla böyle bir plan senin için uygun olur mu?

Kasper bana ayrıca (daha fazlasını anlatmadan) senin zaten buradaki enstalasyonlar üzerine çalışıyor olduğunu söyledi. Anlatmak istediğin bir şeyler var mı? Ya da mesela (boş) odaların fotoğrafları gibi, ihtiyaç duyduğun şeyler var mı? Daha birkaç gün önce belediye meclisi müzeyi aşağı yukarı %80 daha fazla sergi alanıyla genişletecek bir planı oylamaya sundu, ben de pek yakında inşaat müfettişi olacağım; sanırım bu Los Angeles'a sonbahardan önce gelmemi zorlaştırır. Yani mektupla çalışmaya devam etmeliyiz ya da senin planladığın Avrupa gezileri var mı?

Yeni görsellerimiz hazır olur olmaz sana inşa edilecek yeni kanadın planlarını göndereceğim. Mart 1977'ye hazır olması bekleniyor, belki de eski binadansa buradaki alanı tercih edebilirsin.

En iyi dileklerle,
R.H. Fuchs,
Direktör

Michael Asher
1135 Amarosa Place
VENICE, Ca. 90291
U.S.A.

March 3, 1976

RF/jv

223/8.98

Dear Michael Asher,

Kasper König was just here. He told me of a plan to make an exhibition for a new museum in Bottrop, Germany, about Southern California. He sees this exhibition, which has to be in Bottrop as in some other museums not too far away (Krefeld, Essen, Mönchengladbach and Eindhoven), in conjunction with Documenta which next year will concentrate a lot of things in Kassel under the heading, it seems, of decentralisation. Now he suggested that our exhibition in Eindhoven be part of his 'chain'. It then is important that the exhibition will beç there during Documenta, which will set a date of May-June 1977. Would such a plan be agreeable to you - as long as each exhibition will be basically independent?

Kasper also told me (without telling me much more) that you already a are working on installations here. Is there anything you care to divulge? Or is there anything you need, like for instance photographs of the (empty) rooms. Since just a few days ago the city council voted for a plan to enlarge the museum with roughly 80% of exhibition space, I very soon will become a building supervisor; that makes it difficult, I guess, to come to L.A. before, say, the fall. So we must continue to work by correspondence, or are you planning any European trips?
As soon as we have good diagrams, I will send you the plans for the new wing to be built. It is expected to be ready by March 1977, and you maybe could prefer the spaces there instead of those in the old building.

With best regards,

R.H. Fuchs,
director.

Eindhoven 19/10/75

Sevgili Michael, öngörülmeyen koşullar bu ABD ziyaretini New York ile sınırlamama neden oluyor. Yeterince kötü. İlkbahar gibi tekrar deneyeceğim. Seni görmeyi gerçekten isterdim ama buradaki zamana ihtiyacım var. Komisyon teklifini kabul etti ama bir soruları var: Bir noktada ödeme nasıl kesilecek ya da sana ölene kadar ödeme mi yapacağız? (Ayrıntılarla ilgili daha fazla yazacağım) Matbaa kataloğun birkaç hafta içinde tamamlanacağına söz verdi. NİHAYET. En içten selamlarla,

Rudi F

Eindhoven 19/10/75

MICHAEL ASHER
1135 Amoroso Place
Venice, Cal. 90291
USA

GF· A GORDON FRASER CARD GF·

Dear Michael – unforseen circumstances make that I have to limit this US trip to NYC. Bad enough. I'll try again in the spring or so. I'd really liked to see you – but I need my time here. – The Commission has accepted your proposal – but with one question: how can the process be stopped at some point, or do we pay you until your death? (I'll write more freely about details) – The printer promised the catalog is finished in a few more weeks. Finally. Warmest regards

Rudi F

Eindhoven 19/10/75

SIR JOHN SOANE'S MUSEUM
The Dome and galleries behind No. 13 Lincoln's Inn Fields.
Built 1808-24.

LSJSM C4

EINDHOVEN 4/5/1980

Sevgili Michael, artık, nihayet+gerçekten, bir ay içinde katalog tamamlanmış olacak. Hepimize tebrikler. Matbaa ve Walter biraz fazla çalışmış oldu. Komite koleksiyon için yaptığın teklifi gerçekten kabul etti. Ama hukuk departmanının kontrol etmesini de istiyorlar. Sonra: Documanta 7 için bir poster tasarlamanı istiyorum (posterlerden birini). Kendi işlerinin doğrudan bir temsili değil: Bir poster olması lazım. 4 renkli. Metin: Documenta7 Kassel 1982 *Walter Wirkels yardım edecek. Kabul edip etmediğini bana bildirirsen memnun olurum. Ücret 2500 DM (+masraflar). İçten selamlarla,*

Rudi F.

A SALMON
CAMERACOLOUR
POST CARD
PRINTED IN ENGLAND

Michael Asher
1135 Amoroso Place
Venice, Cal. 90291
USA

© J. SALMON LTD., SEVENOAKS

EINDHOVEN 4/3/1980

DEAR MICHAEL, NOW, FINALLY + REALLY, IN ONE MONTH FROM NOW THE CATALOGUE WILL BE READY. CHEERS TO ALL OF US. THE PRINTER, AND ALSO WALTER, ARE A BIT OVERWORKED. — THE COMITTEE HAS ACTUALLY ACCEPTED YOUR PROPOSAL FOR THE COLLECTION. BUT THEY WANTED TO HAVE IT CHECKED BY THE LEGAL DPT. — THEN: I WANT YOU TO DESIGN A POSTER FOR DOCUMENTA 7 (ONE OF THE POSTERS). IT SHOULD NOT BE A DIRECT REPRESENTATION OF YOUR OWN WORK: BUT A POSTER. 4-COLOURS. TEXT: documenta 7 Kassel 1982
WALTER NICKELS WILL HELP. I WOULD APPRECIATE IF YOU CAN LET ME KNOW WHETHER YOU ACCEPT. THE FEE IS ± 2500 DM (+ EXPENSES). WARM REGARDS

VAN ABBEMUSEUM
PB. 235 EINDHOVEN

1-29-09-03

Sevgili Michael,

Bana hâlâ kızgın mısın merak ediyorum. Ben değilim. Başkalarının imaları yüzünden ilişkileri kesintiye uğratmak budalaca ve aptalca olur. Benim konumumu biliyorsun. Neyse ki Anne Rorrimer bana yeni adresini verdi de sana yazabiliyorum, müzenin kalıcı koleksiyonu için yapacağın bir şey benim için hâlâ çok önemli demek için. İkincisi, Torino, İtalya'da çalıştığım yeni bir müzeyi görmeni, dilersen orada çalışmanı istiyorum. Seni Avrupa'da görmeyeli epey oldu. Lütfen gel. Biletler vs. için biz aracı oluruz.

İçten selamlarla,

Rudi Fuchs

Ely. 25/5 85 — to: MICHAEL ASHER

Walter Scott

Colour Series
Natural Colour
POST CARD

POST OFFICE PREFERRED

Dear Michael —

I wonder whether you are still angry with me. I am not. It would be silly and stupid to rupture relations because of the innuendo of others. You know what I mean. Luckily Ann Norimer gave me your new address so I can write you — to tell you that the construction of a piece for the museum's permanent collection is still very much wanted by me. Secondly I would like you to see a new museum in which I am involved, in Turin Italy, in order to work there too if you want. It has been some time we've seen you in Europe. Please come. For tickets etc we will be wopping.

Warm regards,

Rudi Fuchs,

ELY CATHEDRAL.
Lantern interior, Ely's Special glory, built by Alan de Walsingham to replace the Norman tower which fell in 1322. The main timbers are oak trees 63 ft. x 2 ft. 7 ins. x 3 ft. 4 ins.

C.E.119

23 Mayıs 1986

Michael Asher

2262 S. Carmelina Ave. apt. 6

Los Angeles Cal. 90064

Sevgili Michael,

Telefonlarına yanıt vermekte seni bu kadar beklettiğim için üzgünüm.

Bunun nedeni yıldönümümüz, beni bütünüyle tüketiyor ve Michael Asher Trust Fund fikrimizden Rudy'ye söz ettiğim halde henüz fikri reddetmiş ya da onaylamış değil.

Fikir hoşuna gitti ama anlayacağın üzere 100.000 $ ayarlamak az şey değil.

Yalnızca paranın kendisi değil, bununla resmi olarak nasıl uğraşılacağı da zor.

Büyük sergimizin ardından –göz seviyesi– bu konuyla ilgilenmek için zamanım olacak, yani umarım bu kadar beklemekten rahatsız olmazsın.

En iyi selamlarla,

Piet de Jonge

VAN ABBE
MUSEUM

Stedelijk Van Abbemuseum
Postbus 235
5600 AE Eindhoven NL
Telefoon 040-389730

23rd May 1986

Michael Asher
2262 S. Carmelina Ave. apt. 6
Los Angeles Cal. 90064

Dear Michael,

I am sorry to keep you waiting so long in replying your phonecalls.
The reason is our anniversary, it consumes me totally and although I have mentioned our idea of a Michael Asher Trust Fund to Rudy, he has not yet refused or approved to the idea.
He likes it but as you will understand organising $ 100.000,- is quite some thing.
Not only the money itself but how to deal with this legally is difficult.
After our big show - eyelevel - I will have time to go into this matter so I hope you don't mind waiting that long.

Best regards,

for Wil Wloeppel

Piet de Jonge.

Bilderdijklaan 10
Telex 51365 / Postgiro 1094666

12 Şubat 1987

Bay Michael Asher

2262 S. Carmelina Ave. apt. 6

Los Angeles Cal. 90064

ABD

Sevgili Michael,

Nazik mektubun için teşekkür ederim. Bana Noel zamanı ulaşamadığın için üzgünüm ama küçük bir tatile çıktım (ve hastalandım). Neyse, şimdi iyiyim ve aynı anda farklı sergilerin organizasyonuyla çok meşgulüm.

Bu mektubu yazmak benim için çok zor, çünkü çeşitli hukuk ve vergi çalışanlarıyla ve elbette Rudi'yle konuşarak çok uğraştım. İkimiz de bunun harika bir plan olduğunu düşünüyoruz ve bir gün gerçekleştirmesini isteriz. Ancak bu doğru zaman gibi görünmüyor. Belediye tekliflerimizin hiçbirini kabul etmiyor, tam tersine zaten almamız gereken parayı vermeyi gitgide güçleştiriyorlar.

Gerçekten başarma şansı olmadığından, projeden bir süreliğine vazgeçmemiz gerektiğini hissediyorum. Elimden gelen her şeyi yaptım ve devam etmemizi sağlayacak başka kanallar bulabileceğimi sanmıyorum.

Seni hayal kırıklığına uğratmak beni çok üzüyor ve anlayacağını umuyorum.

Umarım senin açından her şey yolundadır ve tekrar Avrupa'da olduğunda görüşürüz.

En içten selamlarla,

Piet de Jonge

VAN ABBE
MUSEUM

Stedelijk Van Abbemuseum
Postbus 235
5600 AE Eindhoven NL
Telefoon 040-389730

12th february 1987

Mr. Michael Asher
2262 S.Carmelina Ave. apt. 6
Los Angeles Cal. 90064

USA

Dear Michael,

Thank you for your kind letter. I am sorry you did not reach me during Christmastime but I took a small vacation (and fell ill). Anyway I am well again and very busy organising different exhibitions at the same time.

This letter is very difficult for me to write because I have tried very hard talking to different legal and tax people and with Rudi of course. We both feel it is a wonderful plan and would like to have it realised one day. This just does not seem to be the right day. The municipality is not willing to accept any of our proposals, on the contrary they are more and more difficult providing us money we should get anyway.
I feel we have to abandon the project for some time because there is no real chance in succeeding.
I have tried my utmost and do not think I can find other canals that will enable us to continue.

I am very sorry to disappoint you and I hope you will understand.

I hope all is well with you and hope to see you when you are in Europe again.

Warmest regards,

Piet

Piet de Jonge.

Bilderdijklaan 10
Telex 51365 / Postgiro 1094666

Soyutlama ve Toplumsalın Para Birimi

Laura Ptak, Marina Vishmidt ile konuşuyor

Mayıs 2013'te, Marina Vishmidt'le, emek ve değer-biçimleri üzerine keskin fikirlerinin etrafında dönen bir söyleşi yapma fırsatım oldu. Dijitalle bağlantılı olarak mülkiyet ve değer üretimi kavramları üzerine konuştuk; sosyal medya platformlarından alternatif para birimi formlarına kadar her şeye değindik. Vishmidt sanata baktığında, bugün her türlü çalışma yaratıcı olma zorunluluğunu hissederken sanatın toplumsal faydaya doğru bir dönüş yaptığını, ekonomik ve kentsel ilerleme biçimleriyle doğrudan bağlantılı olduğunu gözlemliyor. Söyleşi boyunca soyutlamanın rolü ile hem emeğin hem de eyleme geçme kapasitemize duyulan inancın belirsizleşmesinin kapitalizmin mekanizmaları için vazgeçilmez olduğundan bahsediliyor. Bu koşullar göz önüne alındığında, Vishmidt bizi günümüzde mülkiyetin gerçek bir reddinin neye benzeyeceğini sormaya yöneltiyor.

Laurel Ptak: Yazılarınız son zamanlarda "spekülatif üretim tarzı" diye tabir ettiğiniz şeye odaklanarak, sanat, finans ve dijital medya gibi alanlarda değerin üretilmesinin yollarını görmemizi sağlıyor. Bu kavramı bizim için açar mısınız?

Marina Vishmidt: Elbette. Bir üretim tarzı olarak spekülasyon; sanat, finans, işin değişken doğası gibi güncel sermaye güçleri üzerinden ifade edildikleri ya da toplumsal olarak yeniden şekillendikleri haliyle öznellik ve finans üzerine konuşurken kullanmakta karar kıldığım bir konu başlığı. Spekülatif bir konunun –özellikle dijital medya gibi alanlarda– insanlarla sermayenin nasıl bir araya geldiği konusunun ana hatlarını çıkarmaya çalışıyorum. Ama bu konu bir yandan, politik olarak ilginç olabilecek, bir tür olumsuzluk ya da özdeşleşmeme riskini taşıyor. Örneğin ilgi ekonomisi fikri, Marksist gerçek soyutlama kavramı üzerinden yaklaşmak ve sanat emeği ile sanat emeğinin sanatçıların kendilerine dair emek, yönetim ve dışavurum ile ilişkili olarak belirledikleri pek çok tarihsel türevi etrafında dönen farklı tartışmalarla karşılaştırmak istediğim bir şey. Ancak bu kesinlikle bir analiz önermekten ziyade bir analizin ana hatlarını çizmek demek.

Sanat işini ilgi üretmek ya da onu yönetmek olarak düşünebilir miyiz? Ve tam tersine, sanatı, değer için üretim süreçlerinde askıya alma ya da çalışmayı geri alma anı olarak görebilir miyiz? Buradan, içinde spekülatif sanat pratiği ile spekülatif finans ve insan sermayesi alanlarının yan yana koyulabileceği, sonra da spekülatif müşterekler siyaseti ile ayrıştırılıp olası bir sonuç olarak gerçekleşebileceği bir üretim biçimi olarak spekülasyon hipotezi ortaya çıkacaktır.

LP Bu çerçeve içinde mülkiyet sorunlarıyla ilişkili olarak dijital üzerine nasıl düşünebiliriz? Dijitalin üretim ve tüketim modelleri nelerdir? Dijitalin ekonomileri sonucunda iş ve emek üzerine geleneksel fikirlere nasıl meydan okunuyor?

MV İlgi ekonomisi hipotezi değerin, özgür yazılım, eş kullanıcılar [*peer-to-peer*] ve sosyal medya gibi tam olarak ayrıştırılıp ölçülemeyen üretim ve tüketim tarzları sonucu ortaya çıktığı durumlara uygulanıyor. Bu etkinliklere ilişkin eleştirel teoriler ya da ekonomi politik açıklamalar onlardan bazen eğlence, araştırma, ücretli iş ve girişimin birbirinden ayrılamadığı "oyunemek" [*playbour*] ifadesiyle bahsediyor. Bu alana Marksist bir emek teorisi uygulamak zor olabilir. Özellikle de artı değer üretimi, yabancılaşma ve ücret gibi kapitalist işin diğer dayanak noktaları açıkça görünür olmadığından, emek anını ya da emeğin içeriğini saptamak zor. Tiziana Terranova ve Simon Yuill'in aralarında bulunduğu yorumcular dijital ekonominin, ekonominin geneli gibi büyük miktarda karşılığı ödenmemiş emeğe bağlı olduğuna dikkat çekiyor. Bu emek genelde sözleşmeli/sözleşmesiz aktörlerin geniş özgürlüğünü korumak adına emek olarak tanınmıyor.

Facebook gibi tekelci sosyal medya platformları reklam temelli kâr modelleriyle oldukça spekülatif. Facebook'un kârı, büyük ama değişken. Kâr modeli, ilişkileri ve paylaşılan bilgiyi sermaye mallarına dönüştürüyor ancak –sermayenin gerçekleşmesi sürecinin genelde olduğu gibi– bu dönüşüm her zaman belirsiz. Bunun sonucunda, Jaron Lanier'ninki gibi sorunlu ancak ilgi çekici perspektiflerin öne sürdüğü üzere, özellikle Batı'da, sosyal ve politik altyapıyı etkileyecek şekilde emeğin değeri düşürülmüş oluyor.

Amazon Mechanical Turk modeli gibi bir şey bunu ortaya koyacak, aynı zamanda da geleneksel sömürüye direniş yöntemlerini erozyona uğratan işin parçalara ayrılmasını –zaman ve mekân formları ile işin sosyalliği– yansıtacaktır.

LP Burada bizim ücretli emeğin yabancılaşmasının ya da kapitalist ilişkilerin ötesine geçen fikir ve deneyimleri paylaşma arzumuz, kolektif bilgi formlarının istimlak edilişi gibi istismar edilmiş oluyor. Bu kolektif biçimleri geleneksel ya da tekelci iyelik modellerinden nasıl koruyacağımız sorusu gözden kaçıyor.

MV Creative Commons gibi yerleşik alternatif lisans modelleri, dijital ekonomideki değerlendirmenin temelini oluşturan katı entelektüel mülkiyet rejimini esnetmeye çalışıyor. Bunlar ayrıca, mülkiyet yasalarını ve eser sahipliğini büyük ölçüde sömürü ve mahrum etme olarak yeniden üreten maddi koşullara hiç bulaşmadan mülkiyet ve eser sahipliğinin kontrolünü meşru kabul ederek, bu rejimdeki kâr elde etme buyruğunu sağlamlaştırıyor. Esasen bir esneklik ve faillik görüntüsü sağlayarak, bu yapıları onaylamış oluyor, bu yüzden dönüştürücü olmaktan ziyade muhafazakâr yapılar bunlar.

Ancak bu, modellerden yalnızca biri. Sanırım soru daha çok gizli sosyal ilişkiler ve sosyal ağların nasıl hem (sanki istediğiniz dünya zaten mevcutmuş gibi davranan) prefigüratif, hem de (bütünün içinde ya da uzağında iyileştirilebilir boşluklar bulmaya çalışmayan, bunun yerine onun temel mantığını sorgulayan dayanıklı ve dirençli sosyalliklerin yaratılması gerektiğini bilen) agnostik bir öze sahip üretim ve dağıtım ağlarında karar kılabileceği ile ilgili. Bana göre, tümden sahiplenilmiş sosyal medyanın sosyal ilişkileri ve sosyal metaları söz konusu olduğunda esas soru gitgide daha fazla zaman, etki ve de iyelik üzerine olmaya başladı. (Sadece bu ağlardaki insanların ve kurumların varlığı nedeniyle bile) açıkça göz önünde bulundurulması gereken çok spesifik pragmatik tarafları var. Ancak Creative Commons hatta korsanlık temelli aktivizm de dahil olmak üzere bu ağlar içinde nasıl iletişim kurup nasıl üretim yaptığımızı yeniden gözden geçiren her yöntem, dijital mülkiyete karşı atılacak hiçbir adımın –herhangi bir ölçekte– bir soyutlama içinde, müşterek temelli pratikler ya da başka bir şeyin egemen ve biçimlendirici olduğu, mülkiyetin temeline yönelik daha kapsamlı bir tehdit oluşturmadan başarılı olamayacağını açıkça ortaya koydu. Bununla, savunma-suçlama tarafının her iki tarafını da dolduran pek çok analizin yaptığı gibi, ölçeğin homojen olduğunu ya da sosyal ağların teleolojik olduğunu söylemek istemiyorum. Örneğin, yakın zamanda aktivizm ve girişimcilik üzerine yazdığım bir metinde alternatif para birimleri ve bunların tarihsel bağlamlarının ne kadar değişken olduğunu inceledim. Bitcoin bunun iyi bir güncel örneğidir: Paranın anonimleştirme işlevini aynen korur ama bunu itibari paranın bağımsızlık prensipleri olmadan yapar. Sanırım burada asıl mesele, hepsi aynı anda işbaşında olması gereken bu eleştiri katmanlarını karıştırmadan ayrı ayrı dillendirmek: formel-mantıksal olanları (içkin eleştiri), tarihsel analizi ve (daha iyi bir ifade bulamadığımdan söylediğim üzere) daha stratejik bir eleştiriyi.

LP Gerçekten adil bir müşterek için gerekli koşulların üretilmesi hakkında düşünmeye nasıl başlarız? Mülkiyet kavramını yeniden üretmek yerine radikal biçimde dönüştüren bir müşterek...

MV Kurucu bir müşterek pratiği bu yapıların meşruiyetini tartışan ve onlarla pazarlık yapmak yerine onları işletilemez kılan bir pratik olmalıdır. Bu, doğrudan ve küçük ölçekli cemaat kontrolünün mahrum edici kapitalist üretim ve mülkiyet yasalarına yanıt olduğu anlamına gelmiyor; soru bugün karşılaştığımız ölçekte ve soyutlama derecesinde formüle edilmeli. Yani eğer sermayenin ötesine geçmek onun altına düşmekten başka bir şey ifade edecekse, böyle olmalı.

Neticede ortaya çıkan kolektif üretimin meta temelli üretime karşı rekabeti kaybettiği senaryoyla birlikte, ilgi ekonomisinin müşterekle ilgili sosyal ve politik söylemlere bağlandığı durumlarda, bu müşterek temelli üretimin platformunu hâlâ büyük ölçüde sermaye sağlıyor. Dmytri Kleiner'ın da yazdığı üzere, işçilerin elden çıkarılması mümkün gelirleri alternatif sosyal ve ekonomik modellere yöneltilmeye devam ettiği ve bu eğilim üretim ilişkilerinin kendisinde bir dönüşüm yaratmaktan aciz kaldığı sürece durum böyle olmaya devam edecek.

LP Politik olan ile teknolojik olan arasındaki ilişki hakkında ne düşünüyorsunuz?

MV Politik olanla teknolojik olan ne kavramsal ne de pragmatik olarak birbirinden ayrılabilir. Sermaye çelişkili bir şey ve bu çelişkiler, o hepimizi toptan yok etmeden, onu yok etmek için kullanılabilir. Ama biz politik öznelliği nasıl üretip düzenleyeceğimiz üzerine düşünmeden dışarıdan yenilikler yapamıyor [*out-innovate*] ve dışarıdan işbirliği sağlayamıyoruz [out- cooperate], hatta sermayeyi reddeden teknolojik ya da pragmatik temellerde bir "biz" oluşturamıyoruz. "Sermaye mülkiyet ve değer biçimi düzeyinde, yani maddi, duygusal ve dolayısıyla politik alanda pratik olarak reddedilebilir mi?" sorusu geçerliliğini koruyor. Teknoloji sosyal ilişkileri ve buradaki duygulanımları etkiliyor olsa da, ancak başka kolektiflik biçimleri hayal etmeye ve örgütlemeye yönelik yeni pratik olanaklar sunduğu ölçüde siyasallaştırıcı bir güç.

LP Dijital bir ekonomi içindeki meta biçimini nasıl görmeliyiz? Bu konuda mevcut ekonomik modeller yetersiz mi kalıyor? Eğer öyleyse, neden?

MV Geleneksel ve neoklasik ekonomik paradigmaların, arz ve talep gibi ortodoks ölçümleri kullanarak, dijital ilgi ekonomilerinin değerlendirme modellerini açıklamakta zorlandığını görüyoruz. Bu kategoriler seyircinin tek yönlü reklama muhtaç bir meta olduğu eski türden pazarlama modellerine benzer şekilde işlemiyor.

Endüstriyel üretimde işledikleri gibi de işlemiyor. Sosyal medyayı dağıtılmış ilgi ekonomisi olarak ele alırsak, meta, birileri zincirin herhangi bir noktasında bir değer hesaplasa da, dolaşım aşamasında zamansal ve duygusaldır. Sosyal medyanın ya da finansal türevler dünyasının yönlendirici arketipler olduğu durumda, (fikri) mülkiyet yasaları geçerli olduğu sürece, sermaye ile sibernetik geribildirim döngülerinin tam olarak uyumlu oldukları açık.

LP Mübadele biçimlerinden bahsedebilir misiniz? Hatta alternatif finans biçimlerinden? Bunlar daha önce betimlediğiniz Creative Commons lisansları ile mülkiyet üzerine normatif fikirler arasındaki ilişkiyle benzerlik taşıyor mu?

MV Gerçek soyutlama, hayatlarımızın paradigmaları olarak soyut değerin ve soyut mübadelenin tahakkümüne ilişkin somut sosyal deneyime atıfta bulunur. Soyutlama gerçektir, çünkü sosyal olarak etkilidir; nesneler gerçekten sosyal ilişkilere dahil olur. Paranın genel muadili bağımsız bir aktör olarak fetişleştirilir; emek, güç ve sınıfı temel alan sosyal ilişkilere hem aracılık eder hem de onları yok sayar. Para gerçek soyutlamanın bir örneğidir; gerçek etkileri olan soyut bir kavram. Zaman bankaları, LETS [*local exchange trading system* - yerel değiş tokuş ticaret sistemi] ve Bitcoin gibi para birimi reformu ve doğrudan mübadele önerileri her kapitalist kriz döneminde olduğu gibi bugün de gitgide daha fazla dolaşıma giriyor. Paranın ve soyut değerin tahakkümü yerel para birimlerinin ortaya çıkışıyla zayıflamaz, zira bunların sahiplenilmesi ve dolaşıma sokulması bu tahakküme parazit durumdadır. İstihdamdan geriye kalan boş zamana, eğitime, borca ve gitgide daha çok bu projelere katılarak yerel ekonomileri destekleyenlerin çalışma refahına muhtaçtırlar. Sosyal ilişkilerin politik bir boyutu olabileceği için yerel eser sahipliği geliştirme yetileri sistematik olarak risk altında oldukları için tecrit ve toplum destekli polisliğe neden olur.

LP Şimdiye kadar tartıştıklarımızı göz önünde bulundurarak, bu noktada sizin çalışmalarınızın bu düşünme tarzını daha spesifik olarak sanat alanına nasıl bağladığına dönmek istiyorum.

MV Sanat nesnesi, sanatçı özneler ve işletme mantığı arasındaki ilişki üzerine yazıyorum. İşletme teorisi onlarca yıldır yaratıcılığı, akışı, tekilliği ve doğaçlamayı bir çerçeve olarak kucakladı. İşletme ve sanatın çok ortak noktası var, belki de en belirgin olanı şu: Her ikisi de, ancak bir ihtimal, kaynak ya da referans kisvesi altında yeniden sunmak üzere emeği yok ediyor. Her ikisi de (zihinsel emekle el emeği arasındaki ayrıma benzer şekilde) kendini emekten ayırıyor. Emeğin işletmecisi için değer yaratan bir tür nihai proje tarafından emilen bir emek bu.

LP Bu işletmeci rolünün kültürün kendisi tarafından taklit ya da icra edildiğine yönelik gözleminiz çok çarpıcı, çünkü aynı zamanda sanatın genelde temsil ediliş şekliyle çelişiyor.

MV Düşünümsellik eleştirel sanat üretimi ve aracılığında hayli değer yüklü bir terim. Ancak eleştirel kültürel pratiğin, kitlesel tüketiminin daha geniş bir zeminine karşı, aynı zamanda hayli normatif bir terim ve teknoloji. Onu eleştirinin bürokratik bir biçimi olarak tespit etmek için yalnızca eleştirelliğin sanat okullarının müfredatında nasıl öne çıktığına bakmak yeterli. Eleştirelliklerde böyle bir eğitim neredeyse her zaman eleştirinin kovulduğu noktaya işaret eder. Betimleyici ya da atıfsal yönü eleştirel iken, performatif ya da öngörücü tarafı istikrar sağlayıcıdır. Danışma, değerlendirme ya da kıymet biçme gibi diğer alanlarda işletmeye işaret eden geribildirim ve ölçüm araçlarına –standart işletim usulüne– benzer bir işlevi vardır.

LP Sanat daha önce sosyal medya üzerine yaptığınız gözlemle paralellik taşıyor. Sizin ifade ettiğiniz üzere, emek anını tespit etmek çok zor olabiliyor ve bu da kendi başına iş olup olmadığı ya da işi içerip içermediğiyle ilgili tartışmaya açık fikirleri beraberinde getiriyor.

MV Sanat, verimli ilişkilerle, soyut emekle, karşıtı üzerinden tanımlanıyor, ona karşı konumlanıyor. Sanatçılar her zaman emeklerini ve iş, işletme ve girişimcilik ile ilgili olan sosyal ilişkilerini yanlış tanımladılar. Theodor W. Adorno sanatı modernitenin hem sembolik hem de karşıt figürü olarak tanımladı; sanatçı öznenin ortaya çıkışıyla bertaraf oldu ve mutasyona uğradı. Bu yüzden Adorno'ya göre sanat kapitalist ilişkilerin soyutlamasını varoluşunun en temel hakikati olarak içselleştirir. Paradoksal bir terim olan "sanat işçisi"nin ve sanatın inişli çıkışlı emek politikaları tarihinin kendisinin de ifade ettiği gibi, sanatla emek arasındaki ilişki her zaman sorunludur.

LP Bu dinamikler zaman içinde değişti mi? Bu durum hangi ölçüde kapitalizmin güncel koşullarına has?

MV Michel Foucault neoliberalizmin kökenlerinin mübadele öznesinden rekabet öznesine geçişte olduğunu düşünüyordu. Sermaye içselleşti ve işçi ile sermayenin farklı ihtiyaçları arasındaki düşmanca ilişki ortadan kalktı. Bugün tam da sanatın sosyal olarak *faydalı* –ekonomik büyümeye, sosyal entegrasyona ve kentsel yeniden gelişime yardımcı– olması gerektiği sırada, her türden ücretli işin yaratıcı olmak durumunda kalması tesadüf değil.

Büyüme ve genişleme yasalarıyla sermaye figürü, sanatçı ve işçiyi ontolojik olarak ayrı şekilde üreten sosyal işbölümünü garantiler. Hatta tam da sanat yapıtının daha geniş sosyal ilişkiler alanında (sanatın sosyal, katılımcı ve ilişkisel biçimleri) çözülmesi vasıtasıyla bu çözülmenin bireysel sanat sermayesi olarak telafi edilmesinin zor yoluyla ayakta tutulduğu söylenebilir.

Sanatçı hem vasfını kaybetmiş bir hizmet çalışanı hem de toplumsal yaratıcılığın işletmecisi ve küratörü olarak ortaya çıkar.

İşçi olmayan ve emeğin ütopik modelinin figürü olarak sanatçı, sermayenin sınırsız yaratıcılığı ve dönüştürücü aktörlüğünün bir analojisi olarak hayatta kalır. Özellikle bu figürün, o zaman bir değişime uğramayan, toplumsal formlar içindeki antikapitalist ya da muhalif içerikle uğraştığı kriz ve çöküş dönemlerinde doğrudur bu.

Son on-yirmi yılda bir ortodokside somutlaşan sanatın otonomisine dönük tehditler, sanatsal pratiklerin ve sanatsal kurumların gitgide daha fazla pazarın heteronomisi tarafından belirlendiği bir anlayışla, büyük ölçüde bu tehditlerin sonuçlarına adapte olmayı başardı. Böylece, bu sosyal pratik alanına nesnel kuralları dayatan şey saf tüketim ve emeğin ortadan kaldırılması oldu, öte yandan otonominin modernist öznesi de –işletmeci, araştırmacı ve etnograf karakter maskeleri vasıtasıyla– temel oluşturmaya devam etti.

LP Eklemek istediğiniz bir şey var mı?

MV 20. yüzyılda sanatın biçimsel gidişatı ve ekonomik ilişkileri için belirleyici bir zemin olarak soyutlama kavramına yeniden değinmek faydalı olabilir. Mesela Sven Lütticken bu konuda uygun kümelenmeler çizdi. Ben modernist soyutlamanın ütopyacı değerliliklerine karşı tekrar tekrar ortaya çıkan bir hayranlığın bugün nasıl olup da ilk ortaya çıktığı döneme çok benzer ideolojik hamleleri yaratabildiğiyle çok ilgileniyorum; yani gücü süreç olarak yüceltme ya da savunulması mümkün olmayan küresel eşitsizlikleri maddi belirsizliğin tanımlanamaz bir gücü olarak süsleme.

Sermayenin gerçek soyutlaması parayla olduğu kadar sanatla da dolayımlı. Toplumsal arzuların muğlak ve nihai olarak çıkışsız olduğu bir saha. Değişemeyecek kadar geniş ve karmaşık üretim biçimlerini içeriyor ve bize şayet oyunun dışında kalmak istemiyorsak çok az pozisyon seçeneği sunuyor. Sanatta hep böyle düşünmeyi gerektiren tavırlarla karşı karşıya kalırız ancak özel koşullar daha şiddet dolu, daha tepkisel bir tarafı açığa çıkarabilir. Tıpkı geçenlerde Tensta konsthall'daki "Abstract Possible" sergisinde gördüğümüz gibi: Mikkel Bolt gibi eleştirmenler bu hamleyi büyük bir dikkat ve tarihsel bilinçle takip etti.

Nihayetinde soyutlamanın gücü, bizi kendi eylem gücümüzün o güçten, yani herhangi bir sese sahip olmamıza izin veren çelişkili ve baskıcı yapılardan ödünç alınması gerektiğine inandırmasıdır. Bu durum daha sonra hem ölümcül bir eylem pragmatizmi hem de aktivizmin bir kenara bırakabileceği şeyin aynı derecede uyuşuk bir kopyasını yaratır. Deneyimimizin soyut koşulları, ister sanatta, ister tinsel mülkiyet ya da üretim biçimlerinde yansıtılmış olsun, onu yorumlamamızı sağlayan analizden ayrılamaz. Bunlar aynı şeydir ve siyasetimizin özünü oluşturmaları gerekir.

İyelikten Aidiyete

Matthew Stadler

Yayıncılık ekonomisini şekillendirdikleri ölçüde mülkiyete ve iyeliğe bakmamız istendi. Bunlar iktisatçıların sözcükleri ve biz iktisatçı değiliz. Ancak bu sözcüklerin anlamları ve onları algılayışımız, bizim değer verdiğimiz şeylerin, örneğin edebiyat ve sanatın canlılığını ve dolaşımını doğrudan etkiliyor.

Bu yüzden iktisata yönelecek ve bu sözcükler bizim lehimize çevrilebilir mi diye bakacağız. Ben edebiyata odaklanacağım, çünkü önemsediğim ve bildiğim alan bu. Görsel sanatlarda da, üstelik bazen edebiyattan çok farklı baskılar altında yayın yapılıyor. Az bulunurluk görsel sanatta çoğu zaman ödüllendiriliyor, edebiyatta ise asla. Faydası ne olursa olsun, az bulunurluk görsel sanatın kimi hayati potansiyellerine zarar veriyor; bunlar arasında geçerlilik, eşitlikçilik ve karmaşıklık var. Yaptığımız işin asla biricik ya da tekil ya da sadece bir kişiye hitap edecek şekilde olmaması gerektiğini söylemiyorum; değerinin ona olan erişimin sınırlandırılmasıyla artmaması gerektiğinden söz ediyorum. Edebiyat da sanat da, iktisatçı Elinor Ostrom'dan ödünç alacağım bir kavramla, ortak havuz kaynakları olarak idare edilmelidir.

Ben kitapları çok seviyorum. Dahası edebiyatı çok seviyorum. Edebiyatla, tek bir tarafın –sadece yazarın, sadece okurun, sadece eleştirmenin, sadece bilgilerin doğruluğunu kontrol edenin ya da avukatın– üzerinde asla tümden iktidar iddiasında bulunamayacağı yazıyı kastediyorum. Edebiyat karşılıklı müzakere edilen, asla nihayete varmayan anlamlara alan açan yazıdır: Eşsiz bir siyasi alan. Müzakere ve diyalog edebiyatın değişmez koşullarıdır. Okuruz ve yeniden okuruz ve asla tek bir yanıta ulaşmayız.

Edebiyat bu yönüyle diğer yazılardan ayrılır. Kurmaca olmayan yazında, yapıttaki anlamlar üzerinde iktidar sağlayan yerleşik meşru hakikat standartları vardır ve bunlar mahkemede ya da gayri resmi olarak mahkeme dışında bağlayıcı bir karara ulaşılana dek savunulabilir. Edebiyat sadece yazarın söylediği anlamı ifade eden özel iletişimlerden de farklıdır. Edebiyat kamusal alana girmelidir. Yazar ondan vazgeçmelidir. Metin üzerindeki otoritesinden el çekme –onu sonsuz bir okur denizine bırakma– eylemiyle yazar, benim edebiyat dediğim şeyi yaratır. Bu siyasi bir eylemdir. "Kamusal alan" da denen politik alanın yaratılması eylemidir.

Bu durum, bu alanların kârlı işler olmayacağı anlamına gelmez. Sanat ve edebiyat soruşturma biçimleridir. Kendi başına faydalı, pazarlanabilir ürünler sağlamayıp pazarlanabilir ürünlere kaynaklık etmeleri anlamında "temel bilim" denen şeye benzerler. Uygulamalı olmayan "temel bilim" normalde –ya araştırma enstitülerine yapılan yardımseverlikle ya da doğrudan bilim insanlarını işe alarak– büyük, kâr elde eden şirketler tarafından finanse edilir. Belki sanat ve edebiyat da kültür endüstrisinin Ar-Ge bütçeleri tarafından finanse edilebilirdi? Merkezi Portland, Oregon'da bulunan reklam devi Wieden + Kennedy'de küçük bir ölçekte gerçekleşiyor bu; sanatçılara ödeme yapılıyor ya da "misafir" ediliyorlar, bunun karşılığında da sadece çalışmaları ve ilgi çekici olmaları bekleniyor. Bütün o kararsız kavrayışlarıyla sanattan başka bir şey üretmiyorlar. Daha bilinen bir örnek, Walt Disney'in sanatçı yetiştirmek için kurduğu, Disney'in "hayal mühendisleri"nin [*imagineers*] öğrendikleri ve keşifler yaptıkları temel Ar-Ge olan California Institute of the Arts, CalArts olabilir.

Sanat ve edebiyata buradan, kültürel Ar-Ge biçimleri olarak bakarsak, eşsiz oldukları yönleri hemen görürüz. Araştırmanın çoğu –pozitif bilimler, sosyal bilimler ve gazetecilik– çözüme ve üzerinde uzlaşılan hakikatlere ulaşmayı hedeflerken, sanat ve edebiyat çoklu olasılıklar, çelişki ve paradokslarla dolu pek çok doğru yanıtın peşinde koşar. Sanat ve edebiyat bizi başkalarıyla sürekli bir müzakere halinde, asla yanıtlar, iktidar ya da iyelik tarafından kapatılamayan derin bir sosyal düzenlemenin içinde bırakır. Temel bilimler de sandığımızdan daha fazla böyledir. Ancak kuşku yok ki sanat ve edebiyat kesinlik ya da kapanış aramaktansa araştırmayı besler.

Ekonomik terimlerle "fikri mülkiyet"ten, ancak onun alışılmadık bir biçiminden söz ediyoruz. Bu "mülkiyet" canlıdır, bizi aşar, kavrayışımızın dışındadır. Doğrudan kelime anlamıyla kamusal alandadır; yani yabancıların birbirlerini müşterek içinde tanıdığı ve anlam ve değerlerin sürekli diyalogla şekillendiği, herkese açık olan müşterek zemindedir. Buna nasıl sahip olur ya da bunu nasıl satarız? Edebiyat ve sanat –zaman zaman fikri mülkiyet olarak tekrar şekillenen bu araştırmalar– uygulayıcıları sahipliği üzerine kavga ettiğinde ya da sahiplenmeyi ve satmayı daha kolay hale getirecek sınırlar çizdiklerinde zarar görebiliyor.

Bir yapıtı yayımlayarak kamuya bırakmanın –"yayınlama" dediğimiz şeyin– yazarlar için başka bir pragmatik anlamı var. Para kazanılabilecekleri an bu. Yazar pazarda satabileceği bir şey, sahip olduğu ve başkalarının satın almak için para ödeyeceği bir şey olsun diye iyelik iddiasında bulunur. Bu iyelik mübadelesi değerin parlama noktasıdır; bir fiyat konur ve mübadele mümkün kılınır. Kolaylık açısından mübadele açık seçik elle tutulabilir ve sahip olunabilir, birine ait olabilir maddi bir nesnenin, kitabın etrafında düzenlenir ki iyelik açık ve tartışmasız olsun.

Ostrom'un ifade ettiği gibi, mübadele iki çok farklı türden malın birleşmesine bağlıdır: "Kamu malı" dediği edebiyat ile tartışmasız şekilde "özel mal" olan kitabın. Ama para hareket etmek zorundadır. O yüzden edebiyatı kitaplar ya da artık e-kitaplar içinde satıyoruz. Daha derin çelişkiler için, çalışan bir "sorun giderici" olduğu kanıtlanmıştır. Bu yüzden edebiyat kolaylıkla mübadele edilen özel malların –kitapların– satışı ile desteklenebilir.

Maddi kitapların satışı birdenbire çok zorlaşmış olsa da, yayıncılar bir araya gelerek "e-kitapları para eder hale getirmenin", yani dijital bir dosyayı, en azından e-kitapların alınıp satılmasına yetecek kadar, maddi bir kitap gibi sınırlayıp aktaracak şekilde düzenlemenin yollarını buldular. Bu gerçekten de sadece bir tasarım sorunuydu. Ve çoğu yayıncı için temelde "Alışverişi nasıl edebiyatta kârlılığın motoru olarak koruyabiliriz" meselesine dayanan "yayıncılık krizi"nden sonra geçen on yıllık kısa sürede, sorun daha şimdiden çözülme yolunda.

İçindeki edebiyatın aksine bir nesnenin –kitabın ya da e-kitabın (bu ikisi birbirinin yerine geçebilir olarak düşünülmeli)– satışı şarttır, çünkü edebiyatın kendisine sahip olmak mümkün değildir. Ona yazar bile hiç sahip olmamıştır, bu da edebiyat yazarları arasında ortak olan, hepimizin bir düzeyde hiçbir zaman bize ait olmayan bir şeyi sahiplenmeye çalışan şarlatanlar olduğu duygusunu açıklar. Bir şeyi başkalarına satmak için, çoğu zaman derinlerde sahip olduğumuz, bizi çok aşan bir sürecin ancak katılımcıları olduğumuz hissine rağmen, ismimizi ekleyip bir iyelik iddiasında bulunmamız gerekir. Ve kitaba sahip olacak olan bu başkaları, içinde bulunan edebiyatla ilgili o kadar küçük bir "iyelik" hissederler ki, sıradan bir şekilde, paylaşırlar, yüksek sesle okurlar, dinlemek isteyen herhangi birinin üstüne boca ederler onu; kitabı ödünç verir, hakkında gevezelik eder, "sahip oldukları" söylenen bu şeyi hibe ederler, çünkü gerçekte edebiyata sahip olunamaz. Edebiyat tanımı gereği karşılıklı müzakere edilen, asla nihayete varmayan anlamların alanıdır, açık erişim ve paylaşıma dayalı olarak gelişen, aslında buna muhtaç olan bir alan.

Yani bu düzenlemeler edebiyatın temel mantığına, özüne ve izin verdiği ilişki biçimlerine aykırıdır. Bu da görsel sanatlarla paralelliğin en güçlü tarafıdır. İyelik ve mübadele yapıları, yazarın eline para geçmesini sağlasa bile, edebi kültüre düşmandır. Tek düşündüğümüz bu olursa, kaynağı tüketme riskiyle karşı karşıya kalırız. Ancak sanat ve edebiyat gibi mallara daha çok uyan ekonomik modeller var. Ostrom'un "ortak havuz kaynağı" dediği şey de bunlardan biri.[1]

Ostrom'un ekonomi teorisine katkıları arasında özel mallar ile kamu malları arasındaki ayrım üzerine yaptığı çalışmalar, özellikle de birbirinden ayrı dört mal kategorisi olduğuna yönelik analizi sayılabilir. "Mülkiyet"in farklı türden malların idaresi için uygun düşen ya da düşmeyen bir yasal tabir olduğunu hatırlamak gerek. Özel mallar, özel mülkiyet ve bu aracın olanak sağladığı tüm ilişkiler ve mübadeleler tarafından güzelce idare ediliyor. Ancak diğer türden mallar başka değerlendirmeler gerektiriyor.

Ostrom malları dört çeşide ayırıyor: "Herkesin erişebileceği ve bir kişinin kullanmasının diğerlerinin kullanmasından bir şey eksiltmeyeceği bir mal" olarak tanımladığı kamu malları (örneğin televizyon yayını ya da kamuya açık bir web sayfası); başkalarının kullanmasına engel olabileceğimiz ve bir kişinin kullanıyor olmasının bir başkasının kullanmasını dışladığı özel mallar (bir çekiç ya da bir somun ekmek) ve bu ikisinin, kamusal olanla özel olanın arasında Ostrom'un "ortak havuz kaynakları" ve "pay malı" ya da "kulüp malları" dediği farklı tür mallar vardır.[2]

Pay ya da kulüp malları üyelik satın aldığımız kaynaklardır. Ostrom bir dergi aboneliğini örnek verir. Buna Netflix'i, Xbox gibi oyun sitesi üyeliklerini ya da AppleCare gibi online hizmetlere üyelikleri ekleyebiliriz. Üyeliği olmayanlar kolayca kulüpten dışlanır, bir üyenin malları kullanmasıysa diğerlerini kaynaklardan mahrum bırakmaz. Ortak havuz kaynakları başkalarını kullanmaktan mahrum edemeyeceğimiz ve kullanılınca tükenebilen mallardır. Sınırlamasız kullanım kaynağın sürdürülebilirliğini tehdit eder. Balıkçılık ve ormanlar bunun iyi örneğidir. Bu onları tükenme ya da iktisatçıların "eksilebilirlik" dediği şeyin tehlikesi olmadan kullanılan "kamu malları"ndan ayırır.

Ostrom'un öncü çalışmaları kulüp malların ve ortak havuz kaynaklarının anlaşılması için derinlemesine araştırmalar sundu. Ostrom her ikisi için de, hem kamu mallarının hem de özel malların idaresinde kökten farklılık gösteren idare biçimleri öneriyor. Araştırmaları sulama, balıkçılık ve ormanlar gibi maddi ve biyolojik mallara bakarak başladığından ancak yakın zamanda bu ayrımları fikri mülkiyete uyarlayabildi. Charlotte Hess'in ortak editörlüğünü yaptığı metinlerden oluşan, 2009 tarihli kitabı *The Knowledge Commons* [Bilgi Müşterekleri], bu yeni uygulamanın çerçevesinin taslağını çizer. Ostrom bu kitapta sanat ve tiyatronun "kamu malları" olduğunu söylüyor.[3] Bu konuda geniş bir anlaşma var.

Sağduyu, sınırlandırılmamış kullanımın sanatı ya da edebiyatı tüketmediğini söyler, bu yüzden de onlar ortak havuz kaynaklarından ziyade kamu mallarıdır. En basit düzeyde doğrudur bu. Aşırı avlanmanın balık nüfusunu hızla sıfırlaması gibi, aşırı edebiyat ya da sanatın kullanılmasıyla havuzdan sayılar eksilmez. Edebiyat ve sanatta tam tersi olur: Artan kullanım, kaynakları da artırır. Ancak yüzeydeki bu bolluk sınırlanmamış kullanımdan doğan daha derin bir tükenmeyi gölgeler. Ekonomistlerin "eksilebilirlik" dediği bu tükenme, edebiyat ve muhtemelen sanat için özgün olarak tersten gerçekleşir. Kaybolan edebiyat, kullanıcıların ihmal ettiğidir. Bu paradoks önemlidir ve çok az anlaşılır. Balıkçılığa ya da ormanlara tümden karşıt bir durum söz konusudur. Pazarın istemediği balıklar ihmal sayesinde gelişir, serpilir, oysa sanat ve edebiyatta böyle olmaz. Tekrar ediyorum: Kaybolan edebiyat, kullanıcıların ihmal ettiğidir.

Ne kadar çelişkili olsa da, bu durum edebiyat ya da sanatı sadece kamu malları olarak görmeyi olanaksız kılar. Böyle yapmak, kaynağı tüketme riskini doğurur. 20. yüzyılda edebiyatın ekonomisi önemli bir örnek. Bugün, insanlık tarihinde herhangi bir dönemde olduğundan daha fazla kitap ve e-kitap alınıp satılıyor: Yüzeyde bir bolluk var. Ancak okunan ve erişilebilir olan kitapların aralığında radikal bir daralma ve homojenleşme söz konusu.

Kümelenme, yekpare kullanım modelleri –kitlesel üretim ve pazarlama tarafından şekillendirilenler– ilgiyi gitgide daha az kitaba yönelterek alanın geniş kısımlarını nadasa bırakıyor. Bu kitapların dışında kalan kısım –edebiyatın hassas ekolojisinin tamamı– küçülüp kayboluyor. Sonuçta balıkçılık ya da kereste işinde olduğu gibi "eksilemez" kamu mallarına uygun olandan epey farklı bir idareye ihtiyaç var. Ortak havuz kaynakları tükenmenin önüne geçilmesi için yerel temelli, karşılıklı müzakere edilmiş bir idareye ihtiyaç duyuyor.

Ostrom en başarılı ortak havuz kaynağı sistemlerinin, binlerce yıldır kullanılan düzenleyici araçların dünyanın dört bir yanında, örneğin İspanya Valencia'da ortak sulamayı, Filipinler'de kanal inşası ve bakımını, Japonya'nın dağlarında orman idaresini ve İsviçre Alpleri'nde çayırların idaresini sağlamaya yarayan beş özelliğini tespit etti. Bunlar: (1) açıkça çizilmiş sınırları, (2) kârlar ile masraflar arasındaki orantılı değerleri, (3) kolektif tercih düzenlemelerini, (4) iç içe geçen girişimleri ve (5) kademeli bir dizi denetim ve uygulama araçlarını içeriyor.

İşte bu noktada ekonominin özelleşmiş söyleminin derinliklerine ulaştık. Kavramların çoğu ve neredeyse tüm kelime dağarcığı hayatlarımız boyunca üzerine en çok düşündüğümüz ya da en çok umursadığımız şeylerle ancak tesadüfi ya da geçici bir ilgiye sahip olacak. Aklım doğal olarak merhum Amerikalı yazar Guy Davenport'un emsalsiz dehasına ve onun, değirmencinin aptal oğlu, arkadaşı Tarpy ile geçirdiği yaz tatilinin uzun boş saatlerinde mastürbasyonun zevklerini keşfeden İsveçli genç Jens'i takip eden nefis öyküsü "O Gadjo Niglo"ya takılıyor. Zihnim mülkiyet ve sahip olma ile bunların yayıncılık ekonomisini nasıl biçimlendirdiklerini anlama göreviyle dolu olduğundan, Davenport'un güzel cümlelerinden uzaklaştı. Örneğin:

> Öğleden sonra, kışın ayıların balık avladığı kumdan kıyıda yeniden aynı şeyi yaptık. Çüküne dokunmama izin verdi. Ona bir parça turta getirmemi istedi. Güneş batmadan tepecikle nehir arasında buluşalım dedim. Yanımda bir tavuk buduyla büyük bir dilim üzümlü turta getirdim. Kimsenin böyle yemek yediğini görmemiştim. Dişleriyle kemiği temizledi, sonra kırıp iliğini emdi. [...]
>
> Her gün buluştuk. Penceremden ayçiçekleri içindeki Tarpy'yi görüyor, okuduğum Fenimore Cooper'ı ya da Baron von Humboldt'u bir kenara bırakıp böcek şişem ve alet takımımla dışarı çıkıyordum. Matilda arkamdan "Hasır şapkanı almazsan güneş çarpacak!" diye feryat ediyordu. Denizin üstündeki uçurumdan ormana gidiyordum. Evden görülmeyecek bir yere gelince Tarpy birdenbire solumda beliriyordu. Çalılarla çevrili buz gibi bir çukurun içinde kıçlarımızı açıp girişiyorduk.[4]

Güzel dili bir kenara bırakalım. Bunun yerine Davenport'un parçalanmış, sınırlı okur kitlesinin kafa karıştırıcı pazar anormalliğine ve öğretmen, denemeci, illüstratör, çevirmen ve edebiyatçı olarak farklı uğraşlarının işlerini, hiçbiri ona yatırım yapmayı deneyen yayıncılara kâr garantisi sunacak kadar büyük olmayan, birbiriyle iletişim kuramayan kesimler arasında nasıl böldüğüne bakalım. Kalbim ve aklım mıknatısla çekiliyor gibi Jens'in alacalı eğreltiotlarının arasında Tarpy ile yan yana çıplak uzanıp otuz bir çekişine gidiyor olsa da, ödevim bana bu satırların yazarı Davenport'un ilk kitabı için, bir zamanlar bana söylediği gibi "kusursuz bir palindrom" olan 30,03 dolar aldığını hatırlatıyor. Ona bu sefil meblağı ödeyen Amerikalı yayıncı Scribner benim de ilk kitabımı basmıştı. Ve kariyerimi şekillendiren tarihin tesadüfleri arasında, yapıtları benim için çok kıymetli olan bu adama romanımın bir kopyasını iletmeleri yer alır. Daha küçük çapta ve daha az şöhretli bir geçmişe sahip bir yayıncının yapamayacağı bir ödemedir bu. Mülkiyet ya da iyelik kavramları bu beklenmedik malların, edebiyatın ya da sanatın ruhunu ve geleceğini nasıl biçimlendiriyor? Bu soru absürddür, bir hayal ya da kurmacadır. Öyle olsun. Biz edebiyatı seviyoruz ve ekonomiyi anlamak zorundayız.

Mülkiyet ve iyelik kavramları esnektir ve hukuk tarafından öğretilip düzenlenebilir. Bunlar herhangi bir anlamda hakikat değil, malların idaresi için gereken araçlardır. Her ikisi hakkındaki ortak kavrayışımız özel mallarla –"sahip olduğumuz" nesneler, ürettiğimiz ya da parasını verdiğimiz için bizim mülkümüz olan şeylerle– ilgilidir.

Ancak Ostrom'un eklediği diğer iki mal kategorisiyle birlikte –kulüp malları ve ortak havuz kaynakları– iyelik, "aidiyet" sözcüğü ile daha iyi ifade edilecek daha geniş bir alana açılır. Özel mallar (örneğin satın aldığınız kitaplar) size aittir; ancak edebiyat –kitapların içindeki o çözümlenmemiş ortak anlam alanı– sizin ona ait olduğunuz kadar size ait değildir. Okuyarak ve ilgilenerek o kolektif alana katılırsınız. Yani aidiyet hem sizin özel mala, kitaba sahip oluşunuzda hem de ortak havuz kaynaklarına, edebiyata karşı yükümlülüğünüzde ortaya çıkar ve ters yönlerde çalışır. Kitap size aittir. Siz de edebiyata aitsinizdir. Benzer şekilde kulüp malları bir bireye ait değildir. Birey, malları paylaşan bir gruba aittir. Ostrom abonelikle çalışan bir dergi örneğini verir.

Aidiyet sanat ve edebiyatın mülkiyet ilişkilerini iyelikten daha iyi betimler. Aidiyet bizi ortak havuz kaynaklarının mantığıyla tanıştırır. İyelikten konuştuğumuz yerde aidiyetten söz etmeliyiz. Aidiyetin iki farklı anlamı hâkim olma dediğimiz şeyle ilgilidir, ama bunlar sahip olmakla ilgili ilginç, esnek fikirlerdir. İlki, hukuk ya da güç yoluyla, mülkiyet olmadan var olmayacak bir tür doğal müşterekin dışında kalan şeyler üzerindeki kişisel hâkimiyetimizdir. Onları elimizde tutarız, onlara sahip oluruz, bu şekilde kendi geleceklerini yitirip bizim geleceğimizin, sahiplerinin, ait oldukları kişinin geleceğinin bir uzantısı olurlar. İkincisi, biz bir gruba ait olduğumuzda, otonom, sınırsız özgürlüğümüzden feragat edip başkalarına karşı hak ve yükümlülükler yüklenmemizi sağlar. Müşterek olarak sahip olduğumuz şeyi paylaşmayı kabul ederiz. Grup bize hâkim olur, paylaşılan bir kaynak ve onun geleceği ve sıhhatine bağlanırız.

Bu paradoksal terim, aidiyet, hem sahip olduğumuz hem de bize sahip olan kaynaklar, paylaştığımız ve sorumlu olduğumuz mallar karşısında mütevazı olmamızı sağlar. Kolektif değer kavramlarına davetiye çıkarır, parayı ve başka türden sermayeyi tam olarak sahip olunamayan ama kıymet verdiğimiz işleri mümkün kılacak şekilde harekete geçirmemizi cesaretlendirir. Bu yüzden, sanatçılar ve yazarlar, sanat ve edebiyata uygun sürdürülebilir ekonomiler arayışına girmişken, yayıncılıkta son dönemlerde gördüğümüz girişimlerin kolektif çalışmaya, kolektif yönetime, abonelik ve üyelik modellerine yönelmesi şaşırtıcı değil.

Eğer doğrudan o kavrama referans vermeden ya da doğrudan Ostrom'u okumadan edebiyat ve sanatı ortak havuz kaynakları olarak değerlendirirsek, hangi belirli değişiklikleri desteklemeli ve geliştirmeliyiz? (Uzayıp giden İsveç yazının alacakaranlığında kolektifliklerini şekillendiren Jens ve Tarpy'nin çarpıcı resminin arkasında gölgelerde kaybolmuş olarak) Ostrom'un listesine dönersek, etkin ortak havuz yönetimi için dört temel araca dikkat etmeliyiz: Doğru ve sürdürülebilir bir sanat ve edebiyat ekonomisi için aşmamız gereken zorluklar bana göre (1) açıkça çizilmiş sınırlar (2) kâr ve maliyet arasında orantılı değerler (3) kolektif tercih düzenlemeleri ve (4) iç içe geçmiş girişimlerdir. Ostrom'un beşinci temel aracı –kademeli bir dizi denetim ve uygulama araçları– gereksiz olabilir. Bu sorun ve belirgin biçimler –(1) açıkça çizilmiş sınırlar (2) kâr ve maliyet arasında orantılı değerler (3) kolektif tercih düzenlemeleri ve (4) iç içe geçmiş girişimler– artık uğraşmamız gerektiğini düşündüğüm meydan okumalardır.

Notlar

1. Elinor Ostrom, Roy Gardner ve James Walker, *Rules, Games, and Common-Pool Resources* (Ann Arbor: University of Michigan Press, 1994).
2. Agy. s. 7.
3. Bkz. Charlotte Hess ve Elinor Ostrom, haz., Understanding Knowledge as a Commons: From Theory to Practice (Cambridge, MA: MIT Press, 2006).
4. Guy Davenport, "O Gadjo Niglo", A Table of Green Fields: Ten Stories içinde (New York: New Directions, 1993), s. 108–9.

Arayüz, Erişim, Kayıp

Sean Dockray

Dijital dosya paylaşımı, kültürün belli biçimlerinin kitlesel olarak üretilip meta nesneler olarak (plaklar, kitaplar, vb.) üretilip tüketicilere satıldığı insanlık tarihindeki o kısa dönemin sonuna işaret etti.

Mülkiyet, bir anlamda, geri alınmıştı.

İnsanlar muazzam bir ölçekte kendi bilgisayarlarını ve kendi internet bağlantılarını, kendi nesnelerinin dijital bir versiyonunu birbirleriyle paylaşmak için kullandılar ve hızla farklı, müşterek bir iyelik formu yarattılar. Bunun ortaya çıkardığı krizi iyi biliyoruz. Daha az bilinen şey ise –zira süreç devam ediyor– takip eden, bireysel ve müşterek mülkiyetin geri alınması süreci. Bunu, mülkiyeti, emeği ve boş zamanı emen *dot.com* balonu sonrası tekno-süper-varlık "bulut"un hikâyesi izledi.

NESNE, ARAYÜZ

Karl Marx "havagazının, telgrafın, fotoğrafın, buharla yolculuğun ve demiryollarının" gelişiminin ortasında, sanayinin ilerlemeci mekanizasyonu ve otomasyonunun nasıl nihai olarak gereksiz bir "endüstriyel rezerv ordusu"nun geri dönülemez biçimde genişlemesi sonucunu doğurduğunu tarif etmişti.[1] Marx'ın teorisini –ve bu bağlantı ve iletişim teknolojilerini– içinde bulunduğumuz, kentlerin sanayiden arındırıldığı, göçmen emeğinin ve emek hareketliliğinin arttığı ve mesleklerin bilgisayarlaşma sonucu gereksiz kılındığı günümüzle karşılaştırmadan okumak zor.

Bilgisayarlaşmanın işyerine etkilerinin bariz örnekleri var: Fabrikalarda ve dağıtım merkezlerinde, bilgisayarlı görüş yeteneğiyle tasarlanan robotlar, sistem sürdükçe robot başına milyonlarca dolar kâr yaratacak şekilde bir avuç işçinin yerini alabilir. Bir de, algoritmaların, değişen koşullara göre işçileri nerede, ne zaman ve ne kadar süreliğine işe alacağınızı söylemesi gibi daha az görünür olan örnekler var.

Bu örneklerin her ikisi de bilgisayar programcılığıyla, "yeniden kullanma" ve "çöp toplama" komutlarıyla paralellikler içeriyor. "Yeniden kullan" kodu, yazılımın daha sonra başka bir programda aynı görevi yerine getirmek üzere tekrar kullanılabilecek şekilde yazılması için kullanılır. Geliştirildiği ortam bir montaj bandı olmadığından bir işlev için aynı süre, ilgi ve enerjinin bir kez daha harcanması savurganlık olarak görülür. Dolayısıyla böylesi bir tekrar kes-yapıştır'ı (ya da basitçe "çağırma"yı) mümkün kılar. Bir program yürütmenin ortasındayken, bilgisayarın hafızası veri ile dolar, bunların bir kısmı işlevsizdir (ve bilgisayarın etkin şekilde çalışması için artık gerekli değildir). Kendi haline bırakacak olursa hafıza tıkanır ve program çöker. Bu yüzden çöp toplayıcının görevi artık kullanılmayanları silerek hafızayı "boşaltmak"tır.

Nesne-Yönelimli Programcılıkta (OOP), bir programcı yazdığı yazılımı "nesneler" etrafında tasarlar, her bir nesne kavramsal olarak "özel" ve "kamusal" parçalara bölünmüştür. Kamusal parçalara diğer nesneler tarafından erişilebilir, ancak özel parçalar o nesnenin dışında kalan dünyadan gizlidir. Bu bir –iç mekanizmaları hakkında hiçbir şey bilinmiyor olsa bile girdi ve çıktıları vasıtasıyla bilinebilen şey anlamında– "kara kutu" örneğidir. Sonuçta aynı şekilde davranıyorsa bir kodun şöyle ya da böyle yazıldığının ne önemi olabilir? Filozof William James'in öne sürdüğü gibi, "eğer herhangi bir pratik fark tespit edilemiyorsa, seçenekler aslında aynıdır ve tartışma boşunadır."[2]

Salt bir kamusal arayüze sahip olmak dahi bir tür sosyal varlık olmak demektir. Eğer etkileşime geçeceği başka potansiyel nesneler yoksa bir nesnenin dışına erişim sağlamasının bir anlamı yoktur. Bu yüzden nesne-yönelimli programı anlamak için –nesnenin boyutunu ya da karmaşıklığını artırmak yerine nesnelerin sayısını ve çeşitliliğini artırmak suretiyle ilişkilerini daha yoğun hale getirerek– ölçeği genişletmeliyiz. Sonuçta başlangıç ve son yerine açık ve kapalı konumları olan karmaşık bir makine ortaya çıkar. Güvenilir şekilde aynı davranışı –aynı girdi ve çıktıları– sunmaları koşuluyla parçaları birbiriyle değiştirilebilir. Dahası, bu makine modifiye edilebilir: Makineyi yok etmeden modifiye edecek şekilde nesneler eklenip çıkarılabilir ve Gerald Raunig'in uygun terimiyle ifade edersek başka makinelere "bitiştirilebilir".[3]

Yazılım ile nesneler arasındaki ilişkiyi tasvir etmek için kullanılan bu paradigma kaçınılmaz olarak kodun dışındaki evrenin daha büyük bir kısmını kapsayacak şekilde dışarı taşar. Harici programlar, güçlü bilgisayarlar, bankacılık kuruluşları, insanlar ve uydular, hepsi de "sarmalanmış" ve girdisi çıktısı olan nesneler olarak "soyutlanmıştır". Bu, gerçekliğin zenginliği ve karmaşıklığının kavramsal olarak indirgenişi midir? Evet, ancak sadece kısmen. Aynı zamanda da insanların, kurumların, yazılımın ve birbirleriyle ağ tabanlı bilgisayarların talepleri çerçevesinde ilişkiye giren şeylerin (iş dünyası, devlet ve kolektif arzunun sık sık birbiriyle çelişen taleplerinden söz etmeye bile gerek yok) gerçek tarifidir ve nesnelerin genişleyen alanı tam da böyle bir ağa entegre olmuş o varlıkları kapsar.

Basit bir dağıtılmış dosya paylaşımı örneğini ele alalım: Grafiği nesne-yönelimli bir yazılım parçasını temsil ediyor olabilir, ancak burada her nesne başka bir kişi-bilgisayar ile ilişki içinde gösterilen bir kişi-bilgisayardır. Dosyalar özellikle dolaşım ve harekete odaklı görünen bu makinenin içinde herhangi bir noktada gönderilip alınabilir. Pek çok şey özel kalır, ama her bir kişiden gelen dosyalardan oluşan bir koleksiyon kamusallaştırılıp ağa açılır. Bir bütün olarak ele alındığında dosyaların tümü bir yandan her bir kişinin teknik donanımını aşacak bir depo alanı tutarken, diğer yandan her kişi-bilgisayarın erişimine açıktır. Dosyalar kitap olsaydı, o zaman bu kolektif koleksiyon bir halk kütüphanesi olacaktı.

Böyle bir sistemin çalışabilmesi, girdi ve çıktıların eylemi oluşturmak ve veri aktarmak için gerçekten birbiriyle iletişime girmesi için anlamlı eşleşmeleri mümkün kılan bir şeyin mevcut olması gerekiyor. Herhangi bir etkileşim ya da ilişki varsa, heterojen nesnelerin (California ideolojisinin yarı serbest iş dilinden bir tabir kullanarak ifade edersek) "birbiriyle konuşmasını" sağlayacak müşterek bir zemin olması gerekir. Böyle bir müşterek zemin için kullanılan tabir –özellikle internette– "platform", veya "gelecekteki eylemleri doğrudan üretmeden onları mümkün kılan ve öngören şey"dir. Bir platform kendi "üstünde" çalışan nesnelere kaynak ve araçlar sağlar ki söz konusu nesneler kendi araç ve kaynaklarına gereksinim duymasın. Bu anlamda platform kendisini emeği haricileştirmek (ve yeniden kullanmak) için bir yol olarak sunar. Nesneler arası iletişim, bir platformun sunabileceği en önemli eylemlerden biridir, ancak nesnelerin girdi ve çıktılarının bir kısmını platformun talep ettiği özelliklere uydurmasına bağlıdır.

Ama bu kez de eşleşmenin nasıl işlediğini açıklamak yerine nesne ile platform arasında başka bir eşleşmeyi işin içine sokmuş olmadık mı? Bir tarife ulaşmak için "arayüz" olarak da bilinen, şeyler arasındaki o birleşme noktasına bakmamız gerekir. Nesne-yönelimli programcılık terimleriyle ifade edersek, arayüz bir nesneyle hangi türden etkileşimlerin mümkün olduğunu belirleyen bir soyutlamadır. Nesnenin kamusal yüzünü başka nesnelerin okuyabileceği ve erişebileceği şekilde oluşturur. Benzer şekilde, ekran ve klavye gibi bilgisayar arayüzleri parmaklar ve gözler gibi insan arayüzleriyle buluşmak üzere tasarlanmıştır ve insan ile makine arasında belli bir tür etkileşime olanak verirler. Nesneler arasında her tür eşleşme bir tür arayüzden geçer ve her arayüz ortaya çıkardığı kadarını bulanıklaştırır: Kamusal olanla özel olan, görünür olanla olmayan arasındaki sınırı çatar. Kullanıcı arayüzü tasarımının baskın estetik değerleri bu türden bir gizlemeyi, basitlik, temizlik ve açıklık ilkelerine atfen "iyi tasarım" olarak över.

BULUT, ERİŞİM

Bu durumun pratik sonuçlarından biri şudur: Arayüzün arkasında (arayüzün kendisi temelde aynı kaldığı sürece) sistemlerin tümden yeniden yapılandırıldığı ya da devrimci dönüşümlerden geçtiği tektonik kaymalar olabilir. Pragmatizm üzerinden değerlendirirsek, başarılı bir arayüz (arka planda olup biten) her değişikliğin (ön planda) fark yaratmasına engel olur. Yine kitapları örnek verirsek: Tüketiciler bir ürünü bir mağaza yerine *online* olarak satın almanın verdiği ilk rahatsızlığa alıştıktan sonra, "kitap satın alma" gibi bir eylemi geleneksel kitabevi ve onun *online* "pazar" muadili arasında birbirinin yerine geçebilir bir şey olarak görmeye başladı. Her iki durumda da para verip karşılığında kitap alırsınız. Ancak *online* kitabevi o arayüzün –muhtemelen Amazon'un– arkasında, düşük fiyatlar ve geniş bir seçki sayesinde kendisini kitap satın almak için en görünür platform olarak konumlandırmıştır ve bu pozisyonu satıcıları ve yayıncıları en iyi ihtimalle asgari kârlılığa mecbur bırakmak için kullanır.

Amazon ürün önerilerini kişiselleştirmek için kullanıcıları hakkında veri toplamaya ek olarak (neye bakıyorlar, ne satın alıyorlar) *perakendecilerin* teknik ve lojistik kısımları için bir platform olma çabasına da girdi. Nihayetinde onlardan da veri toplayarak, pazar eğilimleri ve envanterler üzerine kapsamlı ve dakik bir perspektife sahip olmanın rekabet avantajının tadını çıkarmaya başladı. Bu hacimde veri öyle büyük ve değerli ki, onu depolayıp korumak ve algoritmaların erişebileceği hale getirmek için bilgisayarlarla dolu depolar inşa edildi. Bunun gibi veri merkezleri metaların nasıl dolaşıma gireceğini düzenlerken (iş dünyası uygulamaları yürütüyor, perakende üzerine veri depoluyor ve işliyor) aynı zamanda gitgide daha fazla olmak üzere metaları –örneğin kitabı– elinde tutuyor. Dijital kitap satışları milenyuma çok yavaş girdi ancak 2010 yılına gelindiğinde basılı kitapları yakaladı.

Amazon'un (hatta Apple ya da Google'ın) dijital kitap mağazası, dosya paylaşım ağında dolaşımda olan koleksiyonun, kişisel bilgisayarlardan tüzel veri merkezlerine taşınmış, çarpık bir yansıması. Burada dijital mülkiyetin iki rejimi bir arada: küme ve bulut. *Kümeler* için (tek bir dosyanın birden çok kaynaktan paralel olarak indirilebildiği kümeli indirmeye referansla) mülkiyet eşler arasında müşterektir; müşterek erişimden uzaktadır, ancak *bulutta* aynı dosyaya yasal ve ticari yükümlülükleri özümsemiş bir arayüz vasıtasıyla erişilebilir. Ancak bulutu devasa veri merkezleriyle ilişkilendirmek hikâyenin sadece yarısıdır; diğer yarısı bizim ellerimizde ve dizimizin üstünde yer alır. Tabletleri ve e-okuyucuları, iPad'leri, Kindle'ları ve cep telefonlarını içeren ince programlamalar, veri merkezleriyle birlikte evrimleşip tam da işlem ve depolamanın böyle büyük bir kısmının harici hale gelmesi sayesinde güçlü ve hafif bilgisayarları mümkün kıldı.

Bulutun sağladığı bu teknolojik yapılanma içinde ince bilgisayar ile şişman veri merkezi, uzak kaynaklara erişimi idare eden, kaçınılmaz olarak temiz ve basit olan bir arayüz vasıtasıyla buluşur. Umumiyetle kullanıcının belli bir "hizmet sözleşmesini" onaylaması, tekil, takip edilebilir bir hesap açması ve ödeme bilgileri sunması gerekir, karşılığında da erişim sağlanır.

Bu erişim kitap gibi geleneksel anlamda hatta bir dosyada olduğu gibi dijital anlamda iyelik anlamına gelmez, daha ziyade kullanıcıya "sadece sizin kişisel ve ticari olmayan kullanımınız için... kalıcı bir kopyayı saklamak için özel olmayan bir hak," sağlayan bir lisanstır, bu da "sahibine" kopyalarını diledikleri birine diledikleri bir fiyata satma ya da kiralama hakkını veren *First Sale Doctrine* [İlk Satım İlkesi] ile çelişir. Amerika'nın yasal sistemi çerçevesinde 1908 yılında kabul edilen bu ilke, telif hakkı sahibinin, insanların satın aldığı metalar üzerindeki kontrolünü "saf dışı bırakmak" ve ikinci el kitapçılar ve halk kütüphaneleri gibi kurumları yasallaştırmak için yeniden üretim haklarını dağıtım haklarından ayırmıştı. Bilgisayar yazılımlarının İlk Satım İlkesi'ni, satın alan kişinin haklarını ürünü açmak için plastik ambalajı parçaladığı andan itibaren sınırlayan "ambalaj" lisansları ile atlatmaya çalıştığı biliniyor. Son otuz yılda bu pratik, yazılım, mağazalardaki maddi nesneler değil de ağlar vasıtasıyla dijital olarak dağıtılmaya başlandığı için gelişip yaygınlaşabildi. Bunun gibi çelişkiler mülkiyet rejimlerindeki değişimlerin ya da Jeremy Rifkin'in "erişim çağı" dediği şeyin semptomlarıdır. Rifkin şöyle der: "Mülkiyet var olmaya devam ediyor ancak pazarlarda mübadele olasılığı azaldı. Satıcılar yeni ekonomide bunun yerine mülkiyeti ellerinde tutup kiralıyor ya da malın kısa süreli kullanımı için giriş ücreti, abonelik ya da üyelik satıyorlar."[4]

Yeniden kitaplara dönersek, Rifkin halk kütüphanesi ile meta mübadelesinin yapıldığı pazarın bir sentezi olarak ücretli kütüphane imgesini sunar. Bir yandan geleneksel halk kütüphanelerinin koleksiyonlarını nasıl erişime kapattıkları, çalışma saatlerini azalttıkları ve bazı durumlarda tümden kapandıkları, diğer yandan da geleneksel yayıncılık endüstrisinin kitabevlerinin, kitaplarının ve kârlarının maddiyetlerini kaybettiğini göz önünde bulundurunca bu imge uygun görünüyor. Veri merkezlerinin içinde çekilen fotoğraflarda sunucu rafları kütüphane raflarına esrarengiz şekilde benzer, e-okuyucular da bilinçli şekilde bir kitap gibi görünüp hissettirecek şekilde tasarlanır. Nedeni ister kitabın biçiminde kümelenmiş olan yüzyılların tasarım bilgisine saygı, isterse de sahne arkasında her şey değişirken arayüzü mümkün olduğunca tutarlı kılma çabası olsun, e-okuyucunun kitabı çağrıştırdığı inkâr edilemez. Ancak aletin ekranına dikkatle bakınca insan hem kitabı hem de kütüphaneyi görür.

Gerçek bir insana bağlı olması gereken bir Facebook hesabı gibi e-okuyucu da kişiselleştirilmiş bir cihazdır. Bulutta depolanan kitaplara güvenilir erişim sağlayan ve herkesin her kitabı okumak için kendi haklarını satın almasını garantileyen bir nesnedir. İzin verilen tek paylaşım cihazın kendisinin paylaşımıdır, bir insanın gerçekte sahip olduğu tek şey de budur. Ancak o durumda bile bu eylemin buluta bildirilmesi gerekir: Donanımın kayıttan düşürülmesi ve sonra yeni sahibinin kredi kartı ve kimlik bilgileriyle yeniden kaydedilmesi gerekir.

Bu bir kütüphane değildir ya da kelimenin en yoksul anlamıyla bir kütüphanedir. Yeni bir parmaklık ve tanıdık bir hikâyedir: (mektuplardan fotoğraflara, albümlere, kitaplara) dünyadaki varlıklar (e-postalar, JPEG'ler, MP3'ler ve PDF'ler olarak) dijitalleştirilip uzakta bir yere ya da hizmete (Gmail, Facebook, iTunes, Kindle mağazası) göç eder. En büyük aksaklıklar ara aşamadan kaynaklanır: Genelde kişilerin kendisinin sürece doğrudan dahil olması nedeniyle (örneğin plakları sıkıştırırken) arayüz meydana gelen maddi dönüşümleri gizlemeyi başaramaz, bu dönüşümleri yaratmak için yapılan iş açıkça görünür olur. Üçüncü evrede kullanıcı arayüzü basitleşir, "pürüzsüzleşir" ve artık bilgisayarınızda herhangi bir uygulama ya da dosya gibi görünen bir şey, aslında binlerce kilometre ötede şişmiş, mülkiyet ve enerjiye aç bir depodur.

YAKALAMA, KAYIP

Entelektüel mülkiyetin etrafının çevrilmesi uzaktaki güvenli sabit sürücülerle dolu depoların içini hayal etmek kadar kolaydır. Ancak bulut, yeni ekonomiyi ve onun maddi emeğini karakterize eden yeni dayanışma ve işbirliği biçimlerini yakalayarak işlemeyi olduğu gibi depolamayı da özümser. Sosyal ilişkiler, öz örgütlenmeyi de içine alan "sosyal ağ"da veri tabanı ilişkilerine dönüştürülür. Bu anlamda bulutun yayınların üretimine olan etkileri geleneksel anlamda tüketimine olan etkileri kadar güçlüdür.

Bulutun sunduğu depolama, uygulamalar ve hizmetler hem yazarların hem de yayıncıların tüketimi için pazarlanıyor. Belge düzenleme, proje yönetimi ve muhasebe yavaş yavaş ofis çalışanları ve kişisel bilgisayarlardan ayrılıp veri merkezlerine aktarılıyor; talep üzerine baskıdan dijital kitap platformlarına çeşitli yayıncılık kanalları için arayüzler oluşturuluyor. Bulut yayıncılığın tam olarak hayata geçmesi durumunda, tüm teknik ve lojistik teçhizatın geriye yalnızca insan emekçiler ile onların ince cihazlarını bırakarak haricileşmesi öngörülüyor. Yazar-nesneyi editör-nesneden onu da okur-nesneden ayıran pek bir şey kalmayacak. Her biri ağ içindeki konumlarını hafif bilgisayarlar ve onların güncellemeleri, bulut hizmetleri ve geniş bant internet bağlantıları için para ödeyerek koruyacak.

Kitabın üretim tarafında ise, bulut, tüm değiş tokuşun kontrol altına alınması, standartlaşması ve ölçülmesi ile, dosya paylaşımına "kaybedilen" kârların telafi edilmesini vaat eder. Tüketicilere nihayet (kendi başlarına doğaçlama yollarla zaten eriştikleri) insan bilgi birikiminin tarihine erişim sözü verilir, hem de kolu her yere uzanan yasal işlem tehdidi olmadan. İnsan böyle bir anlaşmanın, çaresiz durumdaki bir kente yeni kurulan veri merkezinde iş imkânları yaratılacağının sözünü vermek kadar içi boş olduğundan ve "bilgiye erişim"in tıpkı "masaya yemek koymak" gibi hem oyalayıcı hem de bulutun ortaya çıkardığı iktidar biçimlerini meşrulaştırıcı bir işlevi olduğundan kuşkulanıyor. Oyalayıcıdır, çünkü kitabın hem yazar hem okur tarafında, aracı platform, yayından ancak bilgiye denetlenmiş bir erişim sayesinde bir değer süzebilir; meşrulaştırıcıdır çünkü platform kendini iki taraf arasındaki çelişkileri çözebilecek yegâne taraf olarak sunar.

Platform arayüzün arkasına çekilince, en görünür karşıtlık bu iki taraf arasındakidir. Ancak birbirleriyle çekişme halinde olsalar da yayınların "üretici"leri de "tüketici"leri de zenginleşmez ya da hayatta kalmak için daha az çalışmaya başlamazlar. Öte yandan eğer resmi tersine çevirirsek, bir yanda yazarların, editörlerin, çevirmenlerin ve okurların yaşayan, borç içindeki emekleri ile, öbür yanda veri merkezleri, yarı iletkenler, mobil teknolojisi, bedeli ödenmiş yazılımlar, elektrik şirketleri ve entelektüel mülkiyet arasında yeni bir çelişki ortaya çıkar.

Veri merkezi endüstrisinde bulutun "endüstriyelleşmesi" üzerine yapılan tartışmalar tasarımın, verimliliğin ve performansın geliştirilmesi için bilimsel bir yaklaşıma atıfta bulunur. Ancak terim Sanayi

Devrimi'nin temel anlatısını da akla getirir: El ile, evlerde yapılan üretimden fabrikalarda büyük ölçekli üretime doğru bir dönüşüm. Masaüstü bilgisayarlar kaybolurken, bilgisayarlarla ağ tabanlı ama küçük ölçekli bir ilişkiden ("ev yayıncılığı"nı düşününün) bu bilet firmaları ve onları modernize veri merkezleri vasıtasıyla milyonların biriken enerjisini kullanan yeniden düzenlenmiş bir üretim biçimine geçiyoruz.

Bu içi boş üstyapılar ne tür binalardır? 21. yüzyılın fabrikaları mı? Ken Patchett adlı bir mühendis bir televizyon röportajında Facebook veri merkezini şöyle tarif etmişti: "Bu bir fabrika. Sadece alıştığınızdan farklı türde bir fabrika."[5] Alıştığımız o fabrikalar (örneğin Foxconn'da) hâlâ mevcuttur, görünür şekilde sömürüyü içeren koşullarda altyapıyı üretmeye devam eder; zira "farklı türden bir fabrika"dır bu, veri merkezinin duvarlarının dışına kadar uzanır. Ancak fabrika fikri sadece resmin bir kısmıdır; bu bina aynı zamanda bir madendir ve dağılmış işgücü ayakta olduğu saatlerin çoğunu tersine bir madenciliğe adar: Birilerinin yakında içinden nasıl değerli bir şey çıkaracağını anlayacağı beklentisiyle onu veri ile doldurur. Her iki metafor da (dağınık da olsa) bir işçi kitlesi imgesine dayanır ve geriye daha karanlık ve zor bir olasılığı bırakır: Veri merkezi hidroelektrik santral gibidir; mülkiyete, sosyalliğe, yaratıcılığa ve bilgiye set çeker. Bu arada da mühendislerle finansçılar, biriken kültürel ve sosyal kaynak arzını piyasaya sunacak ve kâra dönüştürecek algoritmalar arar dururlar.

Bu bizi, mülkiyet ve altyapıya erişimi idare ve kontrol etmek için verilen mücadelelerin alanı olan arayüze geri götürür. Bu çekişmeler eskiden bilgisayar nesnesi ile onun işlemlerinin, depolamasının ve başkalarıyla bağlanma olanaklarının getirdiği özgürlüğün içinde yaşanıyordu. Ancak şimdi içi boşaltılmış cihaz bir nesneden çok bir arayüzdür ve yeni teknolojik parmaklıklar tam da burada, arayüzün içinde biçimlendi (örneğin Apple'ın iOS ürünlerine, Google'ın arama kutusuna ve Amazon'un "pazar yeri"ne bakın). Arayüzün kontrolü tüm tekno-ticaret yığını üzerindeki kontrol ile garanti altına alınır: dağıtılan donanım cihazları, merkezi veri merkezleri ve ortadaki alanda aracılık yapan yazılım. Artık her büyük teknoloji şirketi bir kaybın önüne geçmek için her aşamada aktif olmak zorundadır.

Bulutun merkez olduğu yöne doğru bir kuvvet var ve bu makale onun karşı koyulmaz çekim gücünün etkisi altında yazıldı. Bu yerçekimini üretmesi için organize edilen bütün sermayeye karşın ve bu çekim ne kadar üstesinden gelinemez gibi görünüyor olsa da, sistemin içindeki gürültüyü mutlak şekilde yönetip kontrol etmesinin imkânı yok. Fabrika katında isyanlar çıkıyor; algoritmik ticaret, borsaları bir anda alt üst ediyor; veri merkezleri servis dışı kalıyor; 100 milyon Facebook hesabının sahte olduğu anlaşıldı; liste uzamaya devam edecek. Arayüzdeki bu çatlaklar olası ya da istenen bir geleceğe işaret etmiyor, ancak belki de erişimin mantığının üstesinden gelebilecek deliklere dikkat çekiyorlar. Buradan sonra ne olacağıysa başka bir soru.

Notlar

1. Karl Marx, *Capital: A Critique of Political Economy*, c. 1, İng. çev. Ben Fowkes (New York: Penguin Books, 1990), 573. [*Kapital*, Çev. Mehmet Selik, İstanbul, Yordam Kitap, 2015]
2. William James, *Pragmatism* (Cambridge, MA: Harvard University Press, 1975), 28.
3. Bkz. Gerald Raunig, *A Thousand Machines* (Los Angeles: Semiotext[e], 2010). [*Bin Makine, Toplumsal Hareket Olarak Makinenin Kısa Felsefesi*, Çev. Münevver Çelik, İstanbul, Otonom, 2013]
4. Jeremy Rifkin, *The Age of Access: The New Culture of Hypercapitalism, Where all of Life is a Paid-For Experience* (New York: Jeremy P. Tarcher/Putnam, 2000), 4.
5. Frank Mungeam içinde alıntılanmış, "Facebook Building Facility in Prineville", KGW.com, 11 Şubat 2011, www.kgw.com/news/business/ Facebook-building-facility-in-Prineville-115964989.html.

Hayali Mülkiyet

Florian Schneider

207

Bugünün –gitgide daha fazla maddi olmayan şekilde algılanan– mülkiyet ilişkilerini geleneksel kendilik ve nesnelik kavramları vasıtasıyla kavramanın zorluğu yaygın olarak kabul ediliyor. "Yeni teknolojiler"in çoğalmasının iyelik ve kontrolün anlamı ve etkilerinin tatmin edici yeniden yorumlanmalarıyla başa baş gidiyor oluşu nerdeyse herkesçe kabul edilen bir olgu halini aldı.

Kapitalizmi eleştiren söylemde, "özelleştirme" terimi, "siyasi haklar, sosyal üyelik, bilgi üretimi ve bireyliği oluşturan ilgili katmanlarının gitgide daha fazla kapitalist pazarın sınırları içine girmesini sağlayan birbiriyle ilişkili süreçler ve ilişkilerin karmaşık dizilişi"[1] durumunu nitelemek için kullanılıyor. Neoliberal "önü alınamaz özelleştirme" gündemine, "müşterekler" ya da "müştereği", post-endüstriyel kapitalizmin aşırılıklarıyla mücadele edecek ve etkilerini ortadan kaldıracak, sınırlayacak ya da yumuşatacak merkezi bir anlatı olarak kullanmayı öneren yaygın çabalarla karşı koyuldu.

"Hayali mülkiyet" kavramı farklı bir yoldan ilerliyor. Mülkiyetin özel ve dolayısıyla "yoksun bırakan" tarafını reddedip genel soyut mülkiyet kavramını –*Creative Commons* [Yaratıcı Müşterekler] kavramında olduğu gibi– aşağı yukarı olduğu gibi bırakmak yerine, odak noktasının mülkiyet fikrinin kendisine ve öz sorunlarına doğru çevrilmesi gerekir. Ve bu proje, özel olanın diyalektiğini aynı anda hem devredilebilir hem de devredilemez olarak tartışmak yerine, güçleri öncelikle spekülatif olarak kabul edilen üretim ilişkilerine dikkat çeker.

(Kendine sahip) bir özün aynadaki yansıması olarak mülkiyet, artık burjuva toplumunun yasal alanı içindeki sorumlu bir öznenin karşılıklı üretimine özel bir durum olmayabilir; daha ziyade mülkiyetin aldatıcı karakteri bir hayalet, yani durmadan her şeyi yansıtan ruhani bir güç olarak serbest kalmış durumdadır. Postmodern ekonomiler sonsuz ayna etkileri sayesinde sık sık her şey üzerine bahse girebileceğiniz bir panayır çadırı olarak algılandı, zira aynalı bir geçitte olduğu gibi, gerçeklik yalnızca bir imgenin imgesidir.

Öte yandan, ağ tabanlı gerçekliklerin küresel kapitalizm içindeki hesaplanamaz etkileri bir tür sanal eğlence parkına hapsedilmiş olsa da dünyayı ve onu nasıl algıladığımızı geri dönüşsüz şekilde değiştirmiş olduğu açıkça ortaya çıktı; bir zamanlar sonsuza kadar geçerli diye bilinen ve hâlâ evrensel olarak uygulanabilir diye tanıtılan bir ilişkiyi, mülkiyet ile bireylik arasındaki ilişkiyi paramparça ettiler.

Hayali mülkiyet için söz konusu olan sorun, en basit haliyle sahip olunan nesnenin yokluğu olarak ifade edilebilir. Yaratıcı zihnin maddi olmayan, elle tutulamaz dışavurumları, dolaşıma girip kontrol edilemez bir şekilde çoğalmaya başladığı, geleneksel yakalama biçimlerinden kaçıp firari olduğu anda bir sorun halini alır.

Hayali mülkiyetin eleştirel analizinin, gerçekliğin mekanik üretiminden gerçekliklerin ağ tabanlı bir üretimine geçişin belli türden bir kavrayışından yola çıkması gerekir, bu da analog ile dijital arasındakine benzer bir ikilikle karıştırılmamalıdır. Esasen hayali mülkiyet kavramı analog ile dijital, maddi ile tinsel olan arasında mutlak bir ayrımı varsaymaz. Bunun yerine iki vektörel doğrunun, makasları güncel üretim araçlarını karakterize eden iki biçimin kesişimi ve çarpışmasını işaret eder.

Mekaniklik ya da gerçek olanın mekanik yeniden üretimi her şeyi şeylere dönüştürür, somut özelliklerinden soyutlayarak canlı varlıkları şeyleştirir, güçlerini ele geçirir, hareketi kesintiye uğratır, sonra da durgun hale getirdiği bu varlıkları kontrollü ortamlarda disipline edilmiş parçalar olarak yeniden harekete geçirir.

Ağ tabanlı üretim biçimi her şeyi bilgi akışları olarak canlandırır, sürekli mübadelenin akışkanlığındaki geniş veri çeşitliliğini somutlaştırırken onları imgelere dönüştürür. Ağ tabanlı gerçeklik ilk bakışta kavranamaz, opak ve (kaba "sanallık" kavramıyla ifade edilirse) uçucu gibi görünür. Gerçek olan, imgede yalnızca kısmi ve geçici olarak, ruhsal gerçekliğin çerçeve içindeki parçalarını depolayan bir birim olarak ortaya çıkar. Ağ tabanlı dijital ekonomide (ister metin, ister ses ya da resim olsun) bir kopya izole olmayan, başka birine işaret eden bir ayna görüntüsü olarak ortaya çıkar.

Geleneksel iyelik biçimleri dijital imgelemin yeni türlerine uygulanıyor; öte yandan üretimin ve ağ tabanlı dağıtımın maddi değilmiş gibi görünen yapısı, mülkiyeti kişiler ile nesneler arasında bir tür durağan ilişki olarak gören basit kavramın uzun zamandır altını oymakta. Sezgisel olarak şeylerin kendisine değil yalnızca sosyal ilişkiselliklerine sahip olunabileceğini hissediyor olabiliriz. O iyeliğin etkileri manipülasyonlara açık olduğu sürece, insanın neye, ne zaman sahip olacağı her zaman kabul edilen iyeliğin verili bir sosyal çevre içinde tahayyül edilen etkinliği olagelmiştir.

Şeylerin sahip olunabilir kılınması, bir iddiada bulunulması için, şeylerin imgelere dönüştürülmesi gerekir. "Bir resim bin kelimeden daha çok şey anlatır" deyişinin arkasındaki somut hakikattir bu. Bir şeyi imgeye dönüştürme edimi görme eyleminin kendisini karakterize eder. Gözlerimizin gerçekliği sanal mülkiyet olarak sahiplenme kapasitesinin ta kendisi ya da Konrad Fiedler'ın *Sichtbarkeitsbesitz*[2] dediği şeydir bu. Ancak sahiplenme süreci asla kusursuz değildir. Tam tersine, iyelik bir hata, bir gözden kaçırma olarak ortaya çıkar ya da, Almancasıyla, *Versehen*: izlemek, ancak her zaman hayati bir şeyi atlamak.

Hata tasavvurun gerçek başarısıdır. İnsanın şeylere ancak onlara bir öz vermek ya da atamak yoluyla sahip olabileceğini unutması gerekir. Bir şeyin özü el koyulan artı değerdir; "veri" olarak, yani duyusal deneyime ve kavrayışa "perspektif" yoluyla sunulan nesnenin soyut temsili olarak görülür.[3]

Bir şeyin özü –"ruh"u ya da "aura"sı– mülkiyette görünür olan görünmezdir. Öznel değil nesnel olan mülkiyet anlamındadır, zira şeyin yaratılışı ve sürekli yeniden yaratılışına, kendisinin de önceden gerçekleşen ve devam eden bir etkinlik sonucu yaratılmış olduğuna atıfta bulunur.[4] Bu yüzden mülkiyet bu etkinliğin şeyin kendisi değil de şeyin özü olarak sahiplenilmesidir.

Mülkiyet sahip ile öz ya da şey, onun yaratılışı ve yaratıcılığı ile ilişkilenen, maddi olmayan ancak görünmez olan veriler arasında hayali bir sosyal ilişki kurar. Fotoğrafı "ruh hırsızlığı" olarak nitelendiren yaygın miti bu temel üzerine anlamalıyız.

Günlük yaşamda, o özün endüstriyel kapitalizm rejimi altında meta fetişini oluşturduğu şekliyle canlandırılışına epey aşinayız: Şeyin kendi niteliklerine içkin kalan ve mülkiyet ilişkilerini etkilemeyen bir kullanım değerinden niceliklendirilmiş ve bedellendirilmiş bir mübadele değerinin soyutlanması.

Şeyler bu özün yeniden üretilmesi ile karşı karşıya kaldığında işler karmaşıklaşıyor, yalnızca hukuki alanda da değil. Bir şeyin ikiye bölünüşünün ve –görünür ve görünmez olarak, kullanım değeri ve mübadele değeri olarak, orijinal ve kopya olarak– ikili karakterinin, özellikle de yeniden üretilmesi ve çoğaltılması gerektiğinde (bir resim, bir yatırım, vs.) yeniden bir ahenk durumuna getirilmesi gerekir.

Böyle bir tutarlılık ve uyumun zaman ve mekân içindeki üretimi devamlılık sayesinde ve devamlılık uğruna sağlama alınır. Devamlılık mülkiyetin "semboliğin ekranları"ndaki[5] dışavurumudur; verinin bir durumdan diğerine başarıyla miras bırakılmasını ortaya koyduğu ölçüde onun uygunluğudur.

Güncel imge üretiminin temel karakteristiği aynı zamanda ters istikamette de işliyor olduğu gerçeğidir: İmgeyi sahip olunabilir kılmak için bir şeymiş gibi kendinden yabancılaştıran güç olarak görünür. Bu gerçekten de ancak imgeyi bir şey konumuna geri döndürmekle –onu veri olarak anlamakla– mümkündür.

Bu durum yine, resmin kendisini değil, sonsuz okumalar, manipülasyonlar ve yeniden yaratmalara tabi oldukları sürece onun potansiyel sosyal ilişkilerini kendine mal eder. Meta-verilerin süzülmesi, dizinleme teknolojileri vasıtasıyla algoritmik kimliklerin üretilmesi, görünür olanın okunaklı olana indirgenmesi, yineleme motiflerinin kabulü; bunların tümü imgenin geçmiş olayların ya da önceki deneyimlerin verileri olarak yeniden düzenlenmesi amacına hizmet eder.

Ancak dijital bile olsa bir imgenin tüm muğlaklıklarını tümden bertaraf etmek mümkün değildir. Hayali mülkiyet olan hayalet imgenin kendisidir: Bir başarı değil başarısızlık tarafından, devamlılığı değil olumsallığı sayesinde kurulmuştur. Dijital imgenin yabancılaşmış "anti-aura"sı gürültünün, yani sıkıştırılamayan, bu nedenle de imgenin dijital veri ya da nesne olarak sahip olunabilir olduğu anda elden çıkarılması gereken kısmının içindedir. Hayali mülkiyetin geçici karakteri resmin özünde olumsal bir bakiye olarak gerçekleşir.

* * *

Hayali mülkiyette zaten sahiplenilmiş olanın sahiplenilmesi olarak "aşırı sahiplenme" sorunuyla karşılaşırız. Bernard Edelman bu terimi 19. yüzyıl boyunca fotoğrafik ve sinemasal teknolojilerin gelişmesiyle ortaya çıkan Fransız telif hakları yasasını analiz etmek için yola koyulduğunda ortaya atmıştı. "Gerçek olanın aşırı sahiplenilmesi" halihazırda belirlenmiş olan mülkiyetin üzerine bindirme yöntemiyle elde etmeyi niteler.[6]

Halihazırda başka birinin mülkiyeti olan bir şeyin imgesine nasıl sahip olunabilir? Betimlenen mülke zarar vermediği (alıntı yaparken olduğu gibi) –ya da mülkün herkesin mülkü olduğu (bir manzarada olduğu gibi)– varsayılarak, resmin yaratılmasının kendi başına bir mülkiyet haline gelmesi gerekir. Ancak gerçek olanı imgede yeniden üretmek yetmez, öyle olsa herhangi birinin ya da herkesin mülkü olarak kalırdı (Kamusal alan mülkiyetin genel soyut ifadesidir). Hukuk "entelektüel" mülk edinme için belli bir yaratıcılık eşiğini varsayar: Gerçek olanın yeniden üretilmek yerine üretilmiş olması gerekir ve hukuk ancak böyle yaparak yaratıcı olan bir özne üretmiş olur.

Kusursuz bir analog kopyanın imkânsızlığı, teknolojinin gerçekliği bire bir yeniden üretemeyişini telafi eder şekilde, belli türden bir çeşitliliği içeren imtiyazlı profesyonel yaratıcılık eğilimlerine geniş bir alan açmıştır. Bu alana erişim imge üretimi araçlarının görece enderliği vasıtasıyla düzenlenegeldi.

Dijital teknolojiler durumu dramatik şekilde değiştirdi: Kayıpsız ve maliyetsiz olduğu varsayılan bir kopya üretip onu gerçek zaman diye nitelenen sürelerde paylaşmak için gereken araçların genel kabulü ve erişilebilirliği, maddi olmayıp gerçek olan, yaratıcı özne tarafından üretilip yaratıcı öznelliği üreten mülkiyetin tüzel yapısını sarsıyor.

Burjuva "yaratıcı sınıf" panik halinde. Geleneksel ayrıcalıklarını yitirmekten korkuyor. Aynı zamanda, herkesin film yönetmeni, fotoğrafçı, yazar ya da ressam olabildiği yeni bir kitlesel yaratıcılık ortaya çıktı. Bu yüzden herkes, –temelde kendi amaçları için üretim araçlarına erişimden yoksun olan ücretli emekçi oldukları eski konumun aksine– yalnızca imge üretiminin araçlarını sahiplenmeye dayanarak, gerçekliği yaratma ve onu kendi mülkiyeti olarak görme iddiasında bulunabilir.

Teori, siyaset ve hukuk 19. yüzyılın koruyucu "entelektüel mülkiyet" modellerini uygulamaya devam etmekte ısrarcıyken, sermaye hayali mülkiyet enflasyonunun ve gerçeğin devalüasyonunun karakterize ettiği yeni duruma yanıt veriyor. Gerçek olan –şeyleri imgelere dönüştürme durumunda olduğu gibi– gerçekliği kendi mülkü olarak üreten yaratıcı bir özne üretmeyi bıraktı. Yaratıcılık bunun yerine hayali olan tarafından üretiliyor. İmgeler şeylere dönüştüğünde, yaratıcılık da imgelerden aslında pek de kırılgan olan verilerin süzülmesinden kaynaklanıyor. Yaratıcılık üretici bir güç olarak somutlaşmış durumda; imgeleri yeniden üretmek yerine üreten bir makine haline geldi.

Dolayısıyla, gerçeğin aşırı sahiplenilmesi bulmacasını çözmek için artık yaratıcı bir özneye ihtiyacımız yok. Bugün asıl sorun imgenin aşırı mülk edinilmesi: Zaten sahibi olunan imgelere nasıl sahip çıkılacağı. Bu sorun ancak yeni veriler üreten verilerin üretimiyle çözülebilir.

Yaratıcılık imgelerden üretilen ve aynı anda yeni imgeler üreten bir veriler modeline atıfta bulunuyorsa, imgeler üretme gücü olarak tahayyülün hareketini sınırlamaktansa onu taklit edip simüle eden algoritmik kontrol olarak ortaya çıkıyor. İmgelerden arzuya dayalı veri ölçen gözetlemenin doğası tam da budur.

* * *

Özel mülkiyetin endüstriyel kapitalizm içinde işbölümü ile ilişkilenişine benzer şekilde, hayali mülkiyet kavramı tahayyülün bir "üretim kuralı" olarak analizine yol açar; bu da dijital, ağ tabanlı imge üretiminde işbölümü sorununu tetikler.

Endüstriyel kapitalizmde geleneksel işbölümü el emeği ile entelektüel emek arasında ortaya çıkar. Şey ile onun özü, maddi olan ile maddi olmayan karakteri, kullanım ve mübadele değerleri arasındaki ayrımı yansıtır. Artık emeğe el koyulması üzerinden işler ve özel mülkiyetin spesifik bir biçimini oluşturan üretim araçlarının paylaşılmaz iyeliği zannını yaratır.

İş yükü, algoritmik bilgisayar işlemleri modunda montaj bandının kökten şekilde idealleştirilmiş bir versiyonuna bölünmüştür: Yaratıcı bir insan zihninin yazdığı kod bir makineye sınırlı sayıda görevler verir; bu görevlerin mantıklı şekilde, belirli ve belirleyici bir biçimde yerine getirilmesi gerekir.

Sonucunu öngörebilen buyruklar zinciri olan algoritma *Vorstellung* kavramının, yani genellikle "tasavvur" olarak tercüme edilen tahayyüle ilişkin kavramın yeniden hayata geçirilmesi olarak görülebilir. Jean-Luc Nancy'nin Martin Heidegger'in "Kant kitabı"nda Immanuel Kant'ın imge teorisi üzerine yaptığı akıl yürütmeleri yorumladığı şekilde "konumlanan bir şeyin ön-konumlanması"dır bu. Algoritmik denetim hayali bir güç olarak yaratıcıdır, çünkü zamana bir saf imge olarak veya Kantçı anlamda "bir tasarlanan imge" olarak gönderme yapar. "Verilebilirliğin önden verilmişliğince öngörülmemiş, alımlanabilirliğine özdeş olmayan verili bir şimdi yoktur."[7]

"Bu yüzden tahayyül zamandır, çünkü zaman halihazırda-olmayan, anlık-olmayandır, kendi birliğini (kavramını) doğrudan görmeyen bir bakıştan gelir, ama ancak *manifold*'ın, çokluğun (*Bildung*) içinde ve onun gibi, çoklu olan."[8]

Algoritmik kontrol bir görevi birbiri ardına gerçekleştirilen sınırlı sayıda alt görevlere böler. İki yönlü bir gücü vardır: Süreci bütünlüğü içinde görmekten alıkoyulmuş pozisyonlara karşı işlem üstünlüğü olan bir bakışın gücüdür; ama aynı zamanda her görevin ya da alt görevin gerçekleştirilmesi gereken zaman dilimlerini ayırma gücüdür. Bunların her ikisi de kronolojik zamanın alma ve vermenin özdeşliği olarak hayal edilen bir anındalığa gömülüyor gibi göründüğü bir gerçek zaman mefhumuyla sonuçlanır.

Geç dönem kapitalizmin küreselleşmiş ekonomileri, bu anlamda kendi kendini tahayyül eden ekonomilerdir. Endüstriyel kapitalizmin sosyal işbölümleri aşılmaz, ancak radikal biçimde küresel bir ölçekte uygulanır: sözleşmeyle imalat, tam zamanında üretim, kümeleme. Aynı zamanda, kadastrodan borsaya ("algo-ticaret") dijital kayıt teknolojilerinin ilerlemesiyle yeni teknik işbölümleri ortaya çıktı. Bu süreçler –milisaniyelerin eşzamansızlığını istismar eden, bu sayede de eleştirel olarak değerlendirilemeyen algoritmalar tarafından idare edilen– gerçek zaman denen bir dilim içinde işlediklerini iddia ederler.

Bu fenomenler, verili bir zaman dilimindeki işlemlerin sayısında nicelik artışına ve onlara hiyerarşik yapılandırılmış bir işletim sisteminde sürekli yeniden öncelik verilmesine dayanan en karmaşık algoritmik kontrol sistemlerinin bile neticede Fordist bir işbölümünü taklit ettiği gerçeğini gizleyemez.

Bugün, formel mantıktan ilham alan ve algoritmik olarak kontrol edilen ve dijital elektroniklerle donatılmış sistemler karmaşıklık sınırına ulaştı. Dahası, ağ tabanlı bilgisayarlara içkin paradigmalar "biyopolitik" kontrolün güncel zorluklarını karakterize eden tüm prensiplerle çatışma halinde gibi görünüyor: Öz örgütlenme ve kendi kendine öğrenme sistemlerinden nöral ağlara ve yaratıcı altyapıya kadar.[9]

İş akışlarını yaratıcı şekilde düzenlemek için gereken yeni modellere duyulan kavramsal gereksinim, hayali mülkiyetin nihai örneği olarak yapay görüş söz konusu olduğunda açıkça ortaya çıkar. Tam da imgenin kendisiyle yüz yüze geldiği noktada başarısızlığa uğrar. Muğlaklıklar, paradokslar, üretici yanlış anlamalar ve çelişkiler, bir imgenin yaratıcı bir şekilde üretilen bir imge olarak şiirsel karakterini oluşturur.

Burada tehdit altında olan şey, kullanıcının kendiliğini kodun gerçek yaratılış sürecine dahil eden, algoritmik iş ile şiirsel işi, disiplin altında olan ve olmayan etkinlikleri, determinist ve güvenilmez durumları, ücretli emekle ücretsiz emeği birleştiren, melez işbölümleridir. Sonuç ise, ancak hareket özgürlüğü derecesinin algoritmik kontrolün işlevi ile bağlantılı olduğu sosyal ağların ticari mefhumlarındaki iptidai formlar içinde deneyimleyebileceğimiz türden bir otomasyon olacak.

Melez bir işbölümü özün farklı şekilde kavranmasını gerektirir. Kendisine sahip olan ve bu şekilde iyelik kapasitesine kavuşan bir öznenin aynadaki görüntüsü değildir. Tahayyül gücünü emeğinin ürününde yansıtan yaratıcı öz değildir.

Karizmatik öz kavramını sürekli bir kriz hali ve bunun sonucunda ortaya çıkan kendini gerçek zamanda icra etme ihtiyacı karakterize eder. Karizmatik öz eksponansiyel olarak büyüyen ilişkisel değerin ortasında tespit edilen rastgele veriyi temsil eder. Hayali mülkiyetin ölçümünü (tıklamalar, takipçiler ya da arkadaşlar olarak) yeniden mümkün kılan sıfır noktasıdır.

Dolaşımda olan imgeler denizinden süzülen ve keyfi yargılar tarafından ayıklanması gereken heterojen veri kanalları için bir takas odası vazifesi görür. Bu karizmatik öz, anlamın hiyerarşik üretiminin dağılıp gittiği ve ilişkisel değerin bir plan ya da amaç olmaksızın üretildiği ağ tabanlı bir çevrede bile ayrıksı bir fikir sahibi olma kapasitesi tarafından üretilir. Önceki olaylardan devralınan veri enflasyonundan kaynaklanan kaosun yarattığı şaşkınlığı aşma hevesini taşır.

Karizmatik öz, bireyin soyunun tükenmesi ya da uzmanın sonu anlamına gelen otomasyon ile etkileşime girerek, kendini onun tehdidine karşı bağışık kılar. Ağ tabanlı otomasyon miti yaratıcılığı yaratma sürecinden uzaklaştırdı. İmge de ilişkisel değer yaratabilmek için, yabancılaşmış bir bağlamda –kendisine ait olmayan bir bağlam içinde– değerli hale geliyor. Karizmatik öz ilişkisel değer vasıtasıyla imge ile ya özgün yaratıcı ya da yetkili sahip olması gereken özü yeniden birbirine bağlıyor.

Notlar

1. Bill Maurer ve Gabriele Schwab, haz., *Accelerating Possession: Global Futures of Property and Personhood* (New York: Columbia University Press, 2006), 8.
2. Konrad Fiedler, *Schriften zur Kunst*, sayı 1, ed. Gottfrield Bohm (Münih: Wilhelm Fink, 1991), 169.
3. Kelimenin Latince kökeni göz önüne alınacak olsa, *versehen* sözcüğünün doğrudan çevirisi "perspektif" olurdu.
4. "Canlı olmadıklarında ya da daha iyisi organik olmadıklarında bile, şeyler bir yaşantıya sahiptir, çünkü algılamalar ya da duygulanımlardır." Gilles Deleuze ve Félix Guattari, *What Is Philosophy?*, İng. çev. Hugh Tomlinson ve Graham Burchell (New York: Columbia University Press, 1994), 154. [*Felsefe Nedir?*, Çev. Turhan Ilgaz, İstanbul, Yapı Kredi Yayınları, 2015, s.152]
5. Jacques Attali, *Noise: The Political Economy of Music*, İng. çev. Brian Massumi (Minneapolis: University of Minnesota Press, 1985), 143. [*Gürültüden Müziğe: Müziğin Ekonomi Politiği Üzerine*, Çev. Gülüş Türkmen Gülcügil, İstanbul, Ayrıntı, 2005]
6. Bernard Edelman, *Ownership of the Image: Elements for a Marxist Theory of Law* (Londra: Routledge, 1979), 38.
7. Jean-Luc Nancy, *The Ground of the Image*, çev. Jeff Fort (New York: Fordham University Press, 2005), 90.
8. Agy.
9. Bkz. Ulrich Ramacher ve Christoph von der Malsburg, ed., *Zur Konstruktion künstlicher Gehirne* (Berlin: Springer Verlag, 2009).

Geleceği Yeniden Üretmek

Marilyn Strathern, Marysia Lewandowska ile konuşuyor

2012 yazının sonunda Marilyn Strathern'ü bu kitaba katkıda bulunmaya davet ettim. Bir makale ve seminerle katkıda bulunduğu Tate Modern'da gerçekleşen Capital [Sermaye] (2001)[1] *adlı projeden sonra çok az iletişimimiz olmuştu. Daha sonra güncel araştırmalarından, özellikle de yetenekle ilgili sorunları beden ve toplumsal cinsiyetle ilgili tartışmalı alana taşıyan çalışmalarından haberdar oldum. Mülkiyet üzerine sosyal ve kültürel açıdan düşünmek beni doğrudan onun erken dönem yazılarına geri götürdü. Strathern'ün alan çalışmasıyla geçen bir ömürden doğan yapıtları, fikri mülkiyet üzerine hukuki motivasyonları olan dilden ya da ağlar ve sosyal medya üzerine yapılan sınırlı tartışmalardan uzaklaşan bir dil kuruyor. Araştırmalarının ortaya attığı temel sorulardan –cömertlik ruhundan ve kültürün nasıl yapılıp sonra yeniden yapıldığı, üretilip sonra yeniden üretildiği üzerine önceden kabul edilmiş kavramlardan vazgeçmenin gerekliliğinden– ilham aldım. Sorular benim araştırmalarımla, iyelikle ve kamusal çıkarlar ile özel çıkarlar arasındaki sınırı nasıl kavramsallaştırdığımızla ilgilenen sanat pratiğimle ilişkili. Strathern'ün yapıtlarına doğru bu dönüşü Kasım 2012'de onun Cambridge'deki evine yapılan bir ziyaret, bir öğle yemeği ve sohbetimizin ses kaydı takip etti.*

Marysia Lewandowska: Buraya gelmeden önce *Reproducing the Future* [Geleceği Yeniden Üretmek] adlı metninizi okudum. İlk basım tarihi 1992 olan kitap, insan döllenmesi ve embriyolojisi üzerine 1990 tarihli meclis kararına bir yanıt niteliğinde. Anladığım kadarıyla siz bu tartışmaya katkı yapması ve bir tür yanıt üretmesi istenen bir grup akademisyen arasındaydınız.

Marilyn Strathern: Evet, o zamanlar kesinlikle kamuoyunda çok tartışılan bir meseleydi bu. Ben bazı meslektaşlarımla beraber bir yanıt olacak şekilde ESRC [Economic Social Research Council] tarafından finanse edilen kısa bir araştırma projesi örgütledim. Papua Yeni Gine'den döndükten ve yeniden İngiliz kamuoyunun bir parçası olduktan sonra beni şaşırtan şeylerden biri, yeni yeniden üretim teknolojilerinin benim "akrabalık" dediğim şeyler üzerine gerçekten nasıl soruları tetiklediğini görmek oldu. İllaki aile, ebeveynler ve çocuklar arasında da değil, akraba olmanın ne olduğu, ne anlama geldiğine dair fikirler üzerine... Kararın böyle hararetli kamuoyu tartışmaları yaratması da ilginç göründü.

ML Beni *Reproducing the Future*'a çeken şey, yeni bir sınır bölgesi olan temel yaşam süreçlerine yönelik insan müdahalesi ile ilgili kimi anahtar nosyonları bir araya getiriyor oluşuydu. İlk nosyon yapaylık; bu benim çalıştığım bağlam olan sanattaki yapıt ile ama bir yandan da insan emeği ve yaratıcılığı ile bir bağlantı taşıyor.

MS Bunu seçmiş olmanız ilginç, çünkü o dönemde, örneğin bu teknolojilerin "yapay döllenme" adıyla anılması gibi, bu da moda bir tabirdi. Elbette yapay döllenme uzun zamandır var olan bir işlemdi ancak bu teknolojilerin yapaylığı kavramı o sıralar her yerdeydi. Ben kendi başıma, eminim ki başkaları da böyle yapmıştır, yapay nosyonu üzerine yazmaktan hızla vazgeçtim. Bunun yerini teknoloji meselesine duyulan daha iyi eğitilmiş bir ilgi aldı. Teknoloji sadece araçları ima etmez, bilinçli olarak inşa edilmiş araçları ima eder; içlerinde enformasyon mevcuttur. Bu konu teknoloji üzerine bir bilim olan antropolojide önemli bir mesele olacak şeyin başlangıcıydı. Yani yapaylık üzerine böyle bir algı çok günceldi ama en azından antropologların yazılarında, sürekli olamadı. Siz başka türden bir yapaylık üzerine, yapıtlar etrafında mı konuşmak istemiştiniz?

ML Antropolojinin çok önemli bir kısmının yapıtlar üzerine çalışmalar olduğunu düşünüyorum. Sizin sözünü ettiğiniz bu tartışmada nasıl mevcuttu bu durum? Anlaşmazlık neredeydi?

MS Bugün "destekli gebelik" olarak bildiğimiz süreç sonucu dünyaya gelen yavruların, bir anlamda insan tasarımının yapıtları olduğu inkâr edilemez bir şeydi. Kurulan bir bağlantı değildi bu ya da insanlar teknolojileri yapıtlar olarak görmediler, ama bu bağlantıyı neden kurmadıkları ilginçtir. Bence bu durum kısmen yapıtın antropolojideki konumunun daha çok marjinal bir yer tutmasından kaynaklanıyor ve o zamanlar bu yer de sanat antropolojisi ile sınırlıydı ya da yapıt arkeoloji ile ilgiliydi, yapıtları kazıp çıkarırdınız. Yani o tartışmanın parçası olarak dolaşıma giren bir kavram olmadı, oysa açıkçası pekâlâ mümkündü bu.

ML Yaşam ve kültürle ilgili süreçler üzerine düşünme şeklimizle bağlantılı gibi görünen başka bir terimi, yeniden üretimi inceleyelim; yaşamın kökeni olarak yeniden üretimi ve bir "şey" ya da özgün olanla bir ilişki olarak yeniden üretimi. Dijital teknolojilerin doğuşundan önce, bu versiyon, yani kopya, her zaman aşağı muamelesi gördü, daha önemsizdi ve pazar terimlerinden söz etmeye gerek bile yok, sanat tarihi açısından bakarsak, daha değersizdi. Bir disiplin olarak sanat tarihi hâlâ özgün olana ayrıcalık tanımakta ısrarcı. İster sanatçı ile galerici arasında, ister sanatçı ile küratör arasında, ister sanatçı ile eleştirmen, isterse de sanatçı ile koleksiyoncu arasında olsun münhasırlığın mantığı budur. Özgün olan, bir şey olarak, eşsiz dışavuruma erişimin yerini tutar ve hem özel hem de kamusal alandaki koleksiyonun saiklerine yakından bakarsak bu sonucu desteklediklerini görürüz. Ancak dijital devrim, özgün olanla ilişkilendirilen değer sistemiyle ilgili kuşkuları ortaya koyarak bu durumu kökünden değiştirdi. İnsan, hayvan ve bitki DNA'larından her şeyin replikasını çıkarıyor, üzerinde değişiklikler yapıyoruz, görülmemiş miktarlarda da veri –metinler, resimler, filmler, sesler– üretiyoruz. Bu heyelanın içinde nasıl değer üretiyoruz? Nasıl oluyor da her iki terimin de kökeninde bulunan şey ya da ilişki böyle apayrı kalabiliyor?

MS Gerçekten de kopya mefhumuyla ve bir anlamda kopyalanan şeyle epey ilgili olan yorumcular vardı. İnsanın yeniden üretimi fikrinin kendisi tüm gebelik ve doğum meselesi üzerine çok özel bir yaklaşımı ortaya koyuyor, zira ebeveynlerin yapmadığı bir şey varsa o da *kendilerini* yeniden üretmek; yani kendi yaratılışlarına dahil olan genetik malzemelerin kombinasyonunu kopyalamıyorlar, çünkü başka biriyle birleşiyorlar ve sonuç her zaman farklı ve eşsiz oluyor. Ebeveynlerin yeniden ürettiği şey [sosyal] kimlik; bir hanenin ortak üyeleri olma –isimleri, hayat tarzları, mülkiyetin aktarımı, değerlerin yeniden üretimi– bağlamında ebeveynler. Ancak tüm bu açılardan "yeniden üretim" sadece kimliğimizin sürekliliğini sağlayan bir tür replikasyon anlamına geliyor.

ML İyelik, mülkiyet ve miras söz konusu olduğunda sahip olunan haklar arasındaki ilişkiye neden bu kadar bel bağlanıyor? En azından bizim kültürümüzde bu ilişki boğucu derecede güçlü sanki...

MS Kesinlikle. Epey alışılmadık şekilde güçlü; insan hukuk ile mülkiyet haklarının yasal tanımları, ortak kanılar ve ortak jargon arasında sürekli bir ayrım yapmak zorunda. Pek çok insan kendisine sahip olduğunu ya da emeğine sahip olduğunu ve bunun ona X ya da Y hakkını sağladığını söyleyecektir. Elbette hukuk çerçevesinde insan kendi bedeniyle mülkiyet ilişkisine sahip olamaz ve emeğinizi elden çıkarabileceğiniz koşullar yasalarla ve pazar olanaklarıyla vs. sınırlandırılmıştır. Ancak yine de "neysen ona sahip olursun" şeklindeki günlük dile içkin mefhum inanılmaz derecede güçlü ve karşımıza çıkıp duruyor. Avukatlar morarana kadar bir bireyin kendi kişiliğine sahip olmadığını anlatabilirler, ancak mülkiyet dilinin kendisi ve onun maliklik ile yakın çağrışımları tam tersini söyler. Yani ortada ilginç bir ayrım söz konusu. Bir de insanların kendilerine sahip oldukları fikrinden, isimlerine de ya da evlerine veya başka bir şeye de sahip olduklarından söz edebilecekleri fikri ortaya çıkıyor. Her açıdan bunun sonucunda ortaya dünyadaki kimliğinizin ve sizinle ilişkili olan etkinliklerin sizin bir parçanız olduğuna, bunların sizin *kendi* özünüz olduğuna ve özün bu anlamda öze *sahip* olabileceğine dair genel bir fikir ortaya çıkıyor. Bu çok güçlü bir halk kurmacası.

ML Sanat söz konusu olduğunda yeniden üretimin her zaman, bir gölge gibi, özgün olandan aşağı olarak sunulduğu fikrine geri dönmek istiyorum. Ancak değer ile bağlantılı olarak kültürel bir motivasyona sahip olan röprodüksiyon üzerine ve değerlerin yeniden üretilmesinde kurumların rolü üzerine de düşünüyoruz. Benim sanatı nasıl deneyimlediğim ve sanatçı olarak kendi pratiğimi nasıl gördüğüm konusunda çok önemli bir nokta bu. Her zaman kurumun içinde işlev görüyor; mevcut bir değer sistemini meşrulaştırmada pay sahibi olurken zaten kodlanmış durumda.

MS Yani sanat kurumun bir kısmını yeniden mi üretiyor?

ML Aslında, kurum değerin yeniden üretildiği yer.

MS Yani sanat yapıtı üretmekle ilgili olan bütün pratiklerin –aracılık yapmanın, sergilemenin– bir şeyi "sanat" olarak yeniden üreten bağlamı oluşturduğunu mu söylüyorsunuz?

ML Evet, ayrıca bir şeyin sanat olduğunu onaylıyor.

MS Ama bunun bir tür yankı ya da gölge olduğunu mu iddia ediyorsunuz?

ML Hayır, bana kurumun ilk işlevi buymuş gibi geliyor. İster kamusal müze ister de o müzeyi destekleyen özel kuruluş olsun, kökündeki değerler sergileme pratikleri vasıtasıyla üretilip yaygınlaştırılıyor.

MS Sahiden öyle.

ML Yani bu anlamda ne kadar fazla yeniden üretim varsa kurum o kadar güçlü.

MS "Yeniden üretim"in çağrıştırdığı birden çok anlam olması dilin çalışma şekliyle ilgili bir gerçek. Kurumlar ve onların değerleri yeniden üretme gereksinimleri hakkında söylediklerinize gelirsek, bunlar Marx gibi bir düşünürün terimi kullanacağı açıya yakın: Emeğin yeniden üretimi anlamında röprodüksiyon, bu da, kendi emeğini pazara koyabilmek için, birinin emeğini elden çıkarmasına izin veren her şeyle ilgili; yani bir işçinin kendisini yeniden ürettiği evdeki süreçlere bakıyorsunuz. Yeniden üretimin bir şeyin varoluş koşullarını korumak anlamındaki bu kullanımı her etkinliğe uyarlanabilir. Örneğin bir üniversite desteklediği akademisyenliğin değerlerini yeniden üretmek istediğinde, insanların akademisyen olmasının koşullarını koruyarak yapar bunu.

ML *Reproducing the Future*'ın girişindeki bir paragrafı okuyunca şunu merak ettim: (İnsan hücrelerinin yapay olarak yeniden üretilmesine izin vermek gibi) yaşamın süreçlerine doğrudan müdahaleler mülkiyet ilişkilerini nasıl tehdit ediyor ya da değiştiriyor? Artık esas meseleyle ilgili söz sahibi olmayan ebeveynlerin rolünü değiştirdiği için mi bir değişiklik söz konusu?

MS Bu gitgide daha ilginç bir hal alan bir soru, çünkü hâlâ iddiada bulunan insanlar var ama bir müdahalede bulunamayacakları biyolojik süreçler için değil de başka insanların edimlerine dair iddialarda bulunuyorlar. Hayali bir senaryoyu gözümüzde canlandıralım: Üç tane anneniz var, bir genetik anne, bir taşıyıcı anne ve bir de onun rahmine bir embriyo naklettirmiş görevlendirici bir anne. Bu durumda sorun mülkiyetin kendisinin tehdit altında olması olmuyor, böyle bir şey kesinlikle söz konusu değil; mülkiyet çoğalıyor ve daha geçerli hale geliyor, ama şu soru ortaya çıkıyor: Burada mülkiyetten mi iyelikten mi söz ediyoruz? Zira ben daha teklifsiz bir sözcük olarak "iyelik"ten söz etmek isterim: İyelik tehdit edilmez, iyelik dağıtılır ve iyelik için farklı meşrulaştırmalar yapılır; böylece genetik anne genetik argümanı, doğuran anne doğum argümanını ve görevlendirici anne de sonra sözleşmeler üzerine bir argümana dönüşen görevlendiricilik argümanını kullanır. Bunların her biri "Çocuk benim" diyerek bir iddiada bulunabilir ve iyelik zamirini kullanabilir, ancak İngilizce tabirle, bizi özneler ve nesneler arasında bir ayrımla ve dolayısıyla kölelikle tanıştıran "Ben çocuğa sahibim" ifadesini kullanmaları düşük bir ihtimaldir. Çünkü herkes insanlara sahip olunmaması gerektiğini bilir. Dolayısıyla insanlar çocuklarına sahip olmanın sözünü etmeme eğilimindedir: "Benim kendi çocuklarım" derler ama "Ben çocuklarıma sahibim" demezler.

ML Peki ya aidiyet sorunu? Bu kitabın başka bir bölümünde Portland Oregon'da yaşayan bir yazar olan Matthew Stadler edebiyat üzerine yazıyor ve iyelik ile aidiyet arasındaki farka değiniyor. Bu bağlam içinde –"Benim kendi çocuğum" ya da "Benim kendi çocuklarım" diyerek "doğal" anne olduğunu hisseden– anneden söz ederek çocukların ona ait olduğunu söylemiş olduğunu iddia ediyorsunuz.

MS İngilizcede çocuklarımın bana ait olduğundan söz etmek gayet uygun bir şeydir; iyi huylu bir sözcüktür bu, otantiklik ya da kimlikle ve sadece insanlarla da değil, yerler ya da binalarla bir ilişki kurmak istediğiniz her tür durumda kullanılabilir.

Ancak üç farklı anneyi içeren hayali senaryoya dönersek, genelde her birinin çocuğun kendisinin olduğunu ima edişi "gerçek" annenin kim olduğu bağlamındadır. Bu da çok ilginç, zira değişik olasılıklar arasında belirleyici olan çok açık şekilde bu sosyal ilişki olsa da, olan bitenin "doğallık"ını meşrulaştırma çabası söz konusu. Yani genetik anne için "gerçek" ya da "doğal" anne olmanın temeli genler, ama doğuran anne için elbette ki doğum temel; görevli anne ise bir taraftan sözleşmeden söz edebilir, ancak diğer taraftan arzusuna da, annelik arzusuna da atıfta bulunabilir –kendi bedeni vasıtasıyla geçekleştirilememiş olsa da bu arzu "doğal" annelik içgüdüsüdür– ve bu da onu "gerçek" anne kılar.

ML Yani onun için anneliğin özünde yatan şey *arzu*.

MS Tam da öyle ve bunu söyleyerek beni yeniden üretim teknolojilerinden entelektüel mülkiyete getiren sıçramayı sağladınız. Görevlendirici ebeveynin, embriyo başkaları tarafından oluşturulmuş olsa da ilişkiyi oluşturanların, bir çocuk sahibi olma fikrinin, yani ilk etkenin kendileri olduğunu iddia ettiği bir tartışmalı ebeveynlik davası var. Bu türden bir davada hakimlerden biri, bunun fikri mülkiyetin yanlış kullanımına örnek olduğunu iddia etti, beni bu fikre uyandıran şey de bu oldu. Bu durumda hakim analojinin işlemediğini, çünkü elbette bir fikrin telif hakkına değil de, ancak onun dışavurumunun telif hakkına sahip olabileceğinizi söyledi.

ML Bu kitabın arkasında yatan fikir "mülkiyeti geri almak" olduğundan, bu fikrin sizin çalışmalarınızın üstüne nasıl yansıyacağını görmek istedim: Bir imge olarak mülkiyet ile bir kavram olarak mülkiyet. Bir paradigma kaymasının mümkün olması için her ikisinde de bir "geri alma" olması gerekir mi? Mülkiyetin imgesini nerede konumlandıracağız? Ve bir de, bunu farklı pratiklerimizin perspektifinden nasıl yaparız? Benim çalışmalarım eleştirel bir pratik olarak sanatla ilgili, sizinkiler ise bir sosyal bilim olarak antropoloji ile. Bilgi üretimi söz konusu olduğunda pozisyonlarımız arasında bir yakınlık olması gerçeğine ne kadar dikkat ediyoruz? Bunun nedeni açıklığı, yayımlamayı ve kamusal tartışmaları cesaretlendirecek bütünleşik bir pratiğe duyulan ortak bir arzu olabilir mi?

MS Bu çok ilginç bir soru, bence bir antropolog bunu bağlam üzerine bir soruya tercüme ederdi: Bu kavramın kullanıldığı ya da kullanılmadığı bağlamlar nelerdir? Ancak bu da imgeyle ilgili ulaşmaya çalıştığınız noktayı yakalayamıyor. Disiplinim adına konuşabilir miyim bilmiyorum, o halde kendi adıma konuşayım: Mülkiyet terimini kullandığımda bir tür özne-nesne ilişkisi ima ediyorum, bu anlamda da mülkiyet hakları insanlar arasında bir ilişkiyken –yani ben size karşı çaydanlığımı satma ya da buna benzer bir hakka sahibim– antropoloji de mülkiyetten geleneksel olarak insanlar arasında, şeyler üzerinde bir ilişki olarak söz ediyor. Ancak insanlar arasında şeyler üzerinde bir ilişki sık sık bir şeyler üstünde haklara sahip olan özne kavramına indirgeniyor ve şeyler (İngilizcede) nesneler ile özdeş görülüyor. Beni Papua Yeni Gine'de büyüleyen şeylerden biri şuydu ki, bu durağan özne-nesne kişi-şey terimlerine bağlanamıyorsunuz, İngilizce konuşmada olduğu gibi tutarlı olmuyor ve herkesin kullandığı terimler konusunda net olması gerekiyor. Ben de *The Gender of the Gift*'te [Yeteneğin Cinsiyeti] olduğu gibi Yeni Gine'deki toplumsal cinsiyet ilişkileri üzerine kıyaslamalı çalışmalarımda bu bağlamda olup bitenler için "mülkiyet" tabirini hiç kullanmadım. Mülkiyetin şeyleri nesnelere dönüştürdüğü ve bu nesneler üzerinde öznenin tasarrufunu gerektirdiği yönünde bir resim olacaktı. Bu yüzden İngilizcede tırnak içine almadan insanlara sahip olmaktan söz edemezsiniz ya da insanlar üzerinde "mülkiyet" haklarına sahip olmanıza izin yoktur.

ML Lewis Hyde'ın en son kitabı olan *Common as Air*'i [Hava Kadar Sıradan] okuyordum. Bu kitapta müşterek bilgi fikri vasıtasıyla mülkiyet ilişkilerini inceliyor; beni özellikle ilgilendiren şey ise az önce söz ettiğiniz şeyle bağlantılı olarak etkinlik bağlamında mülkiyetten nasıl söz ettiği oldu. Nesiller, ebeveynler ve çocuklar, uluslar arasında rekabeti serbest bırakan haklar üzerinde iddiacı olma etkinliği bu. Örneğin Elgin Mermerleri British Museum'da sergilendiği sürece hep tartışmalı mülkiyet olarak algılanacak.

MS Evet, bu çok mantıklı.

ML Bu fikri biraz daha açar mısınız? Üzerinde iddiada bulunulana –dolayısıyla etkinleştirilene– dek görünmez olarak mı kalıyor? Etkinliğe ihtiyaç var. Bu bir dönüşüm anı.

MS Evet, o ana dek her türlü tavizi verebilir ve bir şeyde payınız olduğunu düşünebilirsiniz; şeyler tanımsız ve üstü kapalı olabilir, ancak bir iddiayı ortaya attığınız an sınırlar yarattığınız andır, bunlar kimilerinin tanıyamayacağı sınırlar olabilir. Genel anlamda, mülkiyeti ilan etmek çok provokatif bir eylem olabilir. Bunu belirtmek ise resmin ancak yarısı demek, zira kimse onlarla meşgul olmadan da görevini yerine getiren her türden ve biçimden mülkiyet mevcuttur. Elbette sermayeden ve onun kazanabileceklerinden söz ediyorum: Olan biten, bir yatırımla bağlantılı olarak kullanılan mülkiyetin sahibi için mülk sahibi olarak kalmaktan başka bir şey yapmadığı halde onun için bir şeyler yapmaya devam etmesinden ibarettir.

ML Çalışmalarınızın odağında farklı akrabalık ilişkileri ve akrabalık var, bunlardan biyolojik ve genetik *hakikatler* diye söz etmeniz beni çok etkiledi.

MS Bunlar anadilde, bu dili konuşanlar için hakikatler, evet.

ML Ama akrabalığın sosyal bağlar üzerinden nasıl yaşandığıyla ilgileniyorsunuz. Yani bu yine ilişkilerle ilgili bir şey.

MS Kesinlikle öyle. Bu hakikatlerin kendileri bir ilgi nesnesi oldukları ölçüde sosyal olarak yaratılmış şeyler. Yani gebeliği doğal bir edim olarak görmek ona zaten bir sosyal değer atfettiğinizi, dikkate sunmak için işaretlediğinizi ima ediyor. Hakikatler bu anlamda sosyal olarak üretilmiştir.

ML Müşterek bilgi konusunda ilgimi besleyen şeylerden biri de farkındalık ile ilgili. Giriş bölümünüzden alıntılıyorum: "Farkındalık önceki deneyimlere karşıt olarak biçimlenir [...] dolayısıyla (yeni) fikirler diğer (eski) fikirler vasıtasıyla düşünülür."[2] Gerçekten de akışkan bir şeydir bu; farkındalığın gerçekleşmesi için hareket olması gerekir. James Boyle *Understanding Knowledge as a Commons*'taki makalesinde şöyle diyor: "Telif hakkı vazifesini yaptı ve yapıtın yaratılışını ve ilk dağıtımını teşvik etti. [...] Ama şimdi bizi dışarıda tutan bir çit gibi çalışıyor."[3]

MS Evet, açık kaynak destekçisi biri, değil mi?

ML Bence genom projesi ile ilgili olarak düşününce çok ilginç bir şey bu. İngiltere'de dizilere açık kaynak olarak erişilebiliyor. Ama Amerika'da öyle değil. Bu örnek, varoluşumuz için birincil derecede önem taşıyan genetik malzememiz üzerine bilgilere özel mülk muamelesi yapıldığını ve doğrudan bir ticari kazanç kaynağı olarak görüldüğünü açıkça ortaya koyuyor. Bu size ne hissettiriyor, merak ediyorum?

MS Bu en son tezleri takip ettiğim bir alan değil ve yorum yapacak birikime sahip olduğumu hissetmiyorum. Deşifre sürecinde hemen Cambridge'in dışındaki Hinxton'dakilerle (Wellcome Trust Genome Campus'ün merkezi) Birleşik Devletler'de Craig Venter'ın laboratuvarı arasında bir yarış vardı. Burada olup bitenler, bize insanlara ortak şekilde "ait olan" bir şeyle karşı karşıya olduğumuz hissini veriyordu. O zamandan beri bu bilgiyi gerçekte nasıl kullanacağımız üzerine inanılmaz sayıda detaylı çalışma yapıldı. Örneğin Cambridge Üniversitesi'nin patent hakkında kuralları var ve sanatçıları patent almaları için cesaretlendiriyor. Yapaylık ve yapay olarak üretilenler konusuna dönersek: Genomdan üretilen bilgi söz konusu olduğunda, ortak kaynak olsa bile, kullanılabilir versiyonlarını üretmeye gelince yapaylık işin içine giriyor. Fikir ile onun dışavurumuna benziyor biraz: Bir şeyleri kullanılır kılmak devasa miktarda insan emeği, para, finans vs. demek, dolayısıyla hoşunuza gitsin gitmesin, mülkiyet ilişkileri işin içine girmiş oluyor.

ML Yani mülkiyet yalnızca kullanım vasıtasıyla bir zenginlik ve bilgi kaynağına dönüşüyor?

MS Evet, patentler de tam olarak bununla ilgili. Ama telif ve lisanssız telifin, açık kaynak yazılımların, farklı türden müştereklerin tanınması ile yapılan çok çeşitli deneyler var. Örneğin *Hau* adında yeni bir çevrimiçi antropoloji dergisi var, adı [Marcel] Mauss'un "armağan ruhu"ndan geliyor. Derginin Creative Commons lisansı var, insanların orada yayımlamalarını mümkün kılıyor, ama başka bir yerde yayımlamalarına da engel olmuyor. Çok da başarılı oldu.

ML Laurel ile ben de bu kitabın yayıncılarıyla bunun pazarlığını yaptık. Yayıncıyla yayını münhasır olmayan haklar koşulları altında çıkarma anlaşmasıyla neticelenen bir diyaloğa girdik. Bu şekilde cömertlik yeniden üretilmiş ve geniş biçimde dağıtılmış oluyor. Herkes kazançlı çıkıyor.

Notlar

1. Marilyn Strathern, "The Aesthetics of Substance", *Capital* içinde, Neil Cummings ve Marysia Lewandowska (Londra: Tate Publishing, 2001).
2. Marilyn Strathern, *Reproducing the Future: Anthropology, Kinship, and the New Reproductive Technologies* (Manchester: Manchester University Press, 1992), 4.
3. James Boyle, "Mertonianism Unbound? Imagining Free, Decentralized Access to Most Cultural and Scientific Material", *Understanding Knowledge as a Commons: From Theory to Practice* içinde, ed. Charlotte Hess ve Elinor Ostrom (Cambridge, MA: MIT Press, 2007), 127.

Mübadele ve Dolaşım

Antonia Hirsch

233

Desire [Arzu] (fiil) erken 13. yüzyıl, Eski Fransızca *desirer* fiilinden (12. yüzyıl) "dilemek, arzu etmek, özlemek", Latince *desiderare* fiilinden "özlemek, dilemek; talep etmek, ummak," [...] *de sidere* ifadesinden "yıldızlardan gelen."[1]

Dünya için en önemli yıldız, Güneş, varoluşumuzu gece ile gündüz, bilinçdışı ile bilinç olarak ikiye ayırır. Güneş bugün doğru konumu olduğunu düşündüğümüz konuma 500 yıldan az bir zaman önce ulaştı. Nicolaus Copernicus'un adını verdiği devrim, Dünya merkezli bir evren kavramından Güneş merkezli model lehine kopuşu sağladı.[2] Copernicus devriminin failinin ekonomi hakkında da yazmış olduğu ise pek bilinmez. *Monetæ Cudendæ Ratio* [Madeni Para Basımı Üzerine] adlı kitabının çeşitli basımları 1517 ile 1536 yılları arasında yapılmıştı,[3] bu yüzden belirli bir ekonomideki para arzına –başka bir deyişle enflasyon olarak da bilinen aşırı çoğaltım gibi sorunlara– odaklanan paranın miktar teorisinden Copernicus sorumlu tutulur. Copernicus'un iki alanda birden uzman oluşu ilk bakışta şaşırtıcı görünebilir. Ancak ilgilendiği iki alan arasındaki aşikâr bağlantı dolaşımdır: gezegenlerin ve paranın dolaşımı.

Copernicus'un ünlü astronomik keşfinden kısa bir süre önce başka bir devrim yaşanmıştı. 15. yüzyıl ortasında gerçekleşen matbaanın icadı, bilginin çoğaltımı ve dağıtımı açısından yeni bir çağa işaret ediyordu.[4] Ortaçağ astronomlarının, metaforik olarak, bir açıdan ilk dönem mekanik destekli yayıncılığa benzer şekilde dünya görüşlerinin yayılmasına (Copernicus'un çağdaşı olan Martin Luther'in basılı savlarının dolaşımı örneğindeki gibi) katkıda bulunduğu iddia edilebilir. Ancak her ne kadar Ortaçağ'da astronomik araştırmalar (dinsel) takvimlerin kesin olarak hesaplanması için faydalı olduysa ve krallarla imparatorlukların talihleriyle ilgili astrolojik tahminler için kullanıldıysa da, Copernicus'un –kelimenin gerçek anlamıyla bilginin ufuklarını genişleten– çabaları gibi çabalar kilisenin ve seküler diğer güçlerin kontrol ettiği sıkı "enformasyon yönetimi"ne hesap vermek zorundaydı.

Bu "dolaşım sistemleri"nin her ikisi, astronomik sistem ve para sistemi, bireyin içinde belli bir faillik düzeyi kazanma potansiyeline sahip olduğu bilgi ve ekonomiyle ilgili belirli *sahaları* akla getirir. Elbette (dolaşımdaki bilgi) söylemin(in) var olması, sözgelimi cehaleti bertaraf etmeye yetmez ya da geçerli bir para sisteminin kendisi bir bireye finans vasıtasıyla güç sunmuş olmaz, ama yine de aktörlerini bekleyen bir sahneyi kurmuş olur.[5]

Dolaşım mefhumu mübadele fikrini basit bir karşılıklı yardımlaşma ekonomisinden –bire bir mübadele– "Ne ekersen onu biçersin" koşulunun geçerli olduğu daha karmaşık bir yapı doğrultusunda genişletir. Ancak verilenin aynı yönden ve aynı noktadan geri döneceğinin garantisi yoktur, muhtemelen de farklı farklı yerlerden geri dönüşler olur.[6]

"Ne ekersen onu biçersin" ifadesi eşitlikleri, dolayısıyla da temsili ifade eder. Temsil temelde, başka bir şey yerine geçebilecek olandır (eşit değerde olan), böylelikle bir metanın belli bir para ederi –evrensel bir mübadele eşdeğeri ile değişken göstergesi– olduğundan söz etmek mümkün olur. Öte yandan meta da belli bir miktardaki emeğin temsilcisi haline gelebilir. Mübadele bu değişken gösterge (para) sayesinde mümkündür. Her bir mübadele ediminde en baştan bir değer eşitliği kurulmasının gerekli olduğu ve spesifik kalemlerin birbiriyle mübadele edildiği takas ekonomisinden farklı bir durumdur bu. Örneğin iki birey belli bir dizüstü bilgisayar ile belli bir bisikletin eşit değerde olduğuna karar verebilir, bunun sonucunda bir ticaret gerçekleşir, ancak bisiklet başka bir nesneyle mübadele edilmeye kalkacak olursa ticareti yapılacak kalemlerin değerlerinin denkliğiyle ilgili tamamen yeni bir anlaşma yapılması gerekir, fiyat söylenip geçilemez.

Bu mantığın devamı olarak, bir şeyin resmi o şeyin fikrinin yerine geçebilir. Bir renk bir siyasi partiyi temsil edebilir ve bu şekilde kimin, neyi ya da kimi temsil edebileceğini ya da savunabileceğini betimleyebilir. Böylelikle bu fikir ve değerlerin –temsiller olarak– geniş bir alanda dolaşımı mümkün olur.[7] Fikirler bir dereceye kadar spesifik olsalar da, maddi olarak temsil edilebildikleri ölçüde değişken gösterge niteliğini taşır, ancak tanımları gereği düşüncenin maddi olmayan dünyasına aittir. Temsil ise soyutlamaya bağımlıdır ve soyutlamanın özel doğası üretildiği bağlam tarafından belirlenir. Bu yüzden her tür temsilin kendisi bir mübadelenin sonucudur: bir müzakere, bir pazarlık.[8]

Fikirlerin dolaşımı bağlamında düşünüldüğünde Copernicus'un, doğrudan para dolaşımı ile ilgilenen miktar teorisi, seslerin, –enflasyon yaratacak derecede– bilginin ve onun uzantısı olarak –basılı olanlardan elektronik olarak dağıtılanlara kadar– her türden yayının çoğalmasının epistemolojik sistemlere getirdiği karmaşa ve tehditleri akla getiriyor. Bu türden enflasyon yaratıcı bir bilgi artışı, yaşamlarımızı az çok aklı başında şekillerde idare etmemizi sağlayan şeyin temelde bilginin mevcudiyeti ya da erişilebilirliği değil de düzenli bir sisteme içkin hale gelene dek sanki değerden bağımsızmış gibi görünen "bilinebilirler" tomarlarıyla (bir tür laga luga formu olarak internet) nasıl müzakere ettiğimiz olduğunu açıkça ortaya koyan bir durum yarattı. Bir "bilinebilir"i elverişliliği açısından test eden ya da onu "geçerli" diye azleden bir tür ampirik süreç olan bilginin bu etkin seyrüseferi, geçerliliği belirleyerek değer atfeden epistemolojik bir sistem kurar.[9]

Epistemolojik sistemin kuruluşunu motive eden şey meraktır; enformasyon, fikirler ve bilgiye duyulan arzu. İster entelektüel, ister erotik ya da daha az iştah açıcı türden bir merak olsun (örneğin iktidar arzusu), arzu hem şeyleri hareket ettiren, dünyayı döndüren güçtür, hem de bir algı noktasından yayılan merkezkaç kuvveti vasıtasıyla dünyalar *kuran* güçtür. Bu algı noktası da bir yerçekimi merkezi (yani bir öz) oluşturacak şekilde anlık olarak yoğunlaşır. Bu arzunun erdemli olması gerekmez. Yalnızca hareket ve etkinlik emri veren bir güç olarak değerden bağımsızdır.

TEMSİLCİ PARA – FİKİRLERİN TEMSİLİ

Copernicus'un *Madeni Para Basımı Üzerine* adlı kitabı temelde para biriminin görünür değerinin mübadele değeri ile kıyaslanamaz oluşuyla ilgilidir. Copernicus farklı değerler sorununu teşhis ederek Adam Smith'in parayı meta ile özdeşleştirmesini önceden sezmekle kalmadı, kavradığı bu problem sayesinde itibari paranın[10] daha sonra temelini oluşturacak kavramsal temelle yüzleşti.[11] Temsili para değer açısından stratejik olarak, örneğin 17. yüzyılda kâğıt paranın Avrupa'da dolaşmaya başlamasına benzer bir farklılığa yol açar. Bu durumda, örneğin gümüş parada olduğu gibi maddi değer ile görünür değer arasında hiçbir bağlantı kalmamıştı.[12]

Copernicus para basımı konusunda kısıtlamanın gerekliliğine dikkat çekmişti. Bilginin ve öğrenmenin dağılması konusunda tam da böyle bir tekel iddiasında bulunan kilise mekanizması temelinde, para birimi idaresini kontrol edecek tek bir güç fikrini desteklemişti. Kilise, en azından belli bir ölçüde, bilginin dolaşımını engelleyen gücünü yitirmemiş olsaydı, Copernicus'un teorisi asla gün ışığına çıkmamış ve daha önemlisi basılmasının ardından gösterdiği gelişmeleri gösterememiş olacaktı.[13] Ancak Copernicus'un astronomi üzerine yaptığı çalışmaların çağdaşı olarak kendini, temsili paranın bir prototipi -endüljans denen ve bir ücret karşılığında günahlar için bağışlama sağlayan kâğıtlar- vasıtasıyla finanse eden de Katolik Kilisesi'ydi. İronik olarak, bu dönemde matbaa makineleri Kilise'nin bilgi tekelinin altını oymak için kullanılırken, aslında Endüljans belgelerinin ticaretinin gelişmesini mümkün kılarak (zira bunların üretimi de hızlanmış oluyordu), başlangıçta kilisenin gücünü artırmıştı.[14] Ancak sonuçta modern paranın ortaya çıkışı –iktidarlar değil eser sahipleri tarafından üretilen, kutsal olmayan– düşüncenin hızla çoğalması ve iktidarın sekülerleşmesi ile iç içe geçti.[15]

Paranın kendisini (değerini) çeşitli biçimlerde (örneğin metalar olarak) maddi dünyada gerçekleştirebilen evrensel bir mübadele bedeli olarak karakterini vurgulamak suretiyle, para ekonomisi ile fikirlerin ekonomisi arasında paralellikler olduğunu iddia ediyorum. Benzer şekilde fikirler de maddileşmelerinden bağımsız olarak dolaşıma girebilir; maddi bir ekonomide fikirlere para birimlerini atfeden ve onlara değerlerini veren ise mübadeledir.[16] Gerçekleri yaratan (para ya da fikirlerin) paylaşımı ve muamele edilmesidir.

Öte yandan, parayı enformasyon olarak da görebiliriz; bu "enformasyon" yalnızca mübadele değeri vasıtasıyla dışavurulmaz ve burada dolaşımdaki enformasyon nosyonu ile –kâğıt para formunun kendisiyle de dışavurulan– daha açık ve çarpıcı bir benzerlik bulmak mümkündür. 1920'lerin Weimar Almanya'sında, aşırı enflasyon zamanlarında, acil durum parası belediyeler ya da şirketler tarafından biraz rastgele bir şekilde taahhüt edici belgeler şeklinde basılıyordu, böylelikle de dört nala koşan enflasyonun durma noktasına getirdiği ekonomik etkinliklerin sürekliliği sağlanmaya çalışılıyordu. Banknotların değeri günbegün düşerken, normalde ulusal para birimini basmakla yükümlü resmi kurumlar ekmek gibi küçük alışverişler için gereken ufak paralara bile yetişemez olmuştu, zira fiyatı birden binlerce marka çıkan ekmek bile dolaşımda inanılmaz miktarlarda para olmasını gerektiriyordu. Ancak bu acil durum parası, banknotlarını ulus devletin ulusal gurur amblemlerinin sembolleriyle donatan doğal otoritelerce basılmıyordu, bu tuhaf acil durum parasının üstünde bunun yerine şiir, güncel sanat, güncel ekonomik durumla ilgili analizler ya da onaylanmamış siyasi yorumlar vardı. Bu yarı meşru paralar el ilanlarına ya da haber bültenlerine benziyordu, bu da normalde paranın işlevinden çok farklı bir basılı yayın işleviydi, oysa her ikisi için de dolaşım elzemdi. Bugün bile, temsili para, neredeyse basılı kitapla aynı dönemde ortaya çıkan şey, temelde ancak veren kuruma güven duyulması halinde işe yarayan bir taahhüt senedidir. Düşüncenin çoğalması bağlamında gitgide daha fazla ses erişilebilir olurken, senedi verenler –yazarlar– ve onların güvenilirliği ve önemi sorunu aynı şekilde önemlidir. Nihayetince tüm teknolojik gelişmeler ve kişisel verimlilik stratejileriyle çelişmeyecek şekilde, insanların sınırlı biyolojik kapasitelere sahip yaşayan varlıklar olarak sindirilebileceklerinin, ne kadar enformasyon, hizmet ve malı işleyebileceklerinin bir sınırı vardır.

Neticede, seslerin ve "bilinebilirler"in katlanarak arttığı bir evrende bir temel, bir yol ya da istikrarlı bir epistemolojik sisteme acil bir gereksinim duyulduğu görülüyor. Enflasyon sistemine ve seslerin enflasyon yaratan patlaması sorununa dikkat çekerek, değerleri dengede tutacak, belli bir epistemolojik sistemin kendi ağırlığı altında ezilmesine engel olacak bir kontrol mercii fikrini ortaya atmış oldum. Ancak bu enformasyon yığınını düzenleyip süzecek bir "otorite" kurmak en azından pratik bir fikir değildir. Koşullar bunun yerine belki de tamamen farklı bir ilişkisel düşünme modunu, farklı bir hesaplama yöntemini gerektiriyor. ("Saymak" [*to count*] ve "söylemek" [*to tell*] sözcükleri ilginç şekilde aynı epistemolojik kökten geliyor.)

SERVETLER

Copernicus'un çağına dek ve onun da ötesinde, yıldızların pozisyonlarına göre fal bakmak, yani astroloji ile göksel cisimlerin konum ve hareketlerinin matematik analizi olan astronomi aynı disiplinmiş gibi muamele gördü. Bilimsel bilgi ile inanç henüz yollarını ayırmamıştı (Gerçekte ayrılmış olup olmadıkları da hâlâ sorgulanabilir). Astronomi ile astroloji tarihsel olarak, hayvan ve tanrı imgelerini ve gece gökyüzünü aydınlatan yıldız karmaşasını kaplayan sözde ritüel nesneleri içeren mit ile bir bağlantıya sahiptir. Astronomi bugün kendini uzayda dolaşan cansız kaya ve buz kütleleriyle ilgili olayların analiz ve tahmini ile sınırlarken, eşit derecede matematik ve geometriye dayanan astroloji yaşayan canlıların ilişkilerinin tuttuğu yol ve niteliği üzerine bilgi sahibi olduğunu iddia eder, hatta bunun da ötesine geçip bilinç ve ruh üzerine konuşur. Astronomi ile astrolojinin her ikisi de kendi açısından sadece mevcut olanı aydınlatmaya çalışmakla kalmaz, bir de, örneğin takvimler yoluyla, gelecekle ilgili vaatte bulunur; elbette astroloji bunu açıkça spekülasyonlarla yapar.

Astrolojinin bu spekülasyonları, kapitalist "ileri dönük dinamizm" prensibi ile temel bir niteliği, kapitalizmin belirleyici özelliklerinden birini paylaşır. Bu benzerlik kendini yalnızca şiirsel olarak adlandırılmış geleceklerin ticaretinde göstermez, bir de herhangi bir sermaye yatırımının kendisini ancak gelecekte gerçekleştirebileceğini ifade eden basit hakikatte gizlidir. Kapitalist bir ekonomideki her edim, az da olsa, gelecekteki bir sonuca yönelik bir spekülasyondur.[17] Parasal ekonomiler ile fikir ekonomileri arasında bir akrabalık kuran da bu spekülasyon nosyonudur. Bu dolaşımın belitsel olduğu paralel evrenlerdir bunlar. Spekülasyon bir ideali (gelecekteki bir sonuç olarak) yansıtan arzu dolu bir itki tarafından yönlendirilebilirken, brokerlar, kurşunu altına çeviren simyacılar gibi olumsuz gelişmeler üzerine bahse girip kayıpları kazanca çevirirler (Örneğin, bir kârı elde etmek için bir hissenin düşüşü üzerine "bahse girerler"). Bir kez dolaşıma sokulduğunda spekülasyon değiştirilmiş bir maddi gerçeklikle neticelenen kendi hakikat dizilerini yaratır. Bir sistemin işler olması, bir gerçeklik düzeyi kazanması için kanıtlanabilir bir anlamda doğru olması gerekmez. Bunun yerine, yeterince insan tarafından paylaşılan ortak bir kurmaca olması gerekir, bu da iyi bilinen bir gerçektir.

DEVRİM

Copernicus'un fikirleriyle bağlantılı olarak dolaşımdan söz ettim; ancak göksel cisimlere yönelik olarak özellikle "devrim"e, değişmez bir izlekte tekrar eden bir dönüşe atıfta bulunur. Güncel kullanımında "devrim" oksimoron olacak şekilde daha çok tam tersini ifade ettiğinden ilginç bir durumdur bu: Bilinene geri dönmeyip alışılmışla bir kırılma yaşamak.[18]

Ancak Copernicus'un yaşadığı dönemde, "devrim" kavramının radikal bir değişimi ifade eden –başka bir mümkün dünya üzerine spekülasyon ve bunun devamı olarak o dünyanın ilk tohumlarının atılışı– bu yeni anlamı henüz mevcut değildi. Gezegenlerin 1609 yılında Johannes Kepler'in kanıtladığı üzere elips yörüngelerde hareket ettiği de öyle.[19] Copernicus hâlâ, tek bir merkeze odaklı çemberlerden oluşan kusursuz geometrik bir simetriyi hayal ediyordu, oysa elips çift noktaya bağlı olarak düzenlenmiş bir biçimdir ve dolayısıyla da ilişkiselliği ima eder. Bir evreni tahayyül ederken ve yeniden tahayyül ederken bu nedenle yalnızca Kepler'in elipslerini sözdizinsel eksiltim –ya kasıtlı bir eksikliğe ya da bitirilmemiş bir düşünceye işaret eden üç nokta- ile değil, aynı zamanda Aby Warburg'un Hamburg okuma odasıyla da -Warburg evrenini yörüngesinde tutan eliptik bir alan- bağlantılı olarak düşünmek uygun olur.[20] Bu okuma odası 1920'lerde Hamburg'da kurulan Kulturwissenschaftliche Bibliothek Warburg'un kalbinde yer alıyordu.[21] Warburg, daha sonra şizofreni ve manik depresyon olarak teşhis edilen sürekli bir rahatsızlık nedeniyle hastaneye yatırıldığı dönemde Kepler'e ve Kepler'in elipslerine ilgi duyuyordu. Kendi şeytanlarıyla yüz yüze gelen Warburg sembollerin güçlerinden çok etkilenmişti. Bunlar –rasyonalite ile bilimin ötesinde– kökleri derine inen kaos ve bilinmeyene duyulan insan fobisini aşmayı hedefleyen ikili bir mekanizmanın çatalını oluşturdukları astrolojide çok belirgin şekilde mevcuttu. Warburg da muhtemelen derinden hissettiği kişisel gereksinim nedeniyle "dairenin yerine [...] geometrik elips"i yerleştirdi, "böyle yaparak, 'matematiksel bir kozmo-fiziğe' giden yolda, göklerin şeytandan ve insanbiçimcilikten arındırılmasına dönük önemli bir adım atmış oldu. Elips, özellikle de iki odaklı biçimi sayesinde 'düşünce için alan açan güçlerin' sembolik biçimidir."[22] Warburg'un kütüphanesi alışılmadık sınıflandırma sistemi vasıtasıyla fikirlerin dolaşımını, bir müşterek dolaşım kütüphanesinde olduğu gibi, kitapların okurlar arasında dolaşımının üstünde tutan yeni bir epistemolojik sistem öneriyordu. Başka bir deyişle, onun kütüphanesi kendi kendini ihtiva eden kitaplar arasında maddi olmayan bir geçirgenlikten yanaydı, bu sayede de mülkiyet olarak kitap mefhumunu aşıyordu: Kendine özel olma anlamında kendine doğru bir şey.

Bu makale boyunca dolaşımın farklı açılarını tartışmak için kullandığım astronomi ve astroloji aynı zamanda Warburg'un *Mnemosyne Atlas*'ının dayanak noktasını oluşturuyordu. Atlas'ın temelinde Warburg'un araştırmalarının iki anahtar meselesi vardı: oryantasyon ve dışavurum. Warburg –örneğin astrolojik ya da dinsel kozmolojilerde bulunan– sembolik sistemleri duygulamı "idare etmek" için atılmış bir uygarlık adımı olarak görüyordu, bu da kendini *pathos formulas* diye ifade ettiği şeyde, yani evrensel ve dokunaklı güçlerin, kültürler ve çağlar boyunca etkin olan somutlaşmalarında gösteriyordu. Warburg duygulamın spektrumunu yalnızca benim bu makalenin epigrafında alıntıladığım arzu alanında değil, korku alanında da arar. Fobik bir dinamiği olan bu odak, Warburg'un kişisel geçmişine dayansa da (en geniş anlamıyla: duyusal, imge temelli, metinsel) enformasyonu "idare etme" dürtüsünün sadece onu kullanışlı kılmak için değil, bir özü, arzu dolu bir gücün durmadan aşmaya çalıştığı bir şeyi korumak için olduğu da açıkça bellidir. Bu güç alanı, arzu ile korku arasındaki bu ikilik, dışavurumunu elipste, yani "düşüncenin alanında" bulur. Aynı şekilde, Warburg'un topraktan çıkarıp kütüphanesinin düzensiz mimari alanında erişilir kıldığı soyutlanmış, spesifik parçaların kendileri, Warburg'un geleneksel olarak onları anlamamıza müsaade eden sınıflandırma sistemleriyle tekrar tekrar karşı karşıya gelen sayısız parça ile ilişki kurmak için nasıl mücadele ettiği düşünüldüğünde önemsiz kalır. Bu sınıflandırma sistemlerinin temelinde otoriter sistemler, bilgi ve enformasyon üzerine ayrı filtreleri oluşturan akademik gelenekler vardır. Ancak Warburg'un niyeti bunları ortadan kaldırmak değilmiş gibi görünüyor. Warburg bunun yerine bir dokunulmazlık zırhıyla onların arasında dolaştı. Hartmut Böhme, Warburg hakkında "gözünü epistemolojiye dikmiş bir tür panteizm" ile doluydu diye yazar.[23] Copernicus gerçek olması için doğru olması gerekmeyen bir model icat etmişti, ancak işlevsel ortak kurmaca olarak, kelimenin tam anlamıyla evrensel olmasını istedi. Dört yüzyıl sonra, Warburg kendisini dinamik ilişkilerin çokluğu tarafından oluşturulmuş, düşüncenin daireler çizmesi için bir alan yaratan bir bilgi sistemi yaratmak için sürekli bir çaba ile tanımlayan çok farklı bir yazarlık biçimini hayata geçirdi. Bu düşünce alanının niteliği kendi içinde polimorfik ve dinamiktir. Böhme'nin de yazdığı gibi "mnemonik tekniklerin [duygulam dolu dürtülerin somutlaşmış halleri ve sembolizasyonları] ürettiği boşluğun (alan) esrik hezeyandan akıllı sağduyuya doğru hareket eden zamanda düz bir oku betimleyen bir süreç değil de [...] bir 'ritim', sarkaç salınımı, bir 'dolaşım' üretiyor oluşu önemlidir."[24] Bu alan ya da boşluk –mecazını dışarıda bulan bir boşluk– etkin durumundayken her türlü mülkiyet –ve münasiplik– mefhumunu askıya alan proto-ekonomik bir mübadelede üretilir. Yıkıcı bir duygulam yüklü momentum tarafından var olmaya zorlanan saldırgan bir durumdur. Bir güçler mücadelesi olduğu ölçüde de, –sözü edilen aşama– her şeye rağmen bir saha, halka (daire), karşılaşmanın gerçekleştiği ve hikâyenin geliştiği bir güç alanı üreten istikrarsız, agnostik bir alandır. Yine de kültürü mümkün kılan alandır bu.

Notlar

1. Online Etymology Dictionary [Çevrimiçi Etimoloji Sözlüğü], "desire" [arzu] maddesinin altında. www.etymonline.com/index.php?term=desire&allowed_in_frame=0.
2. Copernicus'un çığır açıcı kitabı *De revolutionibus orbium coelestium* [Göksel Kürelerin Devinimleri Üzerine] üzerinde 1510 yılı dolaylarında çalışmaya başladığı sanılıyor. Kitap Nürnberg'de 1543 yılına kadar basılmadı. Bkz. Dava Sobel, *A More Perfect Heaven: How Copernicus Revolutionized the Cosmos* (New York: Walker & Company, 2011).
3. Nicolaus Copernicus kilise hukuku ve tıp okumuştu. 1516'da, bugün Polonya sınırları içinde yer alan Warmia'da iktisat alanında yöneticilik yaparak çalışmaya başladı ve bu birikimle *Monetae cudendae ratio* adlı kitabı yazıp daha sonra da yayımladı.
4. Copernicus doğduğu sıralarda, Avrupa'da aktif 110 kadar matbaa vardı.
5. Bkz. Patricia Reed'in "müşterek yanlış" tartışması, "Economies of Common Infinitude" başlıklı makalesinde, *Intangible Economies* içinde, haz. Antonia Hirsch (Vancouver: Fillip, 2012), 197.
6. Jacques Derrida'nın *Dissemination* adlı kitabı bu bağlamla ilgili gibi görünüyor, ancak kitapla buradaki tartışmaya katacak kadar ilgilenmemiş olduğumu itiraf etmem gerek. Yine de terim kullanımındaki farklılığı göz önüne almak faydalı olabilir: Dolaşım geri dönen bir şeyleri ima eder, ancak bu dönüş muhtemelen dolaylı, dolambaçlı, hatta belki de çapraşık yollardan gerçekleşir; yayılım ise bir tür tohum saçmayı, bir şeyi geri dönüşünü beklemeden göndermeyi ya da daha ziyade her türden geri dönüşün beklenmedik bir armağan olduğu bir durumu betimler. Böyle bir dışarı doğru yayılma hareketi, beklenti olmadan dağıtma hali bu yüzden "ekonomik değil" diye yaftalanabilir; ayrıca bu anlamda sembolik düzenin dışına çıkar. Bkz. Jacques Derrida, *Dissemination* (Londra: Continuum, 2008).
7. Başka bir yerde belirttiğim üzere, "iktisat" tabirini, popüler söylemde parasal boyutta ifade edilebilen sermaye, meta ve emek hareketleri için müşterek olan, sınırlı olmayan bir mübadele biçimi olarak daha geniş anlamda düşünmeyi öneriyorum. Bkz. Antonia Hirsch, "Intangible Economies", *Intangible Economies* içinde.
8. Bu yüzden mübadele biçimleri birbiriyle yüzleşen farklı pozisyonlar olarak etik sorunları işin içine sokar. Bununla yalnızca "Ne ekersen onu biçersin" deyişinin ima ettiği kesin buyruğa değil, müşterek ekonomik hareketlerle birlikte müzakere edilen etik değerlere de işaret ediyorum. Örneğin temel bir gereksinimi karşılamak için malların satın alınması asla soyut ya da o gereksinimin tatmini ile sınırlı değildir; kapitalist bir ekonomide hareket biçimiyle ilgili yapılan tercihlerde ve belli bir gereksinimin karşılanması için seçilen belli bir metada, örneğin bir şişe meyve suyunun satın alınmasını kat kat aşan bir etik değer sistemi dışavurulur (Organik mi geleneksel mi? Yöresel mi yoksa kitlesel üretim mi? Marka mı değil mi?).
9. Sadece "bilinebilir" olandan söz etmek bile dönemin ABD Savunma Bakanı Donald Rumsfeld'in 2002 yılında düzenlediği basın toplantısını akla getirmek için yeterli olmalı. Rumsfeld bu toplantıda Irak'ta kitle imha silahlarının bulunması olasılığıyla

ilgili olarak şöyle demişti: "Bildiğimizi bildiğimiz şeyler var. Bilinen bilinmeyenler var. Yani, bilmediğimizi bildiğimiz şeyler var. Ama bir de bilinmeyen bilinmeyenler var." Rumsfeld'e felsefeyle lafı dolandırdığı için çok saldırıldı, ancak hem söylediği şey doğruydu, hem de Irak Savaşı bağlamı belli gerçekleri bilmenin onların değer atfeden bir sistemdeki yerleriyle nasıl örtüştüğünü (örneğin Şer Ekseni) ve bunun da daha sonra o değer sisteminde meşru olan eylemleri çağırdığını acı biçimde ortaya koyuyordu. Basın toplantısının tam metni için bkz. Donald Rumsfeld, "Secretary Rumsfeld Press Conference at NATO Headquarters, Brussels, Belgium", 6 Haziran 2002, www.defense.gov/transcripts/transcript.aspx?transcriptid= 3490.

10. İtibari para, değerini maddi değerinden değil parayı basan yetkilinin *itibarından* alır.

11. Copernicus para fenomeninin bu iki önemli tarafını görmüştü; her tür paranın bir değeri (*valor*) ve tahmini değeri (*estimatio*) olduğunu iddia etmesi bunu gösterir. "Verilen bir madeni paranın değeri paranın yapıldığı metal külçesinin miktarı ve kalitesine bağlıyken, *estimatio* ülkedeki otoritenin belirlediği nominal değerdir," diye yazar. Leszek Zygner, "Treatise *On the Minting of Coin* and Copernicus Views on Economics", Nicolaus Copernicus Thorunensis, www.copernicus.torun.pl/en/science/economics/4/.

12. Bu değer ayrımı zor bir sorunu doğuruyordu, çünkü Copenicus'un temel savına göre, pazarı "kötü para" doldurduğunda "kötü para" iyi parayı kovar. Bu sav daha sonra İngiliz finansçı Sir Thomas Gresham'a (1519–79) atıfla Gresham yasası olarak bilinir oldu. Copernicus bir metal paranın değerinin dolaşımda, ya belli bir ekonomide yaratılan değerlerle göreceli olan metal paranın aşırı dağılımı sonucu ya da paraları basmak için kullanılan alaşımın (bakır + gümüş ya da bakır + altın) temsil etme taklidi yaptığı (nominal değeri olarak) saf değerli metalden daha ucuz olduğundan, nominal değerinden daha az eder hale geleceğini söylüyordu. Sonuçta da (nominal değerinden daha değerli olan) "iyi para" biriktirilecek ve bu yüzden dolaşımdan çekilecek, (nominal değerinden değersiz olan) "kötü para" ise pazarı dolduracaktı. Bugünün ekonomilerinde serbest döviz piyasasında, yani normalde ulusal ekonomileri ayıran sınırlar arasında değer ayrımları ortadan kalkar. Copernicus'un zamanında bugün Polonya sınırları içinde olan memleketinde, aynı anda dolaşımda olan Prusya ve Leh paraları vardı, yani rekabet halindeki para birimleri sorunu, para basımı sürecinde metal paraların maddi değerlerinin düşmesi sorunuyla iyice içinden çıkılmaz hale geliyordu.

13. Örneğin Johannes Kepler gibilerin yaptığı gibi. Yine de Copernicus'un *Göksel Kürelerin Devinimleri Üzerine*'yi neredeyse kırk yıl boyunca yayımlamaktan çekinmesinin nedenlerinden biri, biraz da teorisinin kilisenin doktrinine ve dünyanın sabit durduğu ve güneşin hareket ettiği şeklinde yapılan kutsal kitap yorumlarına karşı geldiğinin farkında olmasıydı. Bkz. Sobel, *A More Perfect Heaven.*

14. Elbette yalnızca metinlerin basılması ruhban sınıfı dışında yaygın olan cehaleti ortadan kaldırmadı. Jan Verwoert'un "Faith Money Love" adlı makalesinde belirttiği gibi, aynı matbaalar Endüljans mektuplarının çoğalmasına ve Martin Luther'in dönemin Katolik kilisesindeki bu gibi pratikleri suçlamasına da yardım etti. Jan Verwoert'a, 15. yüzyılda yeni icat edilen matbaanın Luther ile Katolik kilisesinin

bu garip teknolojiyle birlikte buluştuğu gerçeğine dikkatimi çektiği için teşekkür ederim. Bkz. See Jan Verwoert, "Faith Money Love", *Intangible Economies* içinde.

15. Burada "eser sahibi" (*author*) ile "iktidar" (*authority*) sözcüklerinin İngilizcedeki akrabalıkları üzerine düşünmek faydalı olabilir. *Author* etimolojik olarak "kaynak, yaratıcı, azmettirici" anlamına geliyor. *Authority* ise "tartışmayı sonlandıran" anlamında. Başka bir deyişle, iki terim neredeyse bugünün yazarlarının (sanatçılarının) kamusal söyleme katılan kamu entelektüelleri olarak aldıkları takdir edilen konumla ilgili kavramlara tümüyle zıt kavramları betimliyor. Hannah Arendt'in belirttiği gibi, iktidar gücün bir biçimidir, ancak şiddeti dışlar, zira iktidarı uygulamak için şiddetin gerektiği durumlarda iktidar zaten başarısız olmuş demektir. Dolayısıyla iktidar kavramı eşitliğin koşulları ile uyumsuzluk içindedir, eşitlik ise tartışma ve iknanın geçerli olmasının koşullarındandır. Bkz. Hannah Arendt, "Was ist Autorität?", *Zwischen Vergangenheit und Zukunft: Übungen im politischen Denken I*, haz. Ursula Ludz (Münih: Piper, 1994).
16. Bugün açıkça kendimizi fikirlerin dolar ya da avro rakamlarıyla ifade edilebildiği ve pazarda alınıp satılabildiği bir enformasyon ekonomisinde buluyoruz. Bu durum her zaman böyle değildi. İngiliz Anne Yasası (1710) telif hakkına benzeyen ilk hüküm olarak kabul edilebilirse de, bugünün uluslararası anlaşmalarının hâlâ dayanıyor olduğu Bern Sözleşmesi 1886'ya dek kabul edilmemişti. Bkz. copyrighthistory.com/anne.html.
17. Bkz. Melanie Gilligan, "Affect & Exchange", *Intangible Economies* içinde.
18. Walter Benjamin şöyle ifade ediyor: "Marx devrimlerin dünya tarihinin lokomotifleri olduğunu söyler. Oysa belki de bambaşka bir durum söz konusudur. Belki de devrimler tren yolculuğu değil, insan ırkının imdat frenini kavrayışlarıdır." Walter Benjamin, *Passages* (Cambridge, MA: Harvard University Press, 2002). Benjamin'in bu sözlerine değindiği için Olaf Nicolai'ye teşekkür ederim.
19. Kepler 1609 yılında gezegenlerin yörüngelerini eliptik olarak betimleyen bir yapıt olan *Astronomia nova'yı* yayımladıktan sonra yedi ciltlik *Epitome astronomiae Copernicanae* ile devam etti. Bu kitap ismine rağmen ayrıntılı şekilde Copernicus'un fikirleriyle uğraşmıyor, bunun yerine Copernicus'un güneş merkezciliğini bir çıkış noktası olarak kullanarak Kepler'in elipsler üzerine kendi teorilerini geliştiriyordu. *Epitome* Kepler'in en önemli kitabı oldu.
20. Lisa Robertson'a bu makaleyi yazdığım sırada dikkatimi Aby Warburg'a yönelttiği ve Warburg'un Kepler'e olan yoğun ilgisinden söz ettiği için teşekkür ederim.
21. Nazizm tehdidi altında 1933 yılında Londra'ya taşındı ve bugün Londra Üniversitesi'nin bir parçası.
22. Hartmut Böhme, "Aby M. Warburg (1866–1929)", *Klassiker der Religionswissenschaft: Von Friedrich Schleiermacher bis Mircea Eliade* içinde, haz. Axel Michaels (Münih: C.H. Beck, 1997); Böhme sözlerini şöyle sürdüyor: "Warburg'un eliptik odayla, Birinci Dünya Savaşı'nın ortasında en uzun çalışması olan 'Pagan Antique Prophecy in Words and Images in the Age of Luther'ı ithaf etmiş olduğu bir zamana dokundurması nedensiz değildir."

23. "Eine Art Pantheismus ins Epistemologische gewendet." agy., 9. Elbette "monoteist modele" bu şekilde bir sırtını dönüş çok uzun zamandır Batı dünyasının sanatında yükselişteydi ve tarihsel olarak dini pratiğin devamı olan sanat tüm çeşitleriyle mübadelede ve anlamlandırmada parasal/maddi ekonomilere paralel olan bu çokdeğerliliği yerine getirdi; ancak Warburg'un zamanından bu yana ivmesi inanılmaz oranda yükseldi. Ortaçağ'a dek (hâlâ zanaatkâr olarak kabul edilen) sanatçılar isimsiz çalışıyor, görünürde Kilise'nin idare edip kutsadığı ilahi bir evren görüşüne ses oluyorlardı. Sonraları ise yalnızca kendilerinden aldıkları bir yetki ile eser sahibi oldular. Bu değişim feodal yapılardan sivil topluma geçişle ve özel mülkiyete sahip olan ve kısmen bunun sayesinde yeni kazanılmış bir bireylik hissiyatını dışavurabilen bir orta sınıfın ortaya çıkışıyla eşzamanlı oldu.

24. Agy.

Ortak Havuz Kaynakları

KAYNAKÇA

Arendt, Hannah. "The Public and the Private Realm." In *The Human Condition*. Chicago: University of Chicago Press, 1958. ["Kamu ve Özel Alan." *İnsanlık Durumu* içinde. Çev.: Bahadır Sina Şener İstanbul: İletişim Yayınları, 2016.]

Barbrook, Richard. "The Hi-Tech Gift Economy." *First Monday* 3, no. 12, 7 Aralık 1998. 14 Mayıs 2008'de erişildi. www.firstmonday.org/issues/issue3_12/.

Bataille, Georges. *The Accursed Share: An Essay on General Economy* 1. Çev.: Robert Hurley. New York: Zone Books, 1988.

Berry, David M. *Copy, Rip, Burn: The Politics of Copyleft and Open Source*. Londra: Pluto Press, 2008.

Berry, David M., ve Giles Moss. "Libre Culture Manifesto." *Libre Culture: Meditations on Free Culture* içinde. Editör: David M. Berry ve Giles Moss. Winnipeg: Pymalion Books, 2008. archive.org/details/LibreCultureMeditationsOnFreeCulture.

Berry Slater, Josephine, ed. "Underneath the Knowledge Commons." *Mute* 2, no. 1. www.metamute.org/editorial/magazine/mute-vol-2-no.-1-%E2%88%92-underneath-knowledge-commons.

Bettig, Ronald V. *Copyrighting Culture: the Political Economy of Intellectual Property*. Oxford: Westview Press, 1996.

Blackwell, Adrian, Adam Bobbette, Nasrin Himada vd., ed. "Political Economy Issue 00 Property." *Scapegoat: Architecture, Landscape, Political Economy*, sayı 1 (Sonbahar 2010).

Boyle, James. *Shamans, Software, and Spleens: Law and the Construction of the Information Society*. Cambridge, MA: Harvard University Press, 1996. Coleman, Gabriela E. *Coding Freedom: The Ethics and Aesthetics of Hacking.*

Coleman, Gabriela E. *Coding Freedom: The Ethics and Aesthetics of Hacking*. Princeton, NJ: Princeton University Press, 2013.

Colin, Anna and Emily Pethick, ed. *The Otolith Group: A Long Time Between Suns*. Berlin: Sternberg Press, 2009.

Davies, Margaret. *Property: Meanings, Histories, Theories*. Londra: Routledge, 2007.

"Definition of Free Cultural Works." Son değiştirilme tarihi 1 Aralık 2008. www.freedomdefined.org/Definition.

Diederichsen, Diedrich. *On (Surplus) Value in Art*. Berlin: Sternberg Press, 2008.

Doctorow, Cory. "The Coming Civil War over General Purpose Computing." Long Now Foundation'daki konuşma, Temmuz 2012. www.boingboing.net/2012/08/23/civilwar.html.

——— *Content: Selected Essays on Technology, Creativity, Copyright, and the Future of the Future*. San Francisco: Tachyon Publications, 2008.

Drahos, Peter ve John Braithwaite. *Information Feudalism: Who Owns the Knowledge Economy?*. Londra: Earthscan Publication Ltd., 2002.

Dyer-Witheford, Nick. *Cyber-Marx: Cycles and Circuits of Struggle in High-Technology Capitalism*. Urbana: University of Illinois Press, 1999.

Dylan, Bob. "The 50th Anniversary Collection / The Copyright Extension Collection Vol. I." Sony Music Entertainment, 2012. www.discogs.com/viewimages?release=4142612.

Ehlin, Fredrik, Andjeas Ejiksson ve Oscar Mangione, ed. "Opening the Open." *Geist*, sayı 13 (2007).

Federici, Silvia. *Revolution at Point Zero: Housework, Reproduction and Feminist Struggle*. Oakland, CA: PM Press, 2012.

Fisher, Mark. *Capitalist Realism: Is There No Alternative?* Hants: Zero Books, 2009.

Friedman, Ken, ed. *The Fluxus Reader.* Londra: Academy Editions, 1998. www.hdl.handle.net/1959.3/42234.

Ghosh, Rishab Aiyer, ed. *CODE: Collaborative Ownership and the Digital Economy.* Cambridge, MA: MIT Press, 2005.

Gibson-Graham, J.K. *A Postcapitalist Politics.* Minneapolis: University of Minnesota Press, 2006.

——— *The End of Capitalism (As We Knew It): A Feminist Critique of Political Economy.* Minneapolis: University of Minnesota Press, 1996.

Graeber, David. *Debt: The First 5,000 Years.* Brooklyn, NY: Melville House Publishing, 2011; *Borç: İlk 5.000 Yıl.* Çev.: Muammer Pehlivan. İstanbul: Everest Yayınları, 2015.

Hann, Chris, ed. *Property Relations: Renewing the Anthropological Tradition.* Cambridge: Cambridge University Press, 1998.

Hardt, Michael and Antonio Negri. *Commonwealth.* Cambridge, MA: Harvard University Press, 2009; *İmparatorluk.* Çev.: Abdullah Yılmaz. İstanbul: Ayrıntı Yayınları, 2001.

Healy, Kieran. *Last Best Gifts: Altruism and the Market for Human Blood and Organs.* Chicago: University of Chicago Press, 2006.

Hemmungs Wirtén, Eva. *No Trespassing: Authorship, Intellectual Property Rights, and the Boundaries of Globalization.* Toronto: University of Toronto Press, 2004.

Hess, Charlotte ve Elinor Ostrom, ed. *Understanding Knowledge as a Commons: From Theory to Practice.* Cambridge, MA: MIT Press, 2007.

Hirsch, Antonia, ed. *Intangible Economies.* Vancouver: Fillip, 2012.

Hirsch, Eric ve Marilyn Strathern, ed. *Transactions and Creations: Property Debates and the Stimulus of Melanesia.* Oxford: Berghahn Books, 2005.

Hirsch, Nikolaus ve Shveta Sarda, ed. *Cybermohalla Hub*. Berlin: Sternberg Press, 2012.

Hyde, Lewis. *Common as Air: Revolution, Art and Ownership*. New York: Farrar, Straus & Giroux, 2010.

——— *The Gift: How the Creative Spirit Transforms the World*. Londra: Canongate Books, 2007.

Illich, Ivan. *Deschooling Society*. Londra: Maryon Boyars Publishers Ltd., 2000.

Jacob, Luis, ed. *Commerce by Artists*. Toronto: Art Metropole, 2011.

Joint Academic Statement on Term Extension (CIPPM/CIPIL/IViR/MPI-IP). "The Proposed Directive for a Copyright Term Extension –A Backward– Looking Package." 27 Ekim 2008. www.cippm.org.uk/copyright_term.html.

Joselit, David. *After Art*. Princeton, NJ: Princeton University Press, 2013.

Krikorian, Gaëlle ve Amy Kapczynski, ed. *Access to Knowledge in the Age of Intellectual Property*. New York: Zone Books, 2010. www.zonebooks.org/pdf/ZoneBooks_A2K_.pdf.

Latour, Bruno ve Vincent Antonin Lépinay. *The Science of Passionate Interests: An Introduction to Gabriel Tarde's Economic Anthropology*. Chicago: Prickly Paradigm Press, 2010.

Lazzarato, Maurizio. *The Making of the Indebted Man: An Essay on the Neoliberal Condition*. Los Angeles: Semiotext(e), 2012.

Leach, James. "Leaving the Magic Out: Knowledge and Effect in Different Places." *Anthropological Forum: A Journal of Social Anthropology and Comparative Sociology* 22, sayı 3 (Kasım 2012): 251–70.

——— ve Richard Davis. "Recognising and Translating Knowledge: Navigating the Political, Epistemological, Legal and Ontological." *Anthropological Forum: A Journal of Social Anthropology and Comparative Sociology* 22, sayı 3 (Kasım 2012): 209–23.

Lewandowska, Marysia ve Laurel Ptak. "On Intellectual Property." *Paletten* (Bahar 2011). www.marysialewandowska.com/wp-content/uploads/2011/05/Paletten-text.pdf.

Lovink, Geert. "Do-It-Together: Digital Publishing Experiments at the Institute of Network Cultures." New School'daki konuşma New School, Institute of Network Cultures, Aralık 2011.

Lovink, Geert ve Miriam Rasch, ed. *Unlike Us Reader: Social Media Monopolies and Their Alternatives*. Amsterdam: Institute of Network Cultures, 2013.

Maurer, Bill ve Gabriele Schwab, ed. *Accelerating Possession: Global Futures of Property and Personhood*. New York: Columbia University Press, 2006.

Mauss, Marcel. *The Gift: The Form and Reason for Exchange in Archaic Societies*. Çev.: W.D. Halls. Londra: Routledge, 1990.

McClean, Daniel ve Karsten Schubert, ed. *Dear Images: Art, Copyright and Culture*. Londra: Ridinghouse, 2002.

McLuhan, Marshall. *The Gutenberg Galaxy*. Toronto: University of Toronto Press, 1962.

Metahaven. "Captives of the Cloud: Part I & II."*e-flux journal*, sayı 38 (Ekim 2012). www.e-flux.com/journal/captives-of-the-cloud-part-i/. www.e-flux.com/journal/captives-of-the-cloud-part-ii/.

Moglen, Eben. "Anarchism Triumphant: Free Software and the Death of Copyright." *First Monday* 4, sayı 8 (2 Ağustos 1999). Accessed May 21, 2008. www.firstmonday.org/ issues/issue4_8/moglen/ index.html#author.

Osten, Marion von. "In Search of the Postcapitalist Self." *e-flux journal*, sayı 17 (Haziran 2010). www.e-flux.com/journal editorial—"in-search-of-the- postcapitalist-self"/.

Pasquinelli, Matteo. *Animal Spirits: A Bestiary of the Commons*. Rotterdam: NAi Publishers, 2008.

Proudhon, Pierre-Joseph. *Property is Theft! A Pierre-Joseph Proudhon Anthology*. Ed.: Ian McKay. Oakland, CA: AK Press, 2011.

——— *What is Property?*. Cambridge: Cambridge University Press, 1994. [*Mülkiyet Nedir*. Çev.: Devrim Çetinkasap. İstanbul: İş Bankası Kültür Yayınları, 2016.]

Purves, Ted, ed. *What We Want Is Free: Generosity and Exchange in Recent Art*. Albany: State University of New York Press, 2005.

Radin, Margaret. *Contested Commodities: The Trouble with Trade in Sex, Children, Body Parts, and Other Things*. Cambridge, MA: Harvard University Press, 1996.

Seijdel, Jorinde et al., ed. *Open: Cahier on Art and the Public Domain* 4–19 (2004–10).

Sennett, Richard. *The Fall of Public Man*. Londra: Faber and Faber, 1986.

Sharp, Lesley A. *Strange Harvest: Organ Transplants, Denatured Bodies and the Transformed Self*. Berkeley: University of California Press, 2006.

Sheikh, Simon. "Public Spheres and the Functions of Progressive Art Institu-tions." *transversal* (2004). www.eipcp.net/transversal/0504/sheikh/en.

Shershow, Scott Cutler. *The Work & the Gift*. Chicago: University of Chicago Press, 2005.

Sholette, Gregory. *Dark Matter: Art and Politics in the Age of Enterprise Culture*. Londra: Pluto Press, 2011.

Smiers, Joost ve Marieke van Schijndel. *Imagine There is No Copyright and No Cultural Conglomerates Too: An Essay*. Amsterdam: Institute of Network Cultures, 2009.

Steyerl, Hito. "In Defense of the Poor Image." *e-flux journal*, sayı 10 (Kasım 2009). www.e-flux.com/journal/in-defense-of-the-poor-image/.

Strang, Veronica ve Mark Busse, ed. *Ownership and Appropriation (ASA monograph 47)*. Oxford: Berg, 2011.

Strathern, Marilyn. "Gifts Money Cannot Buy." *Social Anthropology* 20, sayı 4 (2012): 397–410.

Terranova, Tiziana. *Network Culture: Politics for the Information Age*. Londra: Pluto Press, 2004.

Virno, Paolo. *A Grammar of the Multitude: For an Analysis of Contemporary Forms of Life*. Çeviren: Isabella Bertoletti, James Cascaito, ve Andrea Casson. Los Angeles: Semiotext(e), 2004.

Vishmidt, Marina. *The Economy of Abolition/Abolition of the Economy*. *Variant*, sayı 42. www.variant.org.uk/42texts/EconomyofAbolition.html.

——— "Human Capital or Toxic Asset: After the Wage." *Reartikulacija*, sayı 10, 11, 12, 13 (2010). www.reartikulacija.org/?p=1487.

Willats, Stephen. *Artwork as Social Model: A Manual of Questions and Propositions*. Sheffield: RGAP, 2012.

SANATÇI PROJELERİ, EĞİTİM İNİSİYATİFLERİ, SERGİLER, YAYINCILIK PROJELERİ, KENTSEL İNİSİYATİFLER, VS.

AAAAARG
aaaaarg.org

Amy Balkin, This Is the Public Domain, 2003–günümüz
thisisthepublicdomain.org

AND Publishing Piracy Project
andpublishing.org

Andrew Norman Wilson, ScanOps, 2012
andrewnormanwilson.com

Archive.org
archive.org

Artist Run Credit
Leagueartistruncreditleague.word-press.com

Arts & Labor Alternative Economies Resource Guideartsandlabor.org

Bitcoin
bitcoin.org

Caroline Woolard, Work Dress for Barter Only, 2008–bugün
carolinewoolard.com

Cassie Thornton, Fedora Archive, 2012
cassiethornton.com

CDR / Burntprogress
cdr-projects.com

Claire Fontaine, Some Instructions for the Sharing of Private Property, 2011 clairefontaine.ws

Co-op Bar
visitsteve.com/co-op-bar

Copenhagen Free University
copenhagenfreeuniversity.dk

Disclosures
disclosuresproject.wordpress.com

Disobedience Archive
disobediencearchive.org

e-flux, Time/Bank, 2010–devam ediyor
e-flux.com/timebank

Evolution of Art
evolutiondelart.net

Exyzt
exyzt.org

Fallen Fruit
fallenfruit.org

Feral Trade
feraltrade.org

Free Kevin
freekevin.info

Goldin + Senneby, The Decapitation of Money, 2010
goldinsenneby.com

Hinrich Sachs, Kami, Khokha, Bert and Ernie (World Heritage), 2012
tenstakonsthall.se

Hollis Frampton, Public Domain, 1972
hollisframpton.org.uk

Indeposito
indeposito.net

Interference Archive
interferencearchive.org

Institute for Distributed Creativity
distributedcreativity.org

Kollektiv Kreativität (Collective Creativity), 2005

whw.hrLA Urban Rangerslaurbanrangers.org

Lets Re-Make
letsremake.info

Marysia Lewandowska, How Public Is the Public Museum?, 2010 marysi-alewandowska.com

Mess Hall
messhall.org

Model For Qualitative Society, 1968/2013
amodelforaqualitativesociety.info

Monoskop
monoskop.org

OccU
university.nycga.net

Offer & Exchange: Sites of Negotiation in Contemporary Art in London, 2008
electra-productions.com

Open Congress, 2005
tate.org.uk

Open Source Publishing
osp.constantvzw.org

Open Source Video
osvideo.constantvzw.org

OurGoods
ourgoods.org

P! Reading Groups on the Copy, 2013
p-exclamation.org

P2P Foundation
p2pfoundation.net

Pad.ma
pad.ma

PAGES
pagesproject.net

Philippe Parreno and Pierre Huyghe, et al., No Ghost Just a Shell, 1999–2003
noghostjustashell.com

Pil and Galia Kollectiv
kollectiv.co.uk

Pirate Cinema
piratecinema.org

Publication Studio
publicationstudio.biz

Publish and Be Damned
publishandbedamned.org

Public Collectors
publiccollectors.tumblr.com

Public Works
publicworksgroup.net

Publishing In Process: Ownership In Question, 2012
tenstakonsthall.se

REPO
historyrepohistory.org

Rolling Jubilee
rollingjubilee.org

Society Without Qualities, 2013
tenstakonsthall.se

Sixteen Beaver
16beavergroup.org

Stephan Dillemuth, The Hard Way to Enlightenment, 2010
societyoutofcontrol.com

subRosa Soft Power, 2012
cyberfeminism.net

Sukey
opensukey.org

Sunday Soup
sundaysoup.org

Superflex, Copyshop, 2005–günümüz; Free Sol LeWitt, 2010
superflex.net

Tania Bruguera, Disseminate, 2010
taniabruguera.com

Telekommunisten, Octo, 2013
telekommunisten.net

Temporary Services
temporaryservices.org

The Baltimore Development Cooperative
baltimoredevelopmentco-op.org

The Commons Brooklyn
thecommonsbrooklyn.org

The Diggers
diggers.org

The Digital Tipping Point
digitaltippingpoint.com

The Directory of Open Access Repositories
opendoar.org

The Free University of Liverpool
thefreeuniversityofliverpool.wordpress.com

The Free University of NYC
freeuniversitynyc.org

The Institute for Wishful Thinking
theiwt.com

The League of Moveable Type
theleagueofmoveabletype.com

The Metropolitan Complex
themetropolitancomplex.com

The Pickpocket Almanack
pickpocketalmanack.org

The Pirate University
pirateuniversity.org

The Public School
thepublicschool.org

The Resource Exchange
theresourceexchange.org

The School of Missing Studies
schoolofmissingstudies.net

The Silent University
thesilentuniversity.org

The Social Life of the Book, 2011–devam ediyor
castillocorrales.fr

The Surplus Library
thesurpluslibrary.com

This Is Not a Gateway
thisisnotagateway.net

Trade Schooltrade
school.coop

UbuWeb
ubu.com

Walid Raad, Scratching On Things I Could Disavow (Pension Arts in Dubai), 2009–günümüz
scratchingonthings.com

Who Makes and Owns Your Work
whomakesandownsyourwork.org

Will Holder, Common Knowledge
commonknowledge.at

X Marks the Bökship
bokship.org

Katkıda Bulunanlar

Agency, 1992 yılında Kobe Matthys tarafından kurulan Brüksel merkezli bir inisiyatiftir. Doğa ile kültürün ontolojik sınıflandırmaları arasındaki keskin ayrıma direnen, uzamakta olan bir "şeyler listesi" oluşturuyor. Listesindeki şeyleri, sergilerin, performansların, yayınların vs. içindeki farklı "montajlar" vasıtasıyla gün ışığına çıkarıyor. Her bir montaj farklı bir soru üzerine kafa yoruyor. Tüm bu sorular topolojik bir biçimde, bir sanat pratikleri ekolojisi için fikri mülkiyet aygıtının işlevsel sonuçlarını inceliyor.

David M. Berry, Swansea Üniversitesi'ndeki Politik ve Kültürel Çalışmalar Bölümü'nde Dijital Medya Doçenti ve Oslo Üniversitesi'ndeki Medya ve İletişim Bölümü'ne bağlı bir araştırmacı. *Critical Theory and the Digital* (Continuum, 2013), *The Philosophy of Software: Code and Mediation in the Digital Age* (Palgrave Macmillan, 2011), *Copy, Rip Burn: The Politics of Copyleft and Open Source* (Pluto Press, 2008) kitaplarının yazarı; *New Aesthetic, New Anxieties* (V2_, 2012) kitabının ortak yazarı ve *Understanding Digital Humanities* (Palgrave Macmillan, 2012) ile *Life in Code and Software: Mediated Life in a Complex Computational Ecology* (Open Humanities Press, 2012) kitaplarının editorü. @berrydm hesabından tweet atıyor.

Nils Bohlin (1920–2002), İsveç'te Volvo'da çalıştığı dönemde üç noktalı emniyet kemerini icat etti. Buluşu araba kazalarında yaralanmaları engelleyerek dünyayı değiştirdi. Bohlin tasarımının patentini elinde bulundurduğu halde emniyet kemerini kamusal kullanım için serbest bırakmaya karar verdi.

Sean Dockray, bir sanatçı ve kâr amacı gütmeyen, yeni medya ve kültür ile eleştirel olarak etkileşime girmek için kurulmuş olan Telic Arts Exchange kuruluşunun direktörü. Çalışmaları, yazmaktan –hem yazılımlar hem de metinler– zaman zaman pek çok kişinin uzun süreler kendi kendini idare ettiği karmaşık platformlara kadar uzanıyor. Dockray Public School ile AAAARG.ORG'u başlattı.

Rasmus Fleischer, İsveçli bir tarihçi, yazar ve müzisyen. Doktorasını Södertörn Üniversitesi'ndeki Güncel Tarih Enstitüsü'nde tamamladı. 2003 yılında dijital medya için telif hakları yasalarına karşı çıkan bir organizasyon olan Piratbyrån'ın kurulmasına yardım etti. Yaklaşmakta olan "telif haklarının çöküşü" olarak nitelendirdiği durum üzerine dersler veriyor.

Antonia Hirsch, yapıtları Contemporary Art Gallery, Vancouver; Power Plant, Toronto; the Taipei Fine Arts Museum; Tramway, Glasgow; ve ZKM Museum of Contemporary Art, Karlsruhe gibi pek çok yerde sergilenmiş bir sanatçı. Yapıtlarına Vancouver Art Gallery, National Gallery of Canada ve Sackner Archive of Concrete & Visual Poetry, Miami Beach gibi kamusal koleksiyonlarda rastlanabilir. Yazıları ve projeleri *artecontexto*, *C Magazine*, *Fillip* ve *The Happy Hypocrite*'da yer aldı.

David Horvitz, California doğumlu bir sanatçı. Yapıtları internet ile basılı sayfa arasında sorunsuz bir şekilde gidip geliyor. Sürekli ilgi alanları arasında enformasyon dolaşımı stratejilerine ve dijital yapıtların geçiciliğine yönelik ilgi yer alıyor. Yakın zamanlı projeleri arasında, Kopenhag'daki Charlottenborg'da bir posta sanatı sergisi olan *POST*; 2012'de New Documents tarafından yayımlanan bir sanatçı kitabı olan, depresyonla ilgili hazır görselleri içeren bir koleksiyonu gösteren *Sad, Depressed, People* ve Natalie Häusler ile iki yıl süren bir e-posta yazışması projesi olan *Watercolors* yer alıyor.

Konst & Teknik Stockholm, İsveç merkezli bir tasarım stüdyosu. Stüdyo 2006 yılında Mattias Jakobsson ve Peter Ström tarafından, çoğu baskı ya da ekran olan sipariş edilmiş ya da kendilerinin ürettiği yapıtlarla kuruldu. Bunların arasında grafik kimlikler, kitaplar, kataloglar, web sayfaları, uygulamalar, baskı harf ve web tasarım, ders verme, konuşma yapma ve küratörlük de yer alıyor. En son, Matilda Plöjel ve Iaspis ile bir seminer, sergi ve küçük ölçekli yayıncılar için online bir platform olan "Publishing as (Part-Time) Practice" projesini hayata geçirdiler.

Marysia Lewandowska, yaptığı işbirlikleriyle acımasız özelleştirmenin karakterize ettiği bir çağda medya arşivleri, koleksiyonlar ve sergilerin kamusal işlevini araştırmış, Polonya doğumlu, Londra merkezli çalışan bir sanatçı. Çalışmaları eleştirel olarak başkalarının mülkiyetini araştırıyor. İyelik sorunlarıyla ilgilenen son zamanlardaki projeleri arasında *Museum Futures: Distributed* (with Neil Cummings, 2008), *Tender Museum* (2009), *How Public Is the Public Museum?* (2010), *Re-Distributed Archive* (2011), "Publishing in Process: Ownership in Question" (Laurel Ptak ile, 2012), *Open Cinema* (Colin Fournier ile, 2012) yer alıyor. Stockholm'deki Konstfack'te kamusal alanda sanat profesörü.

Mattin, bağırmak senin hakkın. Karanlık olan gelip de kaldığında. Olmaya hakkın var. Ne olmak ve nerede olmak istiyorsan. Şarkı söylemek için kendi sesin var. İki elin var, haydi gidip ne istersek yapalım. Hepimizin çiğnemek zorunda olduğu kurallar var. Hepimiz o yanlışları yapmak zorundayız. Yolu biliyorum diyorsam, sadece deniyorum. Hayır, kimse hayata giden yolun gerçekten nerede olduğunu bilmiyor. Görüyor musun, televizyonda insanlar kendi sokağında vuruluyor. Tıpkı senin gibi, tıpkı benim gibi insanlar. Görmüyor musun ayrıcalıklarını? Zararını idare etmeye dayanabilirsin. Sen, canım, beslenecek bir güçsün, korkulacak değil. Her yere, her şeye hakkın var. Hakkın var, hakkın var. Sen bir insansın.

Open Music Archive, Eileen Simpson ve Ben White tarafından 2005'te, telif hakkı dışındaki ses kayıtlarını tedarik etmek, dijitalleştirmek ve dağıtmak amacını taşıyan sürekli bir proje olarak hayata geçirildi. Arşiv, de_sitio, Mexico City; VBKÖ, Viyana; Camden Arts Centre, Londra; Gasworks, Londra; Women's Library, Londra; 17. Sidney Bienali; Institute for Contemporary Art, Londra; ve

Cornerhouse, Manchester'daki sergilerin, etkinliklerin ve projelerin dahil olduğu işbirlikleri için bir araç niteliğinde.

Matteo Pasquinelli, bir yazar ve akademik araştırmacı. Doktorasını Londra Queen Mary Üniversitesi'nde bilgi ekonomisi ve bilişsel kapitalizmdeki yeni çatışma biçimleri üzerine bir tezle tamamladı. *Animal Spirits: A Bestiary of the Commons* (NAi, 2008) kitabını yazdı, *Media Activism: Strategie e pratiche della comunicazione indipendente* (Derive Approdi, 2002) ve *C'Lick Me: A Netporn Studies Reader* (Institute of Networked Cultures, 2007) kitaplarının editörlüğünü yaptı. Sıklıkla İtalyan otonomizmi ve Fransız felsefesi, medya teorisi ve yaşam bilimlerinin kesişimini kapsayan bir alanda yazıyor ve dersler veriyor. Wietske Maas ile birlikte Manifesto of Urban Cannibalism'i kaleme aldı ve halen sanat projesi *Urbanibalism*'i geliştiriyor. Uluslararası kolektif Uninomade'in üyesi.

Claire Pentecost, işbirliği, araştırma, öğretmenlik, alan çalışması, yazarlık, konuşmacılık, çizim, enstalasyon ve fotoğrafla ilişkili çalışmalar yapan bir sanatçı. Uzun yıllar yemeğin politik, sosyal ve ekonomik boyutlarına odaklandı. Toprak üzerine projesi dOCUMENTA(13) içinde yer aldı. Midwest Radical Cultural Corridor'da yaşıyor ve Chicago'daki School of the Art Institute'te ders veriyor.

Laurel Ptak, New York'ta yaşayan bir güncel sanat küratörü. Tensta konsthall'de yardımcı küratör ve New School'da ders veriyor. Son zamanlarda işbirliği yaptığı projeler arasında, Elizabeth Foundation for the Arts'taki, borcun ekonomik ifadesinin bir parçası olarak estetik ve duygulamla ilgili boyutlarını tartışan "To Have and to Owe" ve Tensta konsthall'deki, özel olarak sahip olunan ile kamusal olarak paylaşılan şeylerin dünyanın çeşitli yerlerinde tartışıldığı bir zamanda, değişen üretim, mülkiyet, iyelik ve mübadele nosyonlarına odaklanan bir dizi kamuya açık seminerden oluşan "Publishing in Process: Ownership in Question" yer alıyor.

Florian Schneider halen Brüksel ve Münih'te yaşayan bir sinemacı, küratör ve yazar. Maastricht'teki Jan van Eyck Academie'de araştırmacı. Trondheim'daki Academy for Fine Arts'ta ders veriyor ve Londra Goldsmiths College'da "Imaginary Property" konusunda yazdığı doktora tezi üzerine çalışıyor. Schneider aynı zamanda documenta X sırasındaki "Kein Mensch ist illegal" [Kimse Yasadışı Değildir] kampanyasını ve sonrasında gelen "noborder network" gibi projeleri başlatanlar arasında. *Online* bir ağ olan kein.org'un kurucusu ve *Makeworld* (2001) ile *Neuro* (2004) adlı yeni medya festivallerinin direktörlüğünü yaptı. 2006 ile 2010 yılları arasında, Irit Rogoff ile yakın bir işbirliği içinde multimedya performans projesi "Dictionary Of War"u geliştirdi ve "Summit: Non-Aligned Initiatives in Education Culture"ı düzenledi. 2012'de Hila Peleg ile birlikte, ağ ortamlarındaki belgesel pratikleri üzerine bir dergi olan *Issue Zero*'yu kurdu.

Matthew Stadler, yayınları olan gezici bir akşam yemeği serisi Black Room'u, abonelikle çalışan bağımsız bir yayın olan Clean Cut Press'i, şehirlerin yeni biçimlerini yaya ve ağız yoluyla araştıran süreli bir çok ölçekli topluluk olan suddenly.org'u ve "free is bullshit" sloganıyla istek üzerine basım yapan bir yayınevi olan Publication Studio'yu kurdu. Daha önceden *Nest Magazine*'in edebi editörüydü ve çeşitli ödüller aldığı beş roman yazdı. Son olarak Kanadalı şair Lisa Roberston ile *Revolution: A Reader* (Publication Studio, 2012) adlı kitabı derleyip editörlüğünü yaptı. Portland, Oregon'da yaşıyor.

Marilyn Strathern, Papua Yeni Gine'de alan çalışmasıyla yetişmiş bir antropolog. Daha sonra da yeni üreme teknolojileri, fikri mülkiyet ve denetim kültürlerine antropolojik yaklaşımlar getirmekle ilgilendi. Cambridge Üniversitesi Sosyal Antropoloji Bölümü'nde onursal profesör olan Strathern halen ilişkilerin kavramsallaştırılması üzerine çalışıyor.

Kuba Szreder, aktif olarak, kamusal alanların sanatsal pratikler ve kültürel üretimin diğer biçimleriyle birleştirilmesiyle ve güncel toplumun eleştirel olarak incelenmesiyle ilgilenen disiplinlerarası projelerin küratörlüğünü yapıyor. Ortak çalışmaya dayalı bir inisiyatif olan Free/Slow University of Warsaw'un küratörlerinden biri. Küratörlük çalışmalarının parçası olarak araştırma projeleri, seminerler ve konferanslar düzenliyor; makaleler yazıyor; eleştirel düşünceyi sanat teorisi ve güncel sanatın sosyolojik analizi ile birleştiren yayınların editörlüğünü yapıyor. 2009 yılında Loughborough Üniversitesi School of the Arts'ta proje aygıtı ile onun bağımsız küratörlük pratiğiyle olan ilişkilerini araştırdığı doktora araştırmasına başladı.

Marina Vishmidt, sanat, emek ve değer formu üzerine yazıyor. Kingston Üniversitesi'ndeki Centre for Research in Modern European Philosophy'den yüksek lisans, Londra Üniversitesi, Queen Mary'den doktora derecesi aldı. Önceki araştırma pozisyonları arasında Montehermoso Research Grant, FRAC Lorraine'de eleştirmen ikameti ve Jan van Eyck Academie'de bir burs yer alıyor. Vishmidt, *Uncorporate Identity* (Lars Müller, 2010) ve *Media Mutandis: Art, Technologies and Politics* (Node, 2006) kitaplarının ortak editörlüğünü yaptı. Sıklıkla *Mute*, *Afterall*, *Parkett* ve *Texte zur Kunst* gibi kataloglara, koleksiyonlara ve dergilere katkıda bulunuyor. Unemployed Cinema, Cinenova ve Signal:Noise gibi grup projelerine katılıyor.

Teşekkür

Bu kitaba katkı sunan pek çok kişi oldu. Yayıncılığın beraberinde getirdiği karmaşık süreç içinde onların gösterdiği çabaların hakkını teslim etmek isteriz. *Mülkiyeti Geri Almak?* kolektif bir iş ve çok sayıda katılımcısıyla ilişki içinde olmak bize çok fayda sağladı.

Konular üzerine ilk tartışmalar 2009 yılında New York'ta Bard College Center for Curatorial Studies'de başladı. Diyaloğun parçası olan buradaki öğrenciler ve öğretim kadrosuna teşekkür borçluyuz. Eski yüksek lisans direktörü Maria Lind proje için çok önemliydi ve projemizi Tensta konsthall'da yarattığı eşsiz merkez içinde sürdürmemiz konusunda bizi cesaretlendirdiği için de ona teşekkür etmek isteriz. Onun sürekli desteği bizim için çok anlamlıydı.

2010 yılının sonbaharında, bizi kitabın katılımcılarının bazılarının yanı sıra –David Berry, Kobe Matthys, Mattin ve Marina Vishmidt– pek çok önemli soru ile tanıştıran Binna Choi, Magnus Edensvard, Daniel McLean, Mike Sperlin ile birlikte bir masanın etrafında oturup fikirlerimizi paylaştığımız Londra'daki Showroom'da Emily Pethick bize ev sahipliği yaptı.

2011 ilkbaharında Antonia Hirsch, Florian Schneider, Matthew Stadler ve Marina Vishmidt, Stockholm'deki Tensta konsthall'in evsahipliği yaptığı "Publishing in Process: Ownership in Question" projesinin bir parçası olarak halka açık seminerler verme davetini zarafetle kabul ettiler. Bu etkinliklerdeki konuşmacıların ve dinleyicilerin kolektif sezgileri bu kitabın gelişimi için kilit önem taşıyor.

Tensta konsthall'un Hans Carlsson, Jan Ekman, Emily Fahlén, Ulrika Flink, Safiya Guleed, Katrin Ingelstedt, Sanna Lampiainen, Maria Lind ve Hedvig Wiezell'in de dahil olduğu olağanüstü takımının her bir üyesiyle çalışmak gerçek bir keyifti. Eric Nylund'a bu etkinliklerin basılı malzemesi için gösterdiği dikkat ve açık sözlülüğü için özel bir teşekkür borçluyuz. Seminerler sırasında yapılan, tümü www.tenstakonsthall.se adresinde arşivlenmiş olan ses ve görüntü kayıtlarına gösterdikleri hassas yaklaşım için Tomas Nygren ve Pål Sommelius'a da minnettarız. Konuşmacılara ev sahipliği konusunda sundukları maddi destek için Konstfack'taki Iaspis ile Olof Glemme'deki Lisa Rosendahl ve Sara Teleman içten teşekkürleri hak ediyorlar.

Yolculuğumuz boyunca zamanının geniş bir kısmını, metinlerin pek çoğuna editörlüğü ve taze fikirleriyle katkıda bulunmaya adayan Basia Lewandowska Cummings'in desteğinden faydalandık. Antonia Blocker kapsamlı araştırmalar yaptı, Luke Gould sürecin başında tasarım deneyiminin bir kısmını bizimle paylaştı, Helen Kaplinsky başvuruların finansına yardım etti ve Emily Ballard ses kayıtlarını deşifre etti.

Kirsi Peltomäki'nin Michael Asher üzerine yazdığı harika kitap, bizi sanatçının 1970 ve 80'lerde Van Abbemuseum'a önerdiği gerçekleşmemiş projelerine yönlendirdi. Einhoven'daki Van Abbemuseum'da Willem Smit Asher'in müzeyle olan yazışmalarını içeren arşiv belgeleri arasında bize rehberlik etti.

Konst & Teknik'ten Peter Ström ve Mattias Jakobsson kitabın tasarımından sorumlu. Onlarla yakın temas içinde çalışmak çok faydalı oldu ve sonuçlardan nasıl etkilendiğimizi ne kadar vurgulasak az.

Sternberg Press'ten Caroline Schneider'a bizimle birlikte kitabın konusu doğrultusunda hak sahipliği ve dijital dağılım için yeni modelleri araştırma konusundaki açık fikirliliği için teşekkür ederiz. Tatjana Günthner de bize rehberlik etti, ayrıca Leah Whitman-Salkin'in editörlük süreci boyunca gösterdiği yakın ilgiye minnettarız.

Projenin tümü Stockholm'deki Tensta konsthall, Londra'daki Showroom ve Utrecht'teki Casco – Office for Art, Design and Theory arasında bir işbirliği olan COHAB'ın bir parçası. Bu kuruluşların sırasıyla direktörleri olan Maria Lind, Emily Pethick ve Binna Choi'ya kurduğumuz sürekli küratörlük diyaloğu ve dağıtımsal bir pratik modelini hayata geçirdikleri için teşekkür ederiz. Bu kurumların yardımları sayesinde Culture Programme of the European Union ve Henry

Moore Foundation tarafından kitaba doğrudan finansal destek sağlandı. Sürecin farklı aşamalarında Ute Meta Bauer, Ann Butler, Anna Colin, Maureen Connor, Saskia Holmkvist, Anthony Spira ve Måns Wrange'yle yaptığımız sohbetler ve onların dostluklarından faydalandık. Her biri, farklı şekillerde uğraşımızı zenginleştiren değerli eleştirel yorumlarda bulundu. Hepinize teşekkür ederiz.

En yakınımızda olanlar da fikri yardımlarını ve koşulsuz duygusal desteklerini vermeye devam etti; Marysia, Basia Lewandowska Cummings'e, Joanna Grabianska'ya ve Colin Fournier'ye; Laurel, Eric Nylund ve Linda'ya; Francis, Katie ve Elijah Ptak'a teşekkür ediyor. Ve nihayet fikirleri bu sayfaları dolduran Agency, David Berry, Nils Bohlin, Sean Dockray, Rasmus Fleischer, Antonia Hirsch, David Horvitz, Mattin, Open Music Archive, Matteo Pasquinelli, Claire Pentecost, Florian Schneider, Matthew Stadler, Marilyn Strathern, Kuba Szreder ve Marina Vishmidt'e muazzam teşekkürlerimizi sunuyoruz. Onların açık fikirliliği ve farklı eleştirel yaklaşımları ile diyalog halinde olmak ilham vericiydi ve burada sundukları katkılar, mülkiyet ve iyelik etrafında yapılan mevcut tartışmaların geleceğe büyük ölçüde zenginleşmiş olarak aktarılmasını sağlayacak.

Dizin

Y

Z

www.ingramcontent.com/pod-product-compliance
Lightning Source LLC
Chambersburg PA
CBHW070710280326
41926CB00089B/3560
* 9 7 8 6 0 5 9 3 8 9 0 8 2 *